COMPETÊNCIA TRIBUTÁRIA
Entre a Rigidez do Sistema
e a Atualização Interpretativa

RAQUEL CAVALCANTI RAMOS MACHADO

COMPETÊNCIA TRIBUTÁRIA
Entre a Rigidez do Sistema e a Atualização Interpretativa

MALHEIROS EDITORES

COMPETÊNCIA TRIBUTÁRIA
Entre a Rigidez do Sistema e a Atualização Interpretativa

© Raquel Cavalcanti Ramos Machado

ISBN 978-85-392-0245-4

Direitos reservados desta edição por
MALHEIROS EDITORES LTDA.
Rua Paes de Araújo, 29 – conjunto 171
CEP 04531-940 – São Paulo/SP
Tel.: (11) 3078-7205 – Fax: (11) 3168-5495
URL: www.malheiroseditores.com.br
e-mail: malheiroseditores@terra.com.br

Editoração Eletrônica
Cicacor Editorial

Capa
Criação: Vânia L. Amato
Arte: PC Editorial Ltda.

Impresso no Brasil
Printed in Brazil
07.2014

*Ao Hugo Segundo,
pelos ensinamentos constantes de Direito,
desde quando éramos colegas de Faculdade,
mas sobretudo pela paciência e amor
que tornam a vida não apenas possível, mas prazerosa.*

*A Lara, Hugo e Paulo
por compreenderem os momentos de isolamento nos livros
e apoiarem meus estudos.
Vocês são filhos e me criam fazendo acreditar
que a união da família é solo e teto,
incentivo e abrigo para qualquer empreitada.*

"A civilização consiste em dar a qualquer coisa um nome que lhe não compete, e depois sonhar sobre o resultado. E realmente o nome falso e o sonho verdadeiro criam uma nova realidade. O objeto torna-se realmente outro, porque o tornamos outro. Manufaturamos realidades."

FERNANDO PESSOA

APRESENTAÇÃO

A conhecida Faculdade de Direito do Largo do São Francisco é sabidamente o mais destacado centro de estudos jurídicos do País, há muitos e muitos anos, contando com os mais notáveis professores da área jurídica. Assim, um texto ali apresentado como tese de doutoramento, e aprovado com elogios por todos os membros da Banca Examinadora, dispensa qualquer apresentação e pode ser considerado, sem favor algum, valiosa contribuição para a literatura jurídica nacional.

Na verdade o livro de Raquel Cavalcanti Ramos Machado, que temos a honra de apresentar, é riquíssimo como obra de doutrina jurídica, o que se vê logo em seu sumário, no enunciado das matérias das quais se ocupa. Essa riqueza é vista desde logo no item onde examina a discriminação de competências tributárias nas constituições anteriores. Nesse item é feita referência a eminentes tributaristas e colocada em dúvida a clareza da discriminação constitucional das competências, afirmando a autora, com indiscutível acerto:

> "Afinal, se tudo já está detalhadamente determinado na Constituição, por que o próprio constituinte não cuidou de demarcar as competências de modo que não surgissem conflitos, indicando desde logo os critérios para resolvê-los? Por que a preocupação, constante, em dirimir os tais conflitos, ora atribuindo essa tarefa a um 'conselho', ora ao Senado, mas sempre pressupondo que os conflitos são factualmente verificáveis, no plano ôntico, conquanto juridicamente inadmissíveis, no plano deôntico? Na verdade, o breve retrospecto das Constituições brasileiras, feito com ênfase apenas na forma como nelas se procedeu à divisão das competências tributárias, autoriza que se chegue às seguintes conclusões, relevantes para os propósitos deste trabalho: (i) as competências tributárias impositivas, no Brasil, são tradicionalmente divididas de forma a não existirem sobreposições, o que se evidencia no tratamento conferido à competência residual, de modo que a interpretação das disposições que as veiculam deve levar em conta as demais competências, para que não haja choque entre elas (o que, conquanto juridicamente inadmissível, é factualmente verificável); (ii) o sentido das palavras e expressões utilizadas por cada constituinte é, muitas vezes, haurido do uso que se lhes dá no âmbito da aplicação da legislação

anterior, inclusive infraconstitucional, que os empregara para designar realidades igualmente preexistentes."

Como se vê, a autora conhece as regras constitucionais que examina e ainda, o que é mais importante, tem sólido conhecimento da Teoria do Direito, que lhe permite escrever com segurança sobre o assunto. Realmente, neste livro que temos a satisfação de apresentar, a abordagem dos temas é calcada em sólida fundamentação doutrinária, e é feita sem prejuízo de aspectos práticos de enorme utilidade para os estudiosos do Direito Tributário, especialmente porque desenvolvida à luz de decisões do Supremo Tribunal Federal solucionando conflitos criados pelo interesse arrecadatório e expressivas de limitações constitucionais ao poder de tributar. Assim é que, logo no início, são abordadas questões pertinentes a contribuições de seguridade social, ao ICMS, à contribuição de iluminação pública.

O exame da jurisprudência mostra que a autora pretendeu, e conseguiu, escrever para fornecer subsídios aos estudiosos do Direito. E o exame da doutrina mostra que a autora bem conhece os pontos de vista de juristas que a precederam. E está segura da evolução doutrinária. Neste contexto é pertinente e oportuna a invocação da doutrina de Rubens Gomes de Sousa, para justificar o exame histórico de escolas ou tendências hoje superadas. Na verdade Gomes de Sousa, a este propósito, escreveu:

> "O segundo dos pontos preliminares que temos que examinar antes de entrar na matéria é o da conveniência de fazermos retrospectos das diversas escolas ou tendências, em matéria de interpretação do Direito Tributário, que hoje já estão superadas. Isto é importante porque as razões pelas quais essas diversas escolas ou tendências já estão superadas, e que são razões ligadas à concepção do Direito Tributário em diferentes fases de sua evolução, portanto razões contingentes a circunstâncias históricas, sociais ou econômicas, é que vão afinal, por exclusão, nos preparar o terreno para assentarmos as nossas próprias conclusões."[1]

Ocorre que o Direito Tributário sempre teve, e sempre terá, como principal finalidade limitar o poder tributário do Estado, e se admitirmos que através de uma evolução na interpretação das leis tributárias, ou das regras da Constituição que atribuem competência tributária, se pode ampliar tal competência, é amesquinhar o Direito como instrumento de limitação do Poder. Por isto é que nos parece que a evolução dos fatos nesse campo

---

1. Rubens Gomes de Sousa, "Curso de Introdução ao Direito Tributário", *Revista de Estudos Fiscais* 11, Centro de Estudos dos Agentes Fiscais do Imposto de Consumo de São Paulo, 1948, p. 460.

é um problema do legislador. Só o legislador, através de novas leis, pode ampliar a competência tributária.

Fatos novos, como a obtenção de uma música por meio não corpóreo, não autoriza a ampliação do conceito de mercadoria para justificar a incidência do ICMS. O fato novo pode ficar sem ser onerado por nenhum imposto. É falsa a ideia de que algum imposto há de incidir. A ideia de que algum fato pode surgir, sem estar onerado por um tributo, é o que justifica a denominada competência residual. Por isto mesmo não nos parece razoável admitir sejam ampliados os significados das palavras como forma de fazer com que o âmbito constitucional de um tributo alcance realidade nova. Entretanto, como todo conceito é relativo, não se pode dizer que o fato de haver a Constituição utilizado um conceito o tornou determinado. Todos os conceitos são indeterminados. Assim, a lei deve reduzir essa indeterminação, definindo o significado de certas expressões utilizadas na atribuição de competência tributária.

Merece destaque nesse contexto a doutrina desenvolvida pela autora a propósito da bitributação. Ensina com propriedade a distinção que se deve ter presente entre bitributação jurídica e bitributação econômica, mostrando que, do ponto de vista econômico, a tributação sempre recai sobre a renda.

Também merece destaque a doutrina desenvolvida pela autora a propósito do art. 110 do Código Tributário Nacional, onde afirma, entre outras coisas, que:

> "De seu texto apreende-se, em um primeiro momento, algo óbvio, que decorre da própria hierarquia normativa. Afinal, a lei não pode alterar a Constituição, logo não é admissível, *a fortiori*, que modifique o sentido das palavras utilizadas na Carta Magna. Foi o que observou o Ministro Luiz Gallotti, em frase já célebre: 'se a lei pudesse chamar de compra o que não é compra, de importação o que não é importação, de exportação o que não é exportação, de renda o que não é renda, ruiria todo o sistema tributário inscrito na Constituição' (*RTJ* 66/65). E isso é verdade. Mas o problema vai além, e consiste no seguinte: como saber o que é uma compra, uma importação, uma exportação, ou renda? Todos esses termos somente podem ser compreendidos como conceituados pelo Direito Privado? Será que a significação dessas palavras separadamente importa mais do que os traços históricos do tributo cuja instituição é permitida pela regra veiculado com o uso delas? E mais: *a contrário sensu*, uma expressão ou palavra utilizada pela Constituição somente não poderá ser alterada pelo legislador infraconstitucional tributário quando empregada na delimitação de competência tributária?"

Como se vê, a autora vai diretamente ao ponto essencial da questão.

Por tudo isto, e para não retirar do leitor o prazer de constatar, ele mesmo, a clareza e o brilho da exposição que a autora faz dos vários aspectos do tema deste livro, cuja leitura recomendo a todos os operadores do Direito, encerro esta apresentação destacando o que em seu último parágrafo está dito, a saber, o mais importante no processo interpretativo é que sejam compreensíveis as razões ou os fatores que levaram o intérprete a atribuir ao texto um determinado sentido, e não outro.

Hugo de Brito Machado

PREFÁCIO

Grata a missão de que me incumbiu a Dra. Raquel Cavalcanti Machado quando solicitou que redigisse algumas linhas à guisa de Prefácio. Ofereceu-me a oportunidade de reler, passados alguns meses da defesa, tese de doutorado que gerou excelente impressão entre os examinadores que se reuniram nas Arcadas do Largo de São Francisco.[1] Difícil esconder o gosto (e, por que não, um certo orgulho...) ao ver um trabalho sério, marcado pela coragem daqueles que ousam assumir posturas que saem do lugar comum.

O texto que ora apresento propõe uma releitura do tema da competência tributária, a partir de um profundo estudo da teoria da interpretação. A autora não se satisfez com a ideia preconcebida de que as competências tributárias estariam preestabelecidas no texto constitucional em molduras firmes (conceitos), reduzindo-se a tarefa do jurista à descoberta e sistematização das decisões adrede tomadas pelo constituinte. Tal entendimento, posto que confortável, não poderia ser sustentado por uma jurista que já compreendera que não existe um texto sem seu contexto, o que dá ao intérprete/aplicador um papel ativo na construção da norma jurídica. Esta não preexiste à atividade daquele. Tampouco o material que é colocado nas mãos do jurista – o texto constitucional – tem a pretensão de exaurimento ou definitividade.

A autora reconhece que a tarefa do constituinte, na repartição de competências tributárias, não foi a construção de um sistema fechado; antes, valeu-se aquele de categorias tipológicas, abertas por sua própria natureza e sujeitas a evolução, sem jamais perder de vista sua trajetória histórica. Tipos, diferentemente de conceitos, interpenetram-se.

O pensamento tipológico não é exclusividade da ciência jurídica. É, antes, uma abstração e generalização da experiência vivida por quem dele

---

1. Alem do orientador, compuseram a banca de doutorado do Programa de Pós-Graduação da Faculdade de Direito da USP os seguintes professores: Eros Grau, Paulo Ayres Barreto, Roberto Catalano Ferraz e Fernando Aurelio Zilveti.

se vale. Por isso mesmo, diz-se que o tipo é objeto de uma descrição. Fala-se em algo "típico" para se fazer referência a fenômeno que representa uma categoria, sem por isso reunir características que necessariamente se repetirão, ou pelo menos não em igual grau, em outras situações igualmente típicas. Ponto que merece maior atenção, no pensamento tipológico, é a sua constante evolução. Afinal, quando tenho uma categoria típica, reúno em minha mente uma série de situações que ali se encaixam. Posso comparar umas e outras e verificarei que algumas características surgem com maior ou menor frequência. Basta, entretanto, que contemple uma situação concreta e a reconheça como integrante do tipo (como típica), para que essa situação, em sua inteireza (e não apenas pelas características que percebi em meu primeiro exame), componha o próprio tipo. Dali em diante, também aquela nova situação (típica) será considerada quando eu buscar reconhecer outras ocorrências típicas.

Opõe-se tal pensamento ao conceitual. Este parte do abstrato. Reúne umas poucas características que bastam para distinguir os elementos que ali se enquadram. O raciocínio acaba por resolver-se a partir do binômio dentro/fora, já que a falta de um dos elementos constantes do conceito é suficiente para que se negue a inclusão na categoria contemplada pelo conceito. É ao raciocínio conceitual que cabe a técnica da subsunção, já que se a circunstância fática não apresentar todos os elementos previstos pelo conceito, negar-se-lhe-á sua aplicação, não se abrindo o espaço para a ideia de aproximação.

Costumo me valer da figura didática de uma norma que pretenda atingir os alunos do 4º ano de determinada faculdade. O raciocínio conceitual dirá que a referida norma se aplicará a todos os que, em determinado ano, estejam matriculados naquela classe, sem se preocupar em buscar outros elementos para os descrever: presente o requisito conceitual, aplica-se a norma; na sua ausência, nega-se a subsunção e portanto se afasta o consequente normativo. Um raciocínio tipológico é muito mais complexo. Buscará o universo dos alunos que se conhecem como quartanistas, passando a uma descrição: "cerca de 22 anos; conhecedor de pelo menos um idioma estrangeiro; ainda dependente financeiramente de seus pais etc.". Claro que se encontrarão, no grupo, alunos que não tenham uma ou outra característica; entretanto, a forte presença de outros elementos pode autorizar incluí-los, ainda assim, entre os alunos típicos. O problema é que se aquela característica não está presente não em um, mas sim e vários alunos "típicos", logo se desprezará aquela. Se, por outro lado, outra característica, antes irrelevante ou menos ausente, começa a se tornar uma constante nos novos integrantes do tipo, então o próprio tipo incorpora essa característica em sua descrição.

Quando se toma o tema da presente obra – competência tributária – nota-se a riqueza que o pensamento por tipos oferece, quando contraposto aos conceitos. Afinal, basta que se estude a evolução dos textos constitucionais, para que se torne nítido que a decisão do constituinte, ao repartir competências, não se deu a partir de uma investigação quanto aos termos que empregava e muito menos quanto à extensão que esses ofereciam. Ao contrário, o que se teve, em todo momento, foi uma decisão quanto a manter, ou não, na competência de cada ente, impostos já existentes. As expressões ali empregadas, via de regra, já denotavam objetos já antes presentes no Ordenamento. É certo que muitas vezes houve aglutinação, o que se torna evidente quando o ICMS agregou a seu antecessor, o ICM, os chamados impostos únicos, antes de competência federal, sobre combustíveis e minerais, sobre transportes e sobre comunicações. Não se tinha, entretanto, um "novo" imposto, mas uma combinação dos "velhos" e "conhecidos" impostos. Essa referência a algo concreto, conhecido, parece ser razão suficiente para justificar seu tratamento tipológico. Não – e aqui insisto eu – para saber o que quer dizer cada uma das expressões empregadas pelo constituinte, mas para saber a que imposto o texto se refere.

É a própria autora quem encontra argumento fortíssimo a favor dessa tese, quando examina a jurisprudência do Supremo Tribunal Federal, que não se viu constrangido pelo fato de um imposto "novo", cuja dicção constitucional versa sobre a "propriedade de veículos automotores" – IPVA nada mais ser que a "velha" Taxa Rodoviária Única. Foi a partir do exame da materialidade desta, que o Plenário pode definir a que realidade se referia o constituinte, apesar da evidente mudança dos termos empregados.

Chama a atenção o modo como a autora enfrenta o aparente paradoxo entre, de um lado, perceber que o constituinte se valeu de tipos e, de outro, concluir que quando se está em matéria de competência, não cabe falar em princípios (ponderáveis), mas regras sujeitas ao "tudo ou nada". A contradição desaparece quando se considera que a aproximação tipológica se faz para que se conheça o teor do dispositivo constitucional, etapa prévia à construção da norma. Esta, produto da atividade humana, não se confunde com os diversos textos por meio dos quais é veiculada. A norma se aplicará pelo processo de subsunção.

Mas como se dá a passagem entre uma categoria tipológica, de um lado, e uma norma de competência, plenamente conceitual? É aqui que aparece o papel decisivo da lei complementar. Afinal, por diversas vezes o constituinte se refere a ela no sentido de definir as materialidades enquadradas em cada campo de competência. A lei complementar, diversamente do texto constitucional, não pode abrir mão da categoria conceitual. Por certo, não foge ao tipo constitucional, mas não se confunde com este. Ao contrário, é na lei complementar que se tomam decisões, evitando, pois, a teor do mandamento do artigo 146, I, do texto constitucional, os conflitos de competência verticais e horizontais. A definição de propriedade urbana, essencial para que se conclua até onde vai a competência municipal (IPTU) e onde começa a federal (ITR) é eloquente exemplo a evidenciar que o legislador constitucional tem papel ativo nesta matéria, dando os limites dos campos impositivos. Ora, "limites" são próprios de conceitos, não de tipos. A autora dá bases teóricas para esse processo, denominando-o "densificação". Esta expressão também é empregada quando se trata de normas com caráter principiológico mas, como alerta a autora, no caso de competência, a densificação não se faz diretamente pelo operador do Direito, mas sim tendo em vista o trabalho do legislador complementar. Na tese exposta, a fluidez do tipo é densificada no conceito trazido pela Lei Complementar. A ideia de densificação é, ademais, feliz, por que afasta qualquer receio quanto à possibilidade de a Lei Complementar extrapolar seu papel: o conceito deve enquadrar-se confortavelmente no tipo constitucional. Se este, por sua vez, evolui, então se admite nova conceituação que acompanhe o novo momento histórico.

Como é possível a evolução de um tipo, depois de densificado em um conceito? Acaso este não acabaria por aprisionar o primeiro, dando os limites do legislador ordinário? Eis um ponto interessante: exatamente porque a conceituação se preocupa com limites, sem descrever seu objeto, torna-se possível que realidades diversas se subsumam a um mesmo conceito, tendo em vista as poucas características que este reúne. Assim, tanto se enquadra no conceito trazido pelo artigo 43 do Código Tributário Nacional o imposto de renda das pessoas físicas, com a tributação das pessoas jurídicas, as aplicações financeiras e mesmo os não residentes. Não há dúvida de que são realidades diversas, reunidas, entretanto, pelo conceito comum trazido por aquele dispositivo da Lei Complementar. Ora, se o legislador tem a liberdade de elaborar regras-matrizes as mais diversas, todas inseridas em um mesmo conceito, abre-se o espaço para que novas figuras sejam reconhecidas dentro do mesmo campo de competência, o que implica, sim, a possibilidade de o "típico" imposto já não ser aquele que se apresentou diante do legislador complementar quando da conceituação. Será essa a oportunidade para que aquele elabore novo texto, conceituando, de outra forma, o campo de competência marcado pelos "típicos" impostos ali inseridos.

O emprego da teoria dos tipos em matéria de competência tributária, como reconhece a autora, é tema que já há muito se discute na Alemanha. Eu mesmo me convenci do seu acerto e venho adotando essa visão, inclusive com o papel da lei complementar. O que surpreende na presente tese é a capacidade da autora de se valer desta premissa para revistar o tema da interpretação constitucional. Raquel tomou o tema com seriedade e, digo sem medo de errar, formulou uma teoria, como somente os grandes juristas sabem fazê-lo. O estudo desenvolvido a partir do terceiro capítulo é encantador, não só por sua erudição, mas também pelo modo fluente como foi redigido. Raquel é daquelas autoras que levam seu leitor a acompanhar seu pensamento. Não há sobressaltos. As dúvidas surgem nos momentos certos (ela não as esconde) para, em seguida, serem debatidas.

PREFÁCIO

Após discorrer sobre as escolas hermenêuticas, traz o tema para a seara do Direito Tributário e enfrenta, com proficiência, temas como a eventual cristalização dos termos empregados pelo constituinte e a própria dicção do artigo 110 do Código Tributário Nacional, tornando evidente que este, conquanto frequentemente invocado, pouco diz acerca da interpretação constitucional.

Realmente, se é verdade que institutos e conceitos de direito privado, empregados pelo constituinte na definição de competências, não podem ser alterados pelo legislador tributário, nada se diz sobre a questão de fundo, i.e., como saber se estamos diante de um instituto ou conceito de direito privado?

Creio que a leitura se torna ainda mais cativante pelo fato de a autora não se limitar a pesquisar a melhor bibliografia; ao contrário, o texto vem recheado de casos julgados pelo Supremo Tribunal Federal, quando a autora evidencia ao leitor qual foi o pensamento por trás dos votos proferidos. Nota-se paulatino abandono, por parte dos integrantes daquela Corte, da jurisprudência dos conceitos, abrindo espaço para novos modos de construir a norma de competência. E, vale lembrar com a autora, o modo de pensar tipificante não implica necessariamente alargar a competência, como se vê no caso do IPVA quando, não obstante a denominação do imposto permitisse estendê-lo a qualquer veículo, inclusive aeronaves e embarcações, a análise tipológica exigiu sua restrição àquilo que tipicamente era tributado.

Merece nota o fato de que a abertura da autora para os tipos não a leva a concluir pela total liberdade do legislador complementar ou do julgador. A denominação empregada pelo constituinte não pode ser desprezada. Exemplar, mais uma vez, o caso do IPVA, porque evidencia que não obstante o emprego de tipos não se vincule à denominação, tampouco a despreza. Assim é que enquanto embarcações não são atingidas pelo imposto (portanto, as palavras não implicam extensão), os automóveis não deixam de se enquadrar naquela denominação (o que evidencia que não se pode tributar algo que não se considere um veículo automotor).

Concluo alertando o leitor para o fato de que esta obra é daquelas que incomodam. Mas é o que eu chamaria um incômodo bom. Uma perturbação que nos tira do conforto das ideias preconcebidas. A teoria da interpretação das normas de competência tributária encontra, nesta obra, seu embasamento.

Luís Eduardo Schoueri
Professor Titular de Direito Tributário
da Faculdade de Direito da Universidade de São Paulo

SUMÁRIO

Apresentação – Hugo de Brito Machado, 7
Prefácio – Luís Eduardo Schoueri, 11

Introdução, 19

1. RIGIDEZ DO SISTEMA CONSTITUCIONAL TRIBUTÁRIO, 29

1.1 Os vários significados da palavra competência, 30
1.2 Poder de tributar, competência tributária e capacidade tributária ativa, 33
1.3 Competência e a divisão harmônica entre os entes, 36
1.4 O trato do assunto nas Constituições anteriores, 37
1.5 A divisão de competências na Constituição Federal de 1988, 49
   1.5.1 Inicial tendência à descentralização, 50
   1.5.2 A divisão em 1988 e as emendas subsequentes, 53
1.6 Forma federativa de Estado e divisão de rendas tributárias, 56
   1.6.1 Federalismo, autonomia e recursos financeiros, 56
   1.6.2 Atribuição de competências e repartição de receitas, 57
   1.6.3 Divisão de rendas em face da federação brasileira e seus reflexos na compreensão das normas de competência tributária, 60
   1.6.4 Bitributação jurídica e econômica, 60
   1.6.5 Particularidades do Direito brasileiro, 64

2. AS PALAVRAS E AS REALIDADES QUE DESIGNAM: ENTRE TIPOS E CONCEITOS, 67

2.1 De Crátilo a Wittgenstein, 72
2.2 Tipos e conceitos, 77
   2.2.1 Maior adequação dos tipos para designar parcelas da realidade concreta, 86

2.2.2 Tipos e conceitos indeterminados, 92
2.3 Tipos e conceitos nas normas de competência tributária, 94
2.4 Tipos e segurança jurídica, 102
2.5 Tipos e regras de tributação, 105

3. INTERPRETAÇÃO CONSTITUCIONAL E NORMA DE COMPETÊNCIA TRIBUTÁRIA, 113

3.1 Notas sobre alguns julgados do STF e dos problemas hermenêuticos que suscitam, 114
3.2 Escolas hermenêuticas e a interpretação constitucional contemporânea, 123
3.3 Aplicação de critérios diferenciados na interpretação do texto constitucional, quando pertinente ao Direito Tributário, 134
3.4 Entre a cristalização e a atualização do texto, 141
3.5 Termos empregados no texto constitucional e o art. 110 do CTN, 143
 3.5.1 Existência de mais de um significado, à luz do Direito Privado, 162
 3.5.2 Alteração do significado, no âmbito do Direito Privado, 164
 3.5.3 Como deve ser compreendido o art. 110 do CTN, 167

4. ALGUMAS PONDERAÇÕES PARA A ESCOLHA DE UMA ACEPÇÃO, 169

4.1 Distinção entre sentido e significado e a moldura kelseniana, 172
4.2 Visão sistêmica do texto constitucional na formação de uma moldura, 177
4.3 Legislação infraconstitucional e o sentido do texto constitucional, 182
4.4 A relevância do caso concreto não é a supremacia do caso concreto, 188
4.5 Emendar o texto ou atualizá-lo, com coerência, pela via interpretativa?, 193
4.6 Significados possíveis e consequencialismo jurídico, 205
4.7 O papel da lei complementar, 212
 4.7.1 Lei complementar e contribuições, 222
4.8 Necessidade de uma fundamentação racional, 225

Conclusão, 233
Referências bibliográficas, 239

INTRODUÇÃO

A norma jurídica é (re)construída pelo intérprete através (ou a partir) do texto,[1] e as técnicas interpretativas empregadas na apreensão deste podem produzir prescrições distintas, ou com diferentes graus de densidade normativa. A ordem jurídica sofreu modificações diante de considerável evolução no âmbito da Hermenêutica.

De forma mais evidente, até porque mais recente, basta considerar o grau de normatividade que se reconhece atualmente aos chamados direitos fundamentais, sobretudo em decorrência de técnicas próprias de interpretação.[2] As palavras são similares, o que se alterou foi a forma de empregá-las. Ou, em outros termos, trata-se de significante semelhante, com sensível evolução em seu significado. Isso revela como as técnicas interpretativas empregadas em determinada época histórica têm relevante efeito prático na forma como o Direito é compreendido e aplicado.

Não poderia ser diferente, até porque a apreensão do significado de um objeto é que possibilita sua operacionalidade pelo ser humano. Antes de qualquer explicação prévia, um nativo americano do século XVI, em seu primeiro contato com a cultura do europeu colonizador, não saberia identificar – e muito menos usar – um "garfo", mesmo estando diante de um. Quando se trata do estudo do Direito, essa afirmação tem ainda mais relevância, pois as normas jurídicas são realidade institucional, e, nessa condição, sequer existem enquanto reguladoras de condutas senão

---

1. Cf., *v.g.*, Humberto Ávila, *Teoria dos Princípios*, 14ª ed., São Paulo, Malheiros Editores, 2013, pp. 34-35; Paulo de Barros Carvalho, *Direito Tributário: Fundamentos Jurídicos da Incidência*, 2ª ed., São Paulo, Saraiva, 1999, p. 58; Marcelo Lima Guerra, *Competência da Justiça do Trabalho*, Fortaleza, Tear da Memória, 2009, pp. 17-29; Giuseppe Melis, *L'interpretazione nel Diritto Tributario*, Pádua, Cedam, 2003, p. 7.

2. O art. 179 da Constituição de 1824, por exemplo, tem *texto* que guarda razoável semelhança com o art. 5º da Constituição Federal de 1988. Não obstante, as normas construídas a partir de cada um deles, no século XIX e nos dias de hoje, são bastante diferentes. Alterou-se não tanto a letra, mas muito a forma como esta é compreendida.

depois de os textos, sinais gráficos ou gestos que as exprimem terem sido entendidos como tal.[3]

Tomando essas premissas para análise do sistema constitucional tributário,[4] mais precisamente das competências tributárias, pouca utilidade tem, por exemplo, um texto que haja sido escrito para delimitar o poder e organizar seu exercício por parte dos entes de uma Federação, se de sua interpretação não se apreende norma capaz de operacionalizar tais delimitação e organização.[5] Por outro lado, pouco vale defender uma interpretação quando se constata que a norma dela decorrente é incompatível com as peculiaridades históricas do próprio ordenamento e com a evolução jurídica ou social, porque impede que o texto seja aplicável à realidade já diferente, às vezes criando situação conflitante com os valores que inspiraram sua elaboração.

É corriqueira a afirmação de que o sistema constitucional tributário é rígido, pois há clara delimitação de competências para cada ente da Federação, sobretudo porque os conceitos empregados pela Constituição são determinados e não podem ser modificados pelo intérprete ou pelo legislador infraconstitucional. A segurança que se tem diante dessas afirmações, porém, é constantemente desafiada pelo surgimento de novas realidades que mostram não ser tão clara a aludida delimitação, e por decisões judiciais que, examinando litígios decorrentes da tentativa dos diversos entes de tributá-las, não veem no texto constitucional conceitos com o aludido grau de hermetismo.

Por certo, a própria jurisprudência é pendular, nem sempre havendo constância entre seus posicionamentos, quando vistos em conjunto. Um intérprete isolado dificilmente teria visão do Direito Tributário como a tem o Supremo Tribunal Federal ou o Superior Tribunal de Justiça, examinados de forma global – em uma tentativa de sistematização – todos os seus julgados em matéria tributária. Análises tópicas, ponderações marcadas

---

3. John Searle, *Libertad y Neurobiología*, trad. Miguel Candel, Barcelona, Paidós, 2005, p. 99. É importante lembrar que, como a criatura humana não possui acesso direto à realidade bruta, sendo possível falar, assim, em graus de institucionalidade, estando as normas jurídicas entre os mais elevados deles.

4. Tecnicamente, deve-se distinguir o Ordenamento Jurídico do Sistema Jurídico, sendo este o resultado da busca de organização daquele pela doutrina. Utilizar-se-á, porém, neste trabalho, o termo *Sistema Constitucional Tributário*, tendo em vista que a própria Constituição fez referência a ele.

5. Como observa Luís Eduardo Schoueri, "conquanto não pareça mandatória a aproximação unitária do ordenamento jurídico, podendo igualmente ser concebido como pluralista, reconhece-se a necessária busca constante da coerência, exigida para a manutenção da coesão do sistema" (Luís Eduardo Schoueri, "Segurança jurídica e normas tributárias indutoras", in Maria de Fátima Ribeiro (coord.), *Direito Tributário e Segurança Jurídica*, São Paulo, MP Ed., 2008, p. 117).

por forte influência política e, às vezes, certa falta de técnica para tratar de questões tributárias e de compromisso com posições já firmadas geram essas situações que não raro tomam de perplexidade os profissionais do Direito e demais membros da sociedade, sujeitos a planejar seu viver e sua atuação nessa aparente falta de plano.

Além disso, não se pode ignorar que, apesar da afirmação de que o sistema constitucional tributário é rígido, e de que o poder de tributar está clara e inteiramente delimitado na Constituição, o sistema tributário brasileiro sofre mais alterações do que muitos sistemas estrangeiros em que a respectiva Constituição pouco ou nada dispõe sobre matéria tributária. Em virtude disso, prejudica-se a compreensão do texto constitucional, como uma unidade dotada de lógica interna,[6] pois este, no Brasil, diante de tantas emendas pontuais, tem parecido mais uma colcha de retalhos.

Se, por um lado, essas alterações podem ser fruto da constitucionalização de um maior número de disposições tributárias, algo que não seria verificável em outros ordenamentos jurídicos, por outro demonstram que a colocação de tais preceitos na Constituição, em vez de enrijecer as normas de tributação, levou à instabilidade do texto constitucional. O problema, igualmente, não está apenas na frequência com que alterações acontecem, mas na quebra de sistematicidade delas decorrente, em face de seu caráter casuísta. Muitas emendas constitucionais se revelam nítidas "réplicas" do Congresso Nacional à jurisprudência do Supremo Tribunal Federal, alterando pontualmente a Constituição apenas para contornar entendimentos da Corte Maior restritivos da competência tributária. Foi o que se deu, por exemplo, com as Emendas Constitucionais 20/1998 e 33/2001, no que tange aos âmbitos de incidência de contribuições de seguridade e do ICMS, respectivamente, e com a Emenda Constitucional 39/2002, relativa à "contribuição" de iluminação pública.

Não se está sugerindo, por certo, que as decisões do Supremo Tribunal Federal referentes ao ICMS,[7] às contribuições de seguridade[8] e à "taxa" de iluminação pública,[9] depois contornadas pelas Emendas Constitucionais 20/1998, 33/2001 e 39/2002, estivessem erradas. Pelo contrário. Apenas se está recordando que a proteção representada por raciocínio conceitualista, apoiado apenas na rigidez do texto constitucional, é relativa e vem sendo

---

6. Cf. Tércio Sampaio Ferraz Júnior, *Direito Constitucional: Liberdade de Fumar, Privacidade, Estado, Direitos Humanos e outros Temas*, São Paulo, Manole, 2007, p. 338.

7. Súmula 660/STF: "Não incide ICMS na importação de bens por pessoa física ou jurídica que não seja contribuinte do imposto".

8. STF, Tribunal Pleno, Rel. Ministro Marco Aurélio, RE 166.772, j. 12.5.1994, *DJ* de 16.12.1994, p. 34.896, *RTJ* 156-2/666.

9. Súmula 670/STF: "O serviço de iluminação pública não pode ser remunerado mediante taxa".

continuamente contornada. Talvez um debate mais preocupado com a racionalidade do sistema e com os valores a ele subjacentes, a exemplo dos consagrados nos princípios da capacidade contributiva, da igualdade tributária, permita controle mais efetivo e adequado da atividade tributária no plano constitucional.

É certo que esse apego ao conceitualismo se deve em parte ao disposto no art. 110 do Código Tributário Nacional – CTN,[10] mas talvez ele decorra, também, do desprezo por uma análise histórica do Sistema Constitucional Tributário brasileiro, o qual revela que, muitas vezes, a significação isolada de cada palavra integrante do texto normativo não é tão relevante para a compreensão das características do tributo a que se está fazendo alusão.

Em outros termos, o reexame histórico do surgimento e da evolução das normas de competência nas Constituições brasileiras, além da evolução jurisprudencial, da sociedade e da semântica das palavras, demanda que se revisite o tema das competências tributárias para adequar teoria e realidade.

Diante desse cenário, questões surgem, tais como: quais limites devem ser observados pelo legislador, no exercício da competência tributária, tendo em vista as características históricas de cada tributo e a possível elasticidade das palavras empregadas pelo texto constitucional? De que forma se pode relacionar segurança jurídica com o dinamismo próprio da realidade econômica e das palavras, subjacente à questão tributária? Como saber qual o significado inicialmente acolhido no texto constitucional de termos cuja compreensão é essencial para conhecer a extensão da competência? As consequências de uma ou outra interpretação devem ser levadas em conta pelo intérprete? Nesse caso, quais, como e por quê?

Tais são os questionamentos que se pretende enfrentar no presente trabalho, considerando a doutrina sobre competência tributária e julgados recentes do Supremo Tribunal Federal, com ênfase para a relação da Constituição com o art. 110 do CTN, sendo este, portanto, o seu objeto de estudo. Em outros termos, procurar-se-á, a partir dos enunciados do texto constitucional que tratam da competência tributária, aferir qual a estrutura e como se deve determinar o sentido das palavras que os compõem.

Apesar de o estudo da competência figurar como uma das premissas para o estudo do Direito Tributário, e, portanto, ser desde há muito realizado, sua atualidade não poderia ser maior. Basta considerar inúmeros julgados recentes do Supremo Tribunal Federal e outras tantas questões pendentes de julgamento, envolvendo quantias significativas, em que a análise parte

---

10. O art. 110 do CTN dispõe: "A lei tributária não pode alterar a definição, o conteúdo e o alcance de institutos, conceitos e formas de Direito Privado, utilizados, expressa ou implicitamente, pela Constituição Federal, pelas Constituições dos Estados, ou pelas Leis Orgânicas do Distrito Federal ou dos Municípios, para definir ou limitar competências tributárias".

exatamente do delineamento da competência tributária. É o caso, *v.g.*, das discussões relativas à acepção de "valor aduaneiro" para fins de PIS/COFINS-importação, à acepção de serviço para fins de incidência do ISS sobre *leasing*, de mercadoria para fins de incidência do ICMS sobre *download de software* etc. Esses julgados demonstram que a doutrina tradicional, construída em torno das normas de competência tributária e sua interpretação, nem sempre é considerada como apta a resolver satisfatoriamente as questões submetidas ao seu exame.

Marciano Seabra de Godoi, a propósito, vê nos questionamentos surgidos nos últimos tempos, submetidos à apreciação do Supremo Tribunal Federal, uma demonstração suficiente – que tornaria prescindível a análise de mais de 100 anos de produção científica no âmbito da Teoria Geral do Direito – da desatualização ou do anacronismo do que ele considera ser uma visão "conceitualista" do Direito.[11] Mas não por isso se deve concluir que essa doutrina tradicional esteja necessária e inteiramente equivocada. O desacerto pode estar, talvez, no todo ou em parte, na jurisprudência. De qualquer sorte, o apontado descompasso justifica, pelo menos, que se reexamine o tema.

É frequente, no âmbito do constitucionalismo contemporâneo, a realização de estudos em torno da interpretação das normas constitucionais, pugnando-se pela necessidade de que ela seja mais ampla, a fim de assegurar maior longevidade ao texto.[12] Paradoxalmente, para que este tenha preservada a sua rigidez, é preciso que o intérprete possa colocá-lo em dia com a realidade mutante, sob pena de, procedendo-se a uma revisão constitucional, trazer-se a insegurança de uma alteração mais radical, por meio de emenda que não atualiza o texto, mas o modifica substancialmente.

Entretanto, quando se cogita da interpretação de textos constitucionais relativos à competência tributária, pugna-se às vezes por literalismo ou estreiteza na significação da palavra, ou, ainda, a um apego ao passado, não verificados na exegese de textos relativos a outros temas, o que talvez seja incompatível com a própria ideia de unidade da Constituição. Quiçá esse rigor se possa justificar tendo em vista a diversidade de normas contidas na Constituição brasileira, mas, ainda assim, trata-se de circunstância que reforça a necessidade de o tema ser detidamente examinado, a fim de que essa justificativa seja mais adequadamente clarificada, se for o caso.

Aliás, não raro se assiste à defesa de teses contraditórias, ora destinadas a atualizar o texto pela via hermenêutica, ora destinadas a cristalizá-lo no

---

11. Marciano Godoi, "O quê e o porquê da tipicidade tributária", in Ricardo Lodi Ribeiro e Sérgio André Rocha (coords.), *Legalidade e Tipicidade no Direito Tributário*, São Paulo, Quartier Latin, 2008, pp. 76-77.

12. Cf. Paulo Bonavides, *Curso de Direito Constitucional*, 29ª ed., São Paulo, Malheiros Editores, 2014, p. 531.

tempo, mesmo no que tange a normas situadas em uma mesma parte da Constituição. É o caso, por exemplo, da defesa da ampliação do significado das palavras *mercadoria* e *faturamento* (para que sobre imóveis pudesse incidir a COFINS,[13] ou sobre o *download* pudesse incidir o ICMS[14]), e, contraditoriamente, da restrição ao significado da palavra *livro* (a fim de restringir o alcance da norma imunizante contida no art. 150, VI, "d", da CF/1988, para que não alcance os chamados "livros eletrônicos").[15]

Sem entrar ainda no mérito a respeito do acerto ou do equívoco desta ou daquela forma de compreender o texto constitucional e do papel do intérprete em face dele, o que importa é que tais questões evidenciam a importância e a atualidade de se examinar e teorizar com coerência a interpretação das normas constitucionais tributárias, notadamente das que cuidam da atribuição de competências.

Quanto ao ineditismo do estudo, ele se revela, de início, diante da ainda escassa bibliografia em torno do assunto. Há estudos notáveis acerca da interpretação da lei tributária, mas construídos sob um paradigma anterior, marcado pela influência de um positivismo legalista, no qual a lei era o principal objeto das preocupações do jurista.[16] Há, também, estudos mais recentes, já elaborados sob um paradigma não positivista contemporâneo, mas voltados à interpretação constitucional em geral, ou à interpretação das normas que veiculam direitos fundamentais, em particular.[17] Existem também textos atuais em torno da teoria do conhecimento e da hermenêutica, em geral.[18] Mas, como dito, praticamente não existem trabalhos que procurem aplicar tais ideias, hauridas do constitucionalismo contemporâneo e da hermenêutica, às normas constitucionais que estabelecem competências

---

13. Oswaldo Othon de Pontes Saraiva Filho, "COFINS nas operações sobre imóveis", *Revista Dialética de Direito Tributário* 1/63, São Paulo, Dialética, outubro de 1995.

14. Cf. Lei estadual 7.098/1998, art. 2º, § 1º, VI e art. 6º, § 6º, do Estado do Mato Grosso.

15. Oswaldo Othon de Pontes Saraiva Filho, "A não extensão da imunidade aos chamados livros, jornais e periódicos eletrônicos", *Revista Dialética de Direito Tributário* 33/138, São Paulo, Dialética, junho de 1998.

16. Ruy Barbosa Nogueira, *Da interpretação e da Aplicação das Leis Tributárias*, 2ª ed., São Paulo, Ed. RT, 1965; Ezio Vanoni, *Naturaleza e Interpretación de las Leyes Tributarias*, trad. Juan Martin Queralt, Madri, Fábrica Nacional de Moneda y Timbre, 1973; Adolfo A. Amaya, *La Interpretación de las Leyes Tributarias*, Buenos Aires, Arayu, 1954.

17. Cf., *v.g.*, Luís Virgílio Afonso da Silva, *Direitos Fundamentais: Conteúdo Essencial, Restrições e Eficácia*, 2ª ed., 2ª tir., São Paulo, Malheiros Editores, 2011; Jane Reis Gonçalves Pereira, *Interpretação Constitucional e Direitos Fundamentais*, Rio de Janeiro, Renovar, 2006; Luís Roberto Barroso (org.), *A Nova Interpretação Constitucional: Ponderação, Direitos Fundamentais e Relações Privadas*, Rio de Janeiro, Renovar, 2006; Laurence Tribe, *The Invisible Constitution*, Nova York, Oxford Press, 2008; Laurence Tribe e Michael Dorf, *Hermenêutica Constitucional*, trad. Amarílis de Souza Birchal, Belo Horizonte, Del Rey, 2007.

18. Eros Roberto Grau, *Ensaio e Discurso sobre a Interpretação/Aplicação do Direito*, 5ª ed., São Paulo, Malheiros Editores, 2009 (hoje na 6ª edição com o título *Por Que Tenho*

tributárias,[19] tendo em conta as particularidades à luz das quais estas foram editadas, considerando ainda a história das competências nas Constituições anteriores e a possível relação entre estas e o texto atual.

Relativamente à consideração da jurisprudência do Supremo Tribunal Federal, por sua vez, observa-se, ainda, o fenômeno denunciado por Humberto Ávila, do entrecruzamento de correntes que, de um lado, teorizam o direito positivo sem qualquer consideração aos pronunciamentos dos Tribunais, ou, de outro, simplesmente compilam tais pronunciamentos, de forma mecânica e acrítica, sem submeter seus fundamentos a uma análise mais aprofundada.[20] É o que se tem verificado em relação ao tema da tese em questão. Ao lado dos autores que simplesmente compilam, catalogam e reproduzem os pronunciamentos do Supremo Tribunal Federal, sem tentar compreendê-los, entender-lhes as premissas e eventualmente criticá-los, estão aqueles que constroem suas teorias a respeito do texto constitucional e dão as costas, por completo, ao que o Supremo Tribunal Federal decide a respeito do tema, limitando-se, quando muito, a dizer que tais decisões são equivocadas.[21] Às vezes se dá as costas ao próprio texto constitucional, que é enxergado apenas em algumas de suas partes, sobrevalorizadas diante de outras, ignoradas.

No presente trabalho, almeja-se fazer estudo que seja de algum modo inovador, também neste ponto, pois se pretende examinar a jurisprudência

Medo dos Juízes. A Interpretação/Aplicação dos Direitos e os Princípios, São Paulo, Malheiros Editores, 2013); Lenio Luiz Streck, *Verdade e Consenso: Constituição, Hermenêutica e Teorias Discursivas*, 4ª ed., São Paulo, Saraiva, 2012.

19. José Maria Arruda de Andrade, Humberto Ávila, Paulo Ayres Barreto, Luís Eduardo Schoueri e Fernando Aurélio Zilveti têm observações profundas sobre o tema em trabalhos que tratam da interpretação das normas tributárias ou da regra de competência, mas diante de outras questões de natureza diversa, como a interpretação do Direito Tributário como um todo, ou o exame da natureza das contribuições, ou assuntos variados da Teoria Geral do Direito Tributário (José Maria Arruda de Andrade, *Interpretação da Norma Tributária*, São Paulo, MP Ed., 2006; Humberto Ávila, *Sistema Constitucional Tributário*, São Paulo, Saraiva, 2004; Paulo Ayres Barreto, *Contribuições: Regime Jurídico, Destinação e Controle*, São Paulo, Noeses, 2006; Luís Eduardo Schoueri, *Direito Tributário*, São Paulo, Saraiva, 2011; Fernando Aurélio Zilveti, *Obrigação Tributária: Fato Gerador e Tipo*, São Paulo, Quartier Latin, 2009).

20. Cf. Humberto Ávila, *Sistema Constitucional Tributário*, cit., p. 3.

21. Há, reconheça-se, notáveis exceções, como é o caso de Marciano Godoi, *Questões Atuais do Direito Tributário na Jurisprudência do STF*, São Paulo, Dialética, 2006, e id. Marciano Godoi, *Crítica à Jurisprudência do Supremo Tribunal Federal*, São Paulo, Dialética, 2011, livros em que o autor procura compreender os fundamentos das decisões judiciais para, eventualmente, criticar-lhes possível incoerência ou inconsistência. Abordam problema semelhante ao aqui proposto, inclusive no que tange à jurisprudência: Reinaldo Pizolio, *Competência Tributária e Conceitos Constitucionais*, São Paulo, Quartier Latin, 2006, que não o analisa, porém, à luz do contexto histórico subjacente às normas de competência, do paradigma hermenêutico do giro linguístico e do raciocínio tipológico.

do Supremo Tribunal Federal, com o propósito de compreender-lhe os fundamentos e, se for o caso, fazer-se a devida crítica.

O tema é difícil, e não se pode iniciar seu exame sem admitir que alguns dogmas ou "conhecimentos elementares" de Direito Tributário talvez tenham que ser abandonados ou, pelo menos, revistos. Antes isso, porém, do que viver a fantasia de uma estabilidade inexistente.

Na consecução da pesquisa de que se cuida se utilizou a técnica monográfica, valendo como ferramentas artigos, livros e decisões judiciais. A pesquisa teve natureza predominantemente bibliográfica e jurisprudencial, sendo descritiva (do texto constitucional, da doutrina e da jurisprudência construídas em torno das normas de competência tributária, bem como do texto das Constituições anteriores), mas também compreensiva e crítica.

Quanto ao método, sabe-se que ele molda o próprio objeto a ser estudado.[22] Assim, se se pretende ter do objeto a visão mais completa possível, há de se ter cuidado para não se valorizar excessivamente um determinado método, amesquinhando-se a própria imagem do objeto examinado.[23] Utilizar-se-ão, portanto, alguns métodos diferentes, sem rigidez ou exclusivismo. A indução é o caminho para se identificarem os critérios, ou a falta deles, usados pelos Tribunais e pela doutrina na interpretação dos textos constitucionais, e a própria explicação histórica para a sua redação atual. Mas a realização da indução pressupõe noções prévias a respeito do que será examinado e induzido,[24] a serem posteriormente confirmadas (ou não), com o uso do método popperiano.[25] Como se está no âmbito de uma ciência humana aplicada, tendo-se como tema central a interpretação de textos constitucionais, o método dialético será também empregado, até para que se contrastem os diferentes posicionamentos construídos em torno dos aspectos examinados.

---

22. Como observa Richard Palmer, o método já delimitou o que veremos, pelo que método e objeto não podem separar-se (Richard Palmer, *Hermenêutica*, trad. Maria Luísa Ribeiro Ferreira, Lisboa, Edições 70, 1989, p. 33).

23. Cf. Paul Feyerabend, *A Conquista da Abundância*, trad. Marcelo Rouanet e Cecília Prada, Porto Alegre, Unisinos, 2006, *passim*.

24. A. F. Chalmers, *O Que É Ciência Afinal?*, trad. Raul Filker, Brasília, Ed. Brasiliense, 1993, p. 19.

25. Cf. Karl Popper, *A Lógica da Pesquisa Científica*, trad. Leônidas Hegenberg e Octanny Silveira da Mota, 12ª ed., São Paulo, Cultrix, 2006, *passim*. Sobre a aplicação do método do falseamento, ou do falsificacionismo, de Karl Popper, às ciências sociais, confira-se: Karl Popper, *A Lógica das Ciências Sociais*, trad. Estêvão de Rezende Martins, 3ª ed., Rio de Janeiro, Tempo Brasileiro, 2004, pp. 13-34; Álvaro Ricardo de Souza Cruz, *O Discurso Científico na Modernidade: o Conceito de Paradigma É Aplicável ao Direito?*, Rio de Janeiro, Lumen Juris, 2009, p. 41; Henry Prakken e Giovanni Sartor, *The Three Faces of Defeasibility in the Law*, disponível em *http://www.cs.uu.nl/groups/IS/archive/henry/ratiojuris03.pdf*, acesso 12.8.2012.

O primeiro Capítulo tratará do sistema constitucional tributário e de suas peculiaridades. Partindo de uma análise de seu surgimento e de sua evolução, cuidará de suas características atuais na visão da doutrina, e das relações existentes entre rigidez e supremacia constitucional com o federalismo. Nele se pretende, ainda, destacar o que o sistema tributário brasileiro tem de particular, ou peculiar, relativamente ao sistema dos demais países, mesmo aos que também adotam a forma federativa de Estado, assim como demonstrar que na passagem de uma Constituição a outra, o nome do tributo carrega características históricas que vão além do que cada termo isoladamente significa.

Em seguida, o Capítulo segundo analisará a forma de se pensar a realidade, considerando sua mutação gradual e a possível relação dessa mudança com a palavra que se lhe associa, assim como a natureza aberta da linguagem, o caráter de vaguidade inerente a todas as palavras, e, com base nisso, a estrutura dos termos empregados pela Constituição na atribuição das competências tributárias, aferindo-se se estes são a expressão de *conceitos* ou de *tipos*, vale dizer, se têm significação rígida ou dúctil.

O propósito é firmar premissas que depois serão utilizadas para revelar algumas incongruências na doutrina dominante, a qual, não obstante afirme que as normas constitucionais sejam enunciadas por meio de conceitos rígidos, geralmente não questiona, por exemplo, a validade de disposições como a do art. 32 do CTN, segundo o qual o Município tem competência para instituir imposto sobre algo diverso da propriedade imobiliária estritamente considerada, tal como definida na lei civil de 1916. Da mesma forma, essa doutrina não raro ignora que, na passagem de uma Constituição para outra, alguns tributos previstos nas regras de competências são considerados em sua totalidade, ora incorporando características da legislação anterior e ora abandonando outras, sem que o conceito jusprivatista de cada palavra empregada no texto possa ser analisado de forma rigorosa e isolada.

No Capítulo terceiro, objetiva-se cuidar da interpretação constitucional em geral, e de um aparente descompasso entre o que se defende em seu âmbito e o que se passa em relação à interpretação das normas constitucionais tributárias em particular. No que tange a essas últimas, será nesse Capítulo que o disposto no art. 110 do CTN submeter-se-á a exame mais detido. Pretende-se, sob o prisma da interpretação constitucional, analisar a doutrina que defende a necessidade de se recorrer a significações empregadas por outros ramos do Direito, na busca da significação das palavras utilizadas pelo texto constitucional, que, não obstante, além de ser hierarquia superior, não se vale obrigatória e necessariamente da linguagem técnica.

Além disso, busca-se examinar que essa mesma doutrina, ao afirmar que o significado dos conceitos utilizados pela Constituição deve ser haurido das normas de Direito Privado, não explica qual deles deve ser levado em consideração quando diferentes normas de Direito Privado empregarem uma palavra ou expressão com significados díspares. Tampouco esclarece como se deve proceder quando a acepção for modificada pelo Direito Privado, ou quando houver mudança na própria realidade factual designada. Importa, aqui, encontrar-se um ponto de equilíbrio entre o papel (re)criador do intérprete, na determinação do sentido dos textos normativos, e o significado preexistente destes, a ser minimamente reconhecido sob pena de inviabilizar--se a própria comunicação, diante da possibilidade de cada sujeito atribuir arbitrariamente significados distintos aos mesmos significantes, equilíbrio este cuja necessidade será então apontada, mas que somente será buscado nos Capítulos subsequentes.

É o momento, também, de examinar e analisar a apontada falta de sintonia entre a teoria e a prática, no que tange às normas de competência tributária, de sorte a: (i) apontar exemplos concretos em que se verifica; (ii) aferir se a falta de sintonia deve ser evitada, sendo, no caso de resposta afirmativa, de se considerar então se é a prática que deve ser alterada ou a teoria que deve ser revista.

Cuidar-se-á, então, no quarto e último Capítulo, de dar resposta aos questionamentos que ensejaram a elaboração deste trabalho, explicando como os textos constitucionais que veiculam normas relativas ao Direito Tributário, notadamente os que estabelecem as competências tributárias, devem ser interpretados. Será possível, então, responder quais descompassos entre a prática, notadamente a prática levada a efeito pela jurisprudência, e a teoria devem ser solucionados com a correção da primeira, e quais devem ser motivo para a revisão da última, procedendo-se, então, a essa revisão, ou pelo menos, contribuindo para ela. Pretende-se demonstrar como e em que termos as consequências factuais de uma ou de outra interpretação devem ser levadas em consideração, delimitando-se, ainda, o papel do legislador complementar na interpretação das disposições constitucionais pertinentes ao tema.

Finalmente, o trabalho terá uma síntese conclusiva, na qual a pergunta central lançada nesta introdução, e alguns questionamentos que em torno dela gravitam, serão sumariamente respondidos, à luz das premissas traçadas nos quatro capítulos.

1

RIGIDEZ DO SISTEMA CONSTITUCIONAL TRIBUTÁRIO

Diz-se rígido o sistema constitucional brasileiro, principalmente, considerando a forma como se dá a atribuição de competências impositivas. O legislador infraconstitucional não é livre para escolher as realidades a serem tributadas, pois a Constituição[1] já lhe delimita o âmbito de atuação.[2] É comum, a propósito dessa rigidez, afirmar-se que ela é assegurada ainda, entre outras razões, pelo uso de conceitos fechados jusprivatistas que aludem às realidades alcançáveis pelos entes tributantes, cuja significação não pode ser dada, elastecida, ou por qualquer forma alterada, pelo legislador infraconstitucional, seja por meio de lei ordinária, seja através de lei complementar. É o que consta, por exemplo, de célebre parecer no qual Geraldo Ataliba e Cléber Giardino tratam de situação de conflito de competência entre o ISS e o ICM, amparados em vasta doutrina nacional.[3]

Dentre vários autores que defendem o mesmo entendimento, pode-se mencionar ainda Paulo de Barros Carvalho, que, apesar de reconhecer uma possível interpenetração de competências no plano constitucional, a ser resolvida pelo legislador complementar,[4] de forma aparentemente contraditória destaca:

---

1. Constituição que, por ter sua modificação submetida a procedimento formal mais rigoroso e exigente que o de aprovação dos demais atos normativos, é igualmente rígida.

2. Geraldo Ataliba, *Sistema Constitucional Tributário Brasileiro*, São Paulo, Ed. RT, 1968, pp. 23-24.

3. Geraldo Ataliba e Cléber Giardino, "Imposto sobre circulação de mercadorias e imposto sobre serviços", in Ives Gandra da Silva Martins e Edvaldo Brito (coords.), *Doutrinas Essenciais do Direito Tributário*, vol. 4, São Paulo, Ed. RT, 2011, p. 517.

4. Paulo de Barros Carvalho, *Direito Tributário, Linguagem e Método*, 3ª ed., São Paulo, Noeses, 2009, p. 383.

O tema das competências legislativas, entre elas o da competência tributária, é, eminentemente, constitucional. Uma vez cristalizada a limitação do poder legiferante, pelo seu legítimo agente (o constituinte), a matéria se dá pronta e acabada, carecente de sentido sua reabertura em nível infraconstitucional.[5]

Por partir das mesmas premissas, Roque Antonio Carrazza, cuidando do assunto, afirma que "os possíveis conflitos de competência em matéria tributária já se encontram resolvidos na própria Constituição".[6]

Transcreveram-se, literalmente, essas passagens, para que se tenha a correta compreensão do que estão os seus autores a sustentar, e para que não se diga que seu pensamento não foi aqui fielmente reproduzido, o que poderia ocorrer se apenas se afirmasse qual posicionamento defendem. Cada um à sua maneira acolhe a ideia de que a Constituição já traz, em si, uma significação inteira para as palavras que emprega na distribuição de competências; como se fosse inequívoca a (supostamente única) forma de dirimir possíveis conflitos a partir do próprio texto constitucional. Daí o emprego de expressões como "pronta e acabada".

Todavia, para testar essa ideia, quanto a premissas e conclusões, e compreender a extensão da rigidez, inerente ao sistema constitucional tributário brasileiro e guia indispensável para sua interpretação, é relevante, inicialmente, dedicar alguma atenção à competência tributária, às relações entre ela e o poder de tributar e, brevemente, ao histórico de sua disciplina ao longo das constituições anteriores. Algumas digressões terão de ser feitas sobre palavras de significação aparentemente óbvia, o que pode parecer primário, mas elas se fazem necessárias, na medida em que muitos dos pensamentos que aqui serão analisados gravitam ao seu redor.

A primeira dessas digressões é sobre a significação do termo *competência*, isoladamente considerado, sem que ainda seja parte da expressão "competência tributária". Até porque somente a partir dela é possível compreender melhor a teleologia a guiar a interpretação jurídica.

1.1 Os vários significados da palavra *competência*

Apesar da aparente distinção entre a significação na linguagem coloquial e a significação técnico-jurídica do termo *competência*, ambas guardam sutil relação.

---

5. Paulo de Barros Carvalho, *Curso de Direito Tributário*, 12ª ed., São Paulo, Saraiva, 1999, p. 229.

6. Roque Antonio Carrazza, *Curso de Direito Constitucional Tributário*, 29ª ed., São Paulo, Malheiros Editores, 2013, p. 1.078.

Competência, no vocabulário coloquial, liga-se, geralmente, a duas ideias distintas, porém relacionadas, a saber: *autorização* e *proficiência*.[7] Nesse segundo significado, designa a habilidade para realizar uma ação, a aptidão para fazer bem alguma coisa.[8] Mas, em ambos os casos, a palavra refere-se precipuamente a uma qualidade ou a uma possibilidade fática. Diz-se, assim, que um bom profissional é pessoa competente em seu ofício, quando o realiza com qualidade, conforme as expectativas. Note-se que a palavra é empregada, com sentido específico, em outras áreas do conhecimento, como a pedagogia e a psiquiatria, por exemplo, estando sempre a designar algo relacionado à habilidade ou à proficiência para desempenhar uma função. Vale dizer, algo é *apto* ou *profícuo* dentro de um âmbito *determinado* – a realização de uma tarefa, o combate a uma doença etc.

No vocabulário jurídico, por outro lado, a palavra representa a atribuição ou o reconhecimento de um poder, cujos contornos são delimitados, para realizar uma dada atividade administrativa,[9] elaborar uma norma ou exercer a atividade jurisdicional. Caso se dê à palavra "norma" sentido bastante amplo, de sorte a abranger inclusive as proposições prescritivas de cunho concreto, que não dependem da ocorrência de uma hipótese para incidir, pode-se dizer que em todos os casos mencionados a competência diz respeito à faculdade de produzir normas jurídicas (hipotéticas ou concretas).

Daí cogitar-se da classificação das normas entre normas de conduta e normas de competência,[10] ou, como prefere Aulis Aarnio,[11] normas de prescrição (proibitivas, facultativas ou obrigatórias), normas de competência e normas de definição, embora estas últimas pareçam ser fragmentos destinados a complementar as duas primeiras.

Mas note-se que a palavra *competência* é utilizada, nesse contexto, para designar ora a regra jurídica que faz a delimitação, ora as faculdades por ela abrangidas, ora a própria delimitação. Tal como se dá com as palavras

---

7. Torben Spaak, *The Concept of Legal Competence: an Essay in Conceptual Analysis*, trad. Robert Caroll, Massachusetts, Dartmouth, 1994, p. 2.

8. Academia das Ciências de Lisboa, *Dicionário da Língua Portuguesa Contemporânea*, vol. 1, Lisboa, Verbo, 2001, p. 887.

9. Neste primeiro sentido, a expressão é utilizada, sobretudo, pelos teóricos do Direito Administrativo. No âmbito do Direito Tributário, conforme será visto no item subsequente deste trabalho, o exercício dessa atividade administrativa (de fiscalização e arrecadação dos tributos), embora também decorra de competências legalmente definidas, é mais comumente designado como um produto da capacidade tributária ativa (CTN, art. 120), entendida com uma das atribuições da competência. Mas tanto não é inadequado falar-se em competência, também nesse caso, que o próprio art. 120 do CTN alude à capacidade tributária ativa como a "competência para exigir o cumprimento" da obrigação tributária.

10. Cf. Alf Ross, *Direito e Justiça*, trad. Edson Bini, São Paulo, Edipro, 2000, p. 57.

11. Aulis Aarnio, *Essays on the Doctrinal Study of Law*, Londres/Nova York, Springer, 2011, p. 119.

"prova", "raciocínio" e "pensamento", designa-se de forma ambígua tanto o produto quanto a atividade desenvolvida para obtê-lo e, às vezes, também os processos nela empregados.

Seja como for, percebe-se que a relação entre uma e outra significação (a coloquial e a técnico-jurídica) reside no fato de que, tanto nesta como naquela, sem competência, não se pode praticar o ato corretamente. E mais: a proficiência ou a autorização para a prática correta do ato refere-se a atividades ou ações específicas e determinadas. Varia apenas o *critério de correção*, definido por uma habilidade factual no primeiro caso, ou por uma norma jurídica no segundo. Isso, desde logo, permite a conclusão de que, juridicamente, a competência é a autorização normativa mínima, sem a qual não se pode praticar o ato validamente. Diz-se *mínima* porque, evidentemente, outros requisitos, de forma e de conteúdo, devem ser observados para que os mais variados atos sejam válidos.

Uma sentença, por exemplo, mesmo proferida por juiz competente, pode ser nula se pronunciada em desatenção ao princípio do contraditório. De igual modo, um tributo, mesmo instituído por lei editada pelo ente federativo dotado de competência para tal, poderá ser inválido por outras razões (*v.g.*, a lei não cumpriu o procedimento legislativo corretamente, sua alíquota é exagerada ou suas disposições são contrárias à isonomia). Poder-se-ia dizer, é certo, que a competência envolveria, em si, a atribuição para praticar o ato validamente, consideradas todas as demais normas do sistema, que a delimitariam, positiva e negativamente, a exemplo das regras de imunidade, e de princípios como o da irretroatividade e da legalidade, por exemplo. Não é essa, porém, a postura aqui adotada, até porque ela, por considerar todas as normas que disciplinam a instituição do tributo de cuja competência se cogita, torna sem sentido a própria distinção pretendida entre as normas de competência e todas as demais.[12]

Daí se conclui, por igual, que a competência há de ser designada por norma com estrutura de *regra jurídica*,[13] pois opera à base do *tudo ou nada*: não há como estar mais ou menos autorizado à prática de um ato, que não será mais ou menos válido por ter sido praticado por autoridade mais ou menos competente. Se o ato é praticado por autoridade incompetente, a consequência é a nulidade, o que não comporta gradação.[14]

---

12. No âmbito do processo civil, por exemplo, embora não se ignore que o juiz, ao exercer a jurisdição, deve fazê-lo em obediência ao devido processo legal, à ampla defesa, à publicidade, ao dever de motivação etc., cogita-se de competência (*v.g.*, material, territorial...) sem considerar essas demais normas que disciplinam o agir do magistrado. Do mesmo modo se reputa adequado proceder-se aqui.

13. Alf Ross, *Direito e Justiça*, cit., p. 57.

14. Robert Alexy, *Teoría de los Derechos Fundamentales*, trad. Ernesto Garzón Valdés, Madri, Centro de Estudios Políticos y Constitucionales, 2002, p. 233 (publicado no Brasil,

Mas essa larga acepção jurídica de competência como atribuição de uma faculdade ou de uma função (que vale tanto para demarcar o poder de um agente administrativo, como do legislador, ou de um juiz),[15] carece ainda de alguma delimitação adicional, para os fins com que será utilizada ao longo do presente trabalho.

1.2 Poder de tributar, competência tributária e capacidade tributária ativa

Não é raro ver-se a palavra *competência* de algum modo associada à palavra *poder*, sendo ambas ora usadas como sinônimos, ora como figuras assemelhadas. Há, contudo, importante distinção a ser feita, no que tange ao uso que tais palavras podem ter, notadamente no âmbito do Direito Tributário.

Poder é a aptidão de decidir e fazer valer a decisão.[16] Se essa aptidão é meramente factual, decorrendo da força física, da superioridade econômica, da capacidade argumentativa etc. usa-se para designá-la simplesmente a palavra *poder*, agregada, se for o caso, do correspondente adjetivo (poder físico, econômico, argumentativo etc.). Se, porém, essa aptidão é decorrência de uma norma, que a confere ou reconhece, e a disciplina, limitando assim seu exercício, o mais apropriado é, em vez de "poder jurídico", empregar--se o termo *competência*.[17]

---

com tradução de Virgílio Afonso da Silva – *Teoria dos Direitos Fundamentais*, 2ª ed., 3ª tir., São Paulo, Malheiros Editores, 2014.

15. Cf. Paulo de Barros Carvalho, *Curso de Direito Tributário*, 12ª ed., cit., p. 211.

16. Cf. Hugo de Brito Machado e Schubert Machado, *Dicionário de Direito Tributário*, São Paulo, Atlas, 2011, p. 176. Em termos semelhantes: Norberto Bobbio, Nicola Matteucci e Gianfranco Pasquino, *Dicionário de Política*, trad. Carmen C. Varrialle, Gaetano Loiai Mônaco, João Ferreira, Luís Guerreiro Pinto Cacais e Renzo Dini, 11ª ed., vol. 1, Brasília, Ed. da UnB, 1998, p. 933.

17. Depois de dividir os direitos (no sentido de "direito subjetivo") em *direitos a alguma coisa*, *liberdades* e *competências*, Alexy esclarece ter reunido sob essa última denominação posições que podem ser também designadas com as expressões "poder jurídico", "autorização", "faculdade", "direito de configuração", "competência" ou "capacidade jurídica". E, em suas palavras, a palavra "competência" é preferível porque todas as demais são menos adequadas. "'Poder' o 'poder jurídico' hacen referencia a algo fáctico, 'facultad' está estrechamente emparentada con la permisión, los derechos de conformación son solo un segmento del ámbito de las competencias y 'capacidad jurídica' sería adecuada si no fuera de difícil manejo" ("'Poder' ou 'poder jurídico' apontam para algo fático, 'capacidade' está muito próxima da permissão, 'direitos formativos' são apenas um segmento do âmbito das competências e 'capacidade jurídica' seria adequada, mas é um termo muito trabalhoso") (Robert Alexy, *Teoría de los Derechos Fundamentales*, cit., p. 227; p. 235 na edição em português, 2ª ed., 3ª tir., cit.). No Brasil, a dificuldade de manejar a expressão *capacidade jurídica*, sobretudo em matéria tributária, decorre do fato de que por "capacidade tributária ativa" já se designa um dos desdobramentos da competência tributária, que é a aptidão para ser sujeito ativo da relação tributária, fiscalizando e exigindo o seu cumprimento, o que geraria ambiguidade.

Certamente por isso, entre os teóricos do Direito Tributário, a expressão *competência tributária* é mais comumente utilizada para designar o poder dos entes da Federação de elaborar normas para a criação, majoração, arrecadação e fiscalização de tributos, devidamente reconhecido, limitado e, no caso das federações, dividido em seu exercício por normas de uma Constituição.[18] Roque Antonio Carrazza, por exemplo, em breves e precisas palavras, afirma que "competência tributária é a aptidão para criar, *in abstracto*, tributos".[19]

Nessa ordem de ideias, no presente trabalho, a palavra *competência* será empregada com o significado de *atribuição para feitura de normas jurídicas veiculadas em lei*, assim entendidas as proposições prescritivas de caráter hipotético elaboradas pelo Poder Legislativo, ou por quem lhe faça as vezes.[20]

Em relação ao Direito Tributário, essa atribuição é aquela outorgada pela Constituição aos entes da Federação para instituir normas criadoras de tributos,[21] razão pela qual o art. 6º do CTN esclarece estar por ela abrangida "a competência legislativa plena". É também esse o motivo pelo qual se diz que a competência não pode ser delegada, nem caduca pelo fato de não ser exercitada: do contrário, ter-se-ia um ente federativo (poder constituído), por meio de normas infraconstitucionais (ou pela falta delas), alterando o próprio texto constitucional, em notória subversão da hierarquia normativa.

Esse é o significado em que a expressão é aqui utilizada, não apenas porque se trata do mais difundido entre os que a empregam, mas em razão do disposto nos arts. 6º e 7º do CTN, em face dos quais parece mais didático fazer alusão a *competência* para designar aquelas atribuições indelegáveis, relativas à instituição de normas criadoras de tributos, que por isso mesmo só podem ser exercidas, à luz do princípio da legalidade, por entes dotados também da faculdade de editar leis em sentido estrito, distinguindo-as assim daquelas passíveis de delegação, que dizem respeito à fiscalização e à arrecadação de tributos, mais adequadamente rotuladas de *capacidade*

---

18. Cf. Hugo de Brito Machado e Schubert Machado, *Dicionário de Direito Tributário*, cit., p. 41; Tácio Lacerda Gama, *Competência Tributária: Fundamentos para uma Teoria da Nulidade*, São Paulo, Noeses, 2009, p. 343.

19. Roque Antonio Carrazza, *Curso de Direito Constitucional Tributário*, 29ª ed., São Paulo, Malheiros Editores, 2013, p. 575.

20. Excluindo-se, portanto, atos de efeitos concretos, como as sentenças e os atos administrativos, que, à míngua de hipoteticidade, serão designados aqui como provimentos ou ordens, e não como normas. E incluindo-se as medidas provisórias, que, conquanto não sejam leis, têm a mesma "força" delas (CF/1988, art. 62).

21. Emprega-se a palavra *tributo*, aqui, no sentido do art. 3º do CTN. Para os vários sentidos em que essa palavra pode ser utilizada, confira-se: Paulo de Barros Carvalho, *Curso de Direito Tributário*, 12ª ed., cit., pp. 16 e ss.

tributária.[22] Insista-se que, conquanto em ambos os casos se tenha, em sentido amplo, uma "competência" (no primeiro caso, para elaborar a norma, e, no segundo, para aplicá-la), é preferível o uso de palavras diferentes, para uma maior precisão da linguagem.[23]

Perceba-se que, nessa ordem de ideias, a competência tem como premissa a existência de um poder, ao mesmo tempo em que tem como razão de ser a necessidade de sua delimitação, sobretudo quando se trata de um Estado de Direito, regido pelo princípio[24] da legalidade. Esse ponto já se apresenta como marcante premissa para as ideias a serem desenvolvidas adiante, qual seja: a norma de competência tributária é delimitadora de poder. Sendo assim, a hermenêutica da competência tributária há de gravitar em torno dessa finalidade, o que leva a que se questione se a força evolutiva do uso das palavras pode operar com igual velocidade no Direito Tributário, no que tange a tais normas, ou aos textos que as veiculam.

Com efeito, o poder de tributar nada mais é do que uma das facetas[25] ou manifestações do *poder* (ou da *soberania*) que, conjuntamente com os elementos *povo* e *território*, caracteriza o Estado. Isto posto, com ou sem normas jurídicas que o disciplinem, o Estado exerceria seu poder;[26] sendo esse Estado adjetivado como *de Direito*, a norma de competência delimita o poder, determinando as condições e as circunstâncias em que há de ser validamente exercido, e, no caso de uma federação, dividindo ainda esse exercício entre os entes que o compõem.

Isso deve ser lembrado, na interpretação das regras de competência, porque, se todo titular de poder tende a abusar dele, e se as competências são *limites jurídicos* ao poder, preexistente, de cobrar tributos, será natural a tendência dos entes tributantes de extrapolarem os limites por elas representados, a qual não necessariamente deverá ser vista como uma manifestação da desatualização ou do anacronismo de seu texto.

---

22. Cf. Hugo de Brito Machado, *Comentários ao Código Tributário Nacional*, vol. 1, São Paulo, Atlas, 2003, p. 149.

23. Sobre a importância dessa precisão, veja-se Michel Villey, *Filosofia do Direito: Definições e Fins do Direito. Os Meios do Direito*, trad. Márcia Valéria Martinez de Aguiar, São Paulo, Martins Fontes, 2003, p. 10.

24. A depender do critério de classificação adotado para apartar *regras* e *princípios*, pode-se defender a ideia de que a norma veiculada no art. 150, I, da CF/1988 é uma regra. Apesar disso, a expressão *princípio da legalidade*, por mais difundida, seguirá sendo utilizada aqui.

25. Cf. Albert Hensel, *Derecho Tributario*, trad. Andrés Báez Moreno, María Luisa González-Cuéllar Serrano e Enrique Ortiz Calle, Madri, Marcial Pons, 2005, p. 107.

26. Aliomar Baleeiro, *Limitações Constitucionais ao Poder de Tributar*, 8ª ed., atualizada por Misabel Abreu Machado Derzi, Rio de Janeiro, Forense, 2011, p. 1; Albert Hensel, *Derecho Tributario*, cit., pp. 111-112.

1.3 Competência e a divisão harmônica entre os entes

Visto que competência tributária, na acepção aqui empregada, designa o poder de criar tributos, depois de reconhecido, limitado e, no caso de uma federação, dividido em seu exercício por normas constitucionais, é importante investigar se realmente, no contexto brasileiro, essa divisão se deu com a atribuição de competências exclusivas para os vários entes, as quais, em regra, não se sobrepõem.

Eventualmente se diz que exclusivas são as competências impositivas, vale dizer, para a criação de impostos, pois a competência para instituir taxas e contribuições de melhoria seria comum. Não é correta, porém, a afirmação. Em verdade, a competência para instituir taxas e contribuições de melhoria é tão exclusiva quanto a dos impostos. O que ocorre é que, em relação a tais tributos, que são vinculados a uma atividade estatal, o capítulo dedicado ao sistema tributário não os divide, o que é feito em outra parte da Constituição. União, Estados, Distrito Federal e Municípios podem instituir taxas, mas taxas diferentes. Assim como instituem impostos, mas o fazem em relação a impostos diferentes. Ninguém defenderia, por exemplo, uma "competência comum" para Municípios e União instituírem taxas sobre a expedição de passaportes, ou sobre a concessão de licenças para o funcionamento de restaurantes. A primeira só compete à União, enquanto a segunda é exclusiva dos Municípios. Admite-se, porém, a cobrança de taxa por mais de um ente pela mesma atividade ou exercício do poder de polícia, desde que a incumbência administrativa seja comum, como é o caso da proteção ambiental (art. 24, VI, da CF/1988). Ainda assim, não haverá propriamente dupla cobrança ou sobreposição de taxas sobre um mesmo fato, mas taxas distintas por atuações próprias de entes diferentes, apesar de versarem matéria semelhante.[27]

Esse aspecto é de suma importância na interpretação dos textos que veiculam tais normas, pois representa limite a ser observado, pelo intérprete, na determinação de seu sentido. É relevante, ainda, verificar como surgem e são batizados os tributos, ao longo da história constitucional brasileira, e qual a relação entre seus nomes e as materialidades sobre as quais incidem.

Como observa Luís Eduardo Schoueri,[28] análise do art. 154, I, da Constituição Federal revela que, se para exercer sua competência impositiva

---

27. A propósito da taxa de fiscalização ambiental entendeu o STF que "por não serem mutuamente exclusivas, as atividades de fiscalização ambiental exercidas pela União e pelo estado não se sobrepõem e, portanto, não ocorre bitributação" (STF, Rel. Ministro Joaquim Barbosa, AgR no RE 602.089-MG).

28. Luís Eduardo Schoueri, "Discriminação de competências e competência residual", in Luís Eduardo Schoueri e Fernando Aurélio Zilveti (coords.), *Direito Tributário: Estudos em Homenagem a Brandão Machado*, São Paulo, Dialética, 1998, pp. 82-115.

residual, a União não pode criar impostos novos que tenham fato gerador ou base de cálculo próprios dos discriminados na Constituição, isso significa que as competências discriminadas são exclusivas de cada ente. Além disso, o sistema não admite a bitributação, em matéria de impostos. Tais conclusões, que decorrem da regra veiculada no mencionado art. 154, I, são relevantes na determinação do sentido dos demais artigos por meio dos quais se estabelecem as competências impositivas.

Entretanto, poder-se-ia contestá-las alegando que não necessariamente a vedação imposta ao exercício da competência residual deveria ser entendida como uma proibição de bitributação, ou como uma indicação do caráter exclusivo das competências impositivas, as quais se poderiam interpenetrar, o que, aliás, seria verificável em outras federações, como a norte-americana.[29] É importante, portanto, para que melhor se compreenda a razão de ser das disposições constantes da Constituição Federal de 1988, o que é inegavelmente útil na determinação de seu sentido, investigar como o assunto foi tratado nas Constituições anteriores.

É do que cuidam os itens seguintes, nos quais, conquanto não se faça análise aprofundada do sistema tributário em cada período do constitucionalismo brasileiro, algo que não seria pertinente aos propósitos deste trabalho, se enfatiza a forma como as competências tributárias eram repartidas, a preocupação constante com eventuais sobreposições ou interpenetrações nos seus âmbitos, e, principalmente, como o trato desse assunto evoluiu ao longo das Constituições brasileiras, culminando com as disposições atualmente em vigor. Isso é importante para entender o papel da lei complementar e até que ponto tudo está, ou não, já "pronto e acabado" na Constituição Federal de 1988, assim como cada termo do seu texto deve ser interpretado.

1.4 O trato do assunto nas Constituições anteriores

É relativamente comum, nos trabalhos escritos em torno do Direito Positivo no Brasil nos últimos vinte anos, sobretudo no âmbito constitucional, tomar-se o texto da Constituição Federal de 1988 como ponto de partida, o que é inegavelmente correto. Mas isso é feito, muitas vezes, em desprezo ao que existia antes dele, como se o texto constitucional do nada houvesse brotado, e, pior, como se antes muito do que nele se acha previsto não já existisse, de forma igual ou muito semelhante à atual, o que talvez se faça de forma um tanto exagerada.

Cogita-se de direitos que só teriam sido consagrados em 1988, de princípios que só então teriam sido positivados etc., em excesso, cujo equívoco se confirma quando se examinam os textos constitucionais anteriores, tes-

---

29. Geraldo Ataliba, *Sistema Constitucional Tributário Brasileiro*, cit., p. 29.

temunhas de que esse ineditismo, conquanto verdadeiro em muitos pontos, não é tão grande quanto se preconiza.[30]

Em verdade, embora do ponto de vista jurídico-positivo, a Constituição de 1988 seja induvidosamente o ato normativo supremo do ordenamento,[31] no qual as demais normas buscam fundamento de validade, não se pode esquecer que havia uma realidade antes dela, cuja análise auxilia, enormemente, a compreensão de suas disposições. É com esse propósito que se examinam, apenas no que toca às competências tributárias, as Constituições brasileiras que a antecederam.

Essa análise é importante, convém insistir, para que melhor se compreenda a natureza peculiar da forma como as competências tributárias foram previstas e divididas pelo texto constitucional, o que é central para firmar as premissas necessárias às conclusões a que se propõe este trabalho. Afinal, se as competências são exclusivas e não pode haver bitributação, um importante limite à determinação do sentido das expressões usadas na delimitação de uma competência será representado pelas palavras utilizadas na disciplina das demais competências, que com aquela deverão ser conformadas, limite este inexistente em ordenamentos de estados unitários, ou de estados federados que consagram competências tributárias comuns. É útil a análise, também, para que se constate, a cada novo texto constitucional promulgado ou outorgado, onde e como se buscava o sentido para as expressões utilizadas pelo constituinte na delimitação das competências.

Tanto compreender o sistema preexistente à Constituição é importante que, nos debates travados na Assembleia Constituinte, em 1987, os Deputados partiram, de forma explícita, do "arcabouço" existente, para então, sobre ele procedendo a ajustes, construir o novo Sistema Tributário.[32]

---

30. Exemplo disso reside no art. 179 da Constituição de 1824, já mencionado na Introdução, que tem conteúdo bastante parecido com o do art. 5º da CF/1988. É claro que este último contém disposições mais avançadas do que o primeiro, escrito mais de 160 anos antes, mas a diferença entre ambos (que diminui paulatinamente nas Constituições seguintes) não é tão grande que justifique a afirmação de que apenas com a Constituição de 1988 se teriam constitucionalizado os direitos fundamentais, inaugurando uma era de "pós-positivismo". Sobre o tema, confira-se: Hugo de Brito Machado Segundo, *Fundamentos do Direito*, São Paulo, Atlas, 2010, *passim*.

31. Embora se diga, usualmente, que a Constituição é uma norma (falando-se inclusive em *Grundnorm*), em verdade ela é um ato normativo do qual se extraem diversas normas. O mesmo se dá com as leis, os decretos etc.

32. Senado Federal, Ata da 10ª reunião ordinária, realizada em 7.5.1987, Anais do Senado Federal, Subcomissão de Tributos, Participação e Distribuição das Receitas, Comissão do Sistema Tributário, Orçamento e Finanças, p. 6, disponível em *http://www2.camara.gov.br/atividade-legislativa/legislacao/Constituicoes_Brasileiras/constituicao-cidada/publicacoes/anais-da-assembleia-nacional-constituinte*, acesso 1.9.2012

Estudos importantes sobre o assunto, como os desenvolvidos por Rubens Gomes de Sousa,[33] Alcides Jorge Costa[34] e Luís Eduardo Schoueri,[35] fazem esse apurado histórico. Às vezes, a crítica requer um olhar ao passado e talvez sua reanálise. O imposto sobre a renda, por exemplo, está previsto constitucionalmente desde 1934. Ao longo das Constituições seguintes não houve substancial alteração textual na expressão "renda e proventos de qualquer natureza". Não obstante, sua significação, vale dizer, a parcela da realidade por ela designada, não é a mesma.[36] Diante dessa constatação, é de se indagar: será que "renda" para a Constituição de 1988 somente pode significar o que constava na redação do art. 43 do CTN na época em que Carta Magna entrou em vigor?

Contrário à aclamada certeza quanto à significação das palavras utilizadas nas regras de competência, Rubens Gomes de Sousa, ainda em 1948, alertava que o sistema tributário brasileiro, em verdade, teria o inconveniente que chamou de nominalismo. Em suas palavras,

> um nome é apenas um símbolo e só tem significação quando a coisa simbolizada corresponde ao símbolo. Isso nem sempre acontece e o que vemos são os Estados, premidos pela rigidez do sistema e pela impossibilidade prática de criar novos impostos, procurar encaixar na legislação dos tributos que lhe são privativos, figuras tributárias diferentes tanto econômica, como juridicamente.[37]

Referida tensão existe até hoje e pode ser demonstração da necessidade de uma interpretação rigorosa, tal como preconizam Geraldo Ataliba, Cléber Giardino, Paulo de Barros Carvalho e Roque Antonio Carrazza, nas passagens transcritas anteriormente, exatamente para evitar uma extrapolação dos limites da significação da palavra, a qual seria sempre buscada pelos que exercitam o poder tributante. Afinal, esse é o papel do intérprete: anunciar e assim (re)construir normas claras a partir de textos cuja redação nem sempre é tranquila. Por outro lado, a tensão revela, também, que talvez não haja no texto constitucional um limite tão claro entre as fronteiras dos

---

33. Rubens Gomes de Sousa, *Curso de Introdução ao Direito Tributário (Parte Especial)*, Escola Livre de Sociologia e Política de São Paulo, 3º Termo Letivo, set./nov. 1948.
34. Alcides Jorge Costa, "História do Direito Tributário – I e II", in Roberto Ferraz (coord.), *Princípios e Limites da Tributação*, São Paulo, Quartier Latin, 2005, pp. 61 e ss.
35. Luís Eduardo Schoueri, "Discriminação de competências e competência residual", in Luís Eduardo Schoueri e Fernando Aurélio Zilveti (coords.), *Direito Tributário: Estudos em Homenagem a Brandão Machado*, cit., pp. 82-115.
36. Realmente, a forma por meio da qual se apura a renda tributável variou consideravelmente de 1934 até hoje.
37. Rubens Gomes de Sousa, *Curso de Introdução ao Direito Tributário (Parte Especial)*, cit., p. 6.

significados possíveis de cada um dos nomes. É nesse contexto que a análise das Constituições pretéritas se faz esclarecedora.

A primeira Constituição brasileira, como se sabe, não continha previsão das competências tributárias, nem, *a fortiori*, divisão destas entre diversos entes, até mesmo por causa da administração fortemente centralizada então existente.[38] Embora em 1824 já existissem províncias, estas não eram dotadas de autonomia, sendo sua administração levada a efeito por "presidentes" que poderiam ser livremente nomeados e destituídos pelo Poder Central.[39] Havia, como herança do período colonial, a divisão das receitas entre o Erário Nacional e as Câmaras Municipais,[40] mas isso se dava em virtude – veja-se – de normas infraconstitucionais anteriores, e não por efeito de atribuição de competências, contempladas no texto constitucional. O sistema constitucional era "muito flexível, além de bastante primário".[41]

Só com o advento do Ato Adicional de 1834, com o qual se deu importante passo rumo à forma federativa, assegurou-se alguma autonomia às Províncias e se passou a tratar, ainda embrionariamente, das competências tributárias, demonstrando que divisão constitucional de rendas tributárias[42] e federalismo são dois assuntos indissociáveis, pelo menos em nossa história constitucional. Entretanto, não houve ainda delimitação precisa de competências, tendo apenas se estabelecido que as Províncias poderiam (art. 10, 5º) estabelecer os impostos necessários às despesas provinciais e municipais, desde que "não prejudiquem as imposições gerais do Estado".[43]

Essa disposição do Ato Adicional, demasiado vaga, foi transformada em uma divisão mais clara de competências pela Lei n. 99, de 1835, que, elencando um extenso rol de tributos, "separou as receitas que o Império reservava à sua competência, a fim de que as províncias buscassem fontes fiscais fora desse raio".[44]

---

38. Alcides Jorge Costa, "História do Direito Tributário – I e II", in Roberto Ferraz (coord.), *Princípios e Limites da Tributação*, cit., p. 62.
39. Daí a observação de Pimenta Bueno, de que as Províncias "não são Estados distintos, ou federados, sim circunscrições territoriais, unidades locais, ou parciais de uma só e mesma unidade geral" (José Antonio Pimenta Bueno, *Direito Público Brasileiro e Análise da Constituição do Império*, Brasília, Serviço de Documentação do Ministério da Justiça, 1958, p. 19).
40. Aliomar Baleeiro, *Uma Introdução à Ciência das Finanças*, 17ª ed. atualizada por Hugo de Brito Machado Segundo, Rio de Janeiro, Forense, 2010, p. 359.
41. Geraldo Ataliba, *Sistema Constitucional Tributário Brasileiro*, cit., p. 45.
42. Por divisão de rendas tributárias se entende o gênero do qual a atribuição de competências e a repartição de receitas são espécies. Voltar-se-á ao tema mais adiante.
43. Essa parte final, na visão de Ataliba, "invalida seu conteúdo principal", não se podendo, por isso, falar em autonomia das Províncias, no sentido próprio da palavra (Geraldo Ataliba, *Sistema Constitucional Tributário Brasileiro*, cit., p. 46).
44. Aliomar Baleeiro, *Uma Introdução à Ciência das Finanças*, 17ª ed., cit., p. 359. Como nota Alcides Jorge Costa, teve-se, com a Lei n. 99, um "princípio de solução" para o

O rol dos tributos de competência do poder central era demasiado amplo, praticamente impedindo o exercício da competência residual pelos demais entes. Mas é preciso lembrar que ainda não se tinha, à época, uma federação, notadamente devido à resistência das forças conservadoras.[45] O Ato Adicional apenas representou tendência à descentralização política.

De qualquer modo, apesar de a Constituição ainda não utilizar termos representativos das realidades econômicas tributáveis, já é possível observar o surgimento de duas características. A primeira é a *exclusividade das competências*, pois as províncias somente poderiam exercer as suas em relação a realidades situadas fora do âmbito de competência do poder central. A segunda, por sua vez, é a ideia de que *o exercício da competência por um ente pode prejudicar outro*, tanto que às Províncias se reconhecia a possibilidade de instituírem seus próprios impostos, desde que assim não se prejudicasse o poder central. Isso mostra o quando a presente análise histórica, conquanto aparentemente não muito relevante, conduz a constatações surpreendentes. É interessante, portanto, observar como, nas Constituições seguintes, essas duas ideias foram desenvolvidas e desdobradas.

Com a adoção da forma federativa, assume relevo o trato, na Constituição, da divisão das rendas tributárias.[46] Aliás, as regras de competência justificam-se na Constituição de 1891 mais pela preocupação dos entes em assegurar suas receitas, do que propriamente com os direitos do cidadão-contribuinte.[47] Em virtude disso, a Constituição de 1891 estabeleceu competências exclusivas para a União (art. 7º) e para os Estados (art. 9º). Entre a competência impositiva estadual achava-se, por exemplo, o "imposto sobre imóveis", que deu origem ao IPTU, e certamente explica a sua cobrança inclusive nas situações em que o contribuinte não é, sob o prisma do Direito Privado, *proprietário* deles, mas apenas titular de seu domínio útil ou posse, conforme explicitado, muitas décadas depois, no art. 32 do CTN. O imposto inicialmente previsto, veja-se, era apenas sobre "imóveis".

A competência residual cabia de forma "cumulativa" à União e aos Estados, mas só poderia ser exercida em relação a âmbitos *distintos* dos

---

problema da divisão de rendas tributárias, tendo a solução aparecido, "realmente, a partir da primeira Constituição Republicana" (Alcides Jorge Costa, "História do Direito Tributário – I e II", in Roberto Ferraz (coord.), *Princípios e Limites da Tributação*, cit., p. 68).

45. Paulo Bonavides e Paes de Andrade pontuam que, com o Ato Adicional, pretendeu-se efetivamente implantar uma monarquia federativa no Brasil, o que não se conseguiu por conta da resistência conservadora do Senado. Apesar disso, o Ato Adicional introduziu uma relativa – e até então inédita – autonomia das Províncias (Paulo Bonavides e Paes de Andrade, *História Constitucional do Brasil*, 4ª ed., Brasília, OAB Ed., 2002, p. 123).

46. Cf. João Barbalho Uchoa Cavalcanti, *Constituição Federal Brasileira: Comentários por João Barbalho*, Brasília, Senado Federal, 1992, notas ao art. 5º.

47. Alcides Jorge Costa, "História do Direito Tributário – I e II", in Roberto Ferraz (coord.), *Princípios e Limites da Tributação*, cit., p. 71.

já atribuídos de forma privativa a cada um desses entes (art. 12). Foi no exercício dessa competência residual, aliás, que a União instituiu o imposto sobre vendas (que em 1934 seria transferido aos Estados, e, posteriormente, transformar-se-ia no ICM, hoje ICMS), o imposto sobre o consumo (que posteriormente daria origem ao IPI) e o imposto de renda.[48]

Os Municípios, que sob a vigência da Constituição Imperial possuíam alguma autonomia, tiveram-na praticamente abolida, pois, com a Constituição de 1891, cabia aos Estados estabelecer quais dos seus tributos poderiam ser cobrados pelos seus Municípios.[49] O importante, porém, é que uma vez mais se observa a separação de competências para o ente central e para os entes periféricos, não se permitindo a uns que invadam aquelas atribuídas aos outros, o que está bastante claro nas disposições relativas ao exercício da competência residual.

Sabe-se que, subsequentemente, com a Constituição de 1934, influência centrípeta levou à concentração de um maior número de atribuições no âmbito da União. Tal como na Constituição anterior, foram conferidas competências distintas à União (art. 6º) e aos Estados (art. 8º), com a correção de algumas imperfeições.[50]

Uma das correções consistiu em já se atribuir, no próprio texto constitucional, metade da arrecadação obtida com o imposto estadual sobre indústrias e profissões (que, posteriormente, daria lugar ao atual imposto sobre serviços – ISS) aos Municípios, de sorte a não deixar a sua receita inteiramente à mercê dos Estados, garantindo àqueles, assim, alguma autonomia.[51] Vê-se, aqui, já a conjugação da técnica da atribuição de competências com a da partilha de receitas.

48. Aliomar Baleeiro, *Uma Introdução à Ciência das Finanças*, 17ª ed., cit., p. 360; Alcides Jorge Costa, "História do Direito Tributário – I e II", in Roberto Ferraz (coord.), *Princípios e Limites da Tributação*, cit., p. 75.

49. Aliomar Baleeiro, *Uma Introdução à Ciência das Finanças*, 17ª ed., cit., p. 359; Alcides Jorge Costa, "História do Direito Tributário – I e II", in Roberto Ferraz (coord.), *Princípios e Limites da Tributação*, cit., p. 74.

50. Paulo Bonavides e Paes de Andrade observam que os debates que mais agitaram a Constituinte de 1933 foram os relativos à divisão das rendas tributárias. Um grupo pugnava por reforma mais profunda, que tornasse o sistema "racional", dizendo-o caótico, organizado com base apenas nos interesses arrecadatórios do Fisco. Prado Kelly, por exemplo, discursou dizendo que "o que temos hoje, o que repete o anteprojeto nada mais é do que a primitiva classificação de rendas do Império, com partilha mais ou menos arbitrária dos recursos entre a União e os Estados" (Paulo Bonavides e Paes de Andrade, *História Constitucional do Brasil*, 4ª ed., cit., p. 313). De rigor, conquanto não se tenha procedido à racionalização por ele pretendida, não se pode negar que alguns defeitos das formas de divisão anteriores foram corrigidos, como se aponta no texto.

51. Aliomar Baleeiro, *Uma Introdução à Ciência das Finanças*, 17ª ed., cit., p. 360; Alcides Jorge Costa, "História do Direito Tributário – I e II", in Roberto Feraz (coord.), *Princípios e Limites da Tributação*, cit., p. 78.

Outra foi a de tentar concentrar em um só ente a capacidade para arrecadar o imposto residual. Aqui, a competência ainda não era exclusiva, mas já se iniciava um movimento para sua concentração. Em seu art. 10, VII, determinava a Constituição de 1934 que competia à União e aos Estados "criar outros impostos além dos que lhes são atribuídos privativamente". E no parágrafo único dispunha: "A arrecadação dos impostos a que se refere o número VII será feita pelos Estados, que entregarão, dentro do primeiro trimestre do exercício seguinte, trinta por cento à União, e vinte por cento aos Municípios". De forma curiosa, estabeleceu-se que, caso o Estado "faltasse ao pagamento" em relação a essa partilha, a União passaria a arrecadar o imposto, partilhando-o com Estado e Municípios.

A partir de 1934 já se observa, portanto, que a divisão das receitas assume cada vez maior importância na garantia das autonomias federativas.

Outro aspecto digno de nota é que se passou a vedar, de forma explícita, a bitributação, estabelecendo-se a prevalência da competência federal, e já se ensaiando critérios para solucionar eventuais conflitos. Era o que constava do art. 11 da Constituição de 1934:

> Art. 11. É vedada a bitributação, prevalecendo o imposto decretado pela União quando a competência for concorrente. Sem prejuízo do recurso judicial que couber, incumbe ao Senado Federal, *ex officio* ou mediante provocação de qualquer contribuinte, declarar a existência da bitributação e determinar a qual dos dois tributos cabe a prevalência.

Parece precário o critério de solução dos possíveis conflitos de competência, consistente em o Senado "declarar" a bitributação e determinar qual tributo deve prevalecer, em cada caso, de ofício ou por provocação de contribuinte, e, pior, sem prejuízo do recurso judicial cabível, o que torna confusa a atribuição de competências para a solução de tais conflitos, se ao Senado ou ao Judiciário.

De qualquer maneira, o relevante é constatar que já aí estava presente a noção de que as competências tributárias não se podem sobrepor, sendo necessário encontrar caminhos para definir as fronteiras entre elas. Afinal, se se considera que a sobreposição é um conflito que precisa ser de algum modo dirimido, o caráter privativo de tais competências é uma premissa inafastável. Contudo, fosse preciso o significado de cada palavra utilizada na divisão dessas competências, não surgiriam conflitos, nem seria necessário um procedimento para dirimi-los, sendo essa previsão, de rigor, um reconhecimento de que os conflitos, embora indesejáveis, acontecem. Essa ideia, ver-se-á a seguir, é central no delineamento das competências tributárias em todas as Constituições posteriores.

Mas esse breve repasse das Constituições brasileiras já é capaz de revelar, até aqui, outro aspecto também de grande importância. Trata-se da utilização, nas Constituições seguintes, de palavras e expressões hauridas da experiência anterior, inclusive infraconstitucional, para designar figuras também preexistentes. Esse é ponto que guarda relação direta com o percurso central do presente estudo.

Exemplificando, os impostos sobre o consumo e sobre a renda, criados em 1922 e 1924 com amparo na competência residual prevista na Constituição de 1891, incorporaram-se à realidade financeiro-tributária do País, fazendo, naturalmente, com que surgisse todo um vocabulário para lidar com eles. Nesse contexto, quando, cerca de dez anos depois da criação dos tais impostos, promulgou-se outra Constituição, que procedeu a nova divisão das competências tributárias, foi natural que esta se utilizasse precisamente daquele vocabulário, daquelas palavras e expressões cujo significado se havia formado com o uso e a aplicação da legislação anterior.

É o que se observa no art. 6º, I, "b" e "c", e no art. 8º, I, "e", da Constituição de 1934, que empregaram as expressões "renda e proventos de qualquer natureza", "consumo" e "vendas e consignações" no sentido que lhes era atribuído pela legislação infraconstitucional então vigente. E mesmo nas situações em que o imposto preexistente recebe outro nome, trata-se apenas de uma designação diferente para uma realidade jurídica prévia,[52] que há de ser considerada na interpretação da regra de competência correspondente.

Mas, veja-se, por exemplo, que, no caso do imposto sobre consumo, não se utilizou, para designá-lo, palavra que, por sua própria significação apartada da realidade preexistente, delimitasse com rigor e precisão suas possíveis hipóteses de incidência. O termo havia de ser entendido diante de um contexto fático e não literalmente, ou mesmo diante de significação técnica. Afinal, o tributo, antecessor do atual Imposto sobre Produtos Industrializados – IPI, não tinha como fato gerador o *consumo* de mercadorias, tampouco o contribuinte da correspondente obrigação era, juridicamente, o consumidor. "Imposto sobre o consumo", porém, era expressão por meio da qual se conhecia, na realidade infraconstitucional anterior, imposto com características que lhe eram próprias, tendo sido a essas características que o texto constitucional promulgado em 1934 fizera alusão, e não a um imposto que somente pudesse incidir sobre realidades enquadráveis em um conceito fechado de "consumo", a ser analiticamente depurado.

---

52. De fato, quando uma nova Constituição eventualmente altera a nomenclatura usada para identificar o imposto, o que se observa no mais das vezes é que "as expressões empregadas pelo constituinte são meros nomes dados historicamente a impostos já existentes" (Luís Eduardo Schoueri, "Discriminação de competências e competência residual", in Luís Eduardo Schoueri e Fernando Aurélio Zilveti (coords.), *Direito Tributário: Estudos em Homenagem a Brandão Machado*, cit., p. 115).

Especialmente no caso do imposto de renda, é importante observar que à época, a tributação era cedular,[53] existindo a tributação cedular da renda de imóveis. Por outro lado, o imposto sobre imóveis, que deu origem ao IPTU, fora instituído ainda em 1873 sob o nome de décima, e tinha como base de cálculo "o rendimento líquido" dos prédios urbanos.[54] Ao atribuir a competência à União, tendo em vista essa sistemática de tributação, a Constituição determinou expressamente que cabia ao ente instituir imposto sobre "renda e proventos de qualquer natureza, excetuada a renda cedular de imóveis" (art. 6º, "c"). A renda cedular de imóveis, por sua vez, foi inserida na competência municipal, sob a forma de impostos "predial e territorial urbanos, cobrado o primeiro sob a forma de décima ou de cédula de renda" (art. 13, § 2º, II).[55] Na Constituição anterior, o imposto "sobre imóveis rurais e urbanos" era de competência dos Estados.

Com isso, percebe-se que, se por um lado, a Constituição de 1934 considerou a significação já assimilada de renda, por outro, o imposto de renda pode ser mais amplo, tanto que teve de ser feita a ressalva para excluir de sua incidência realidade econômica alcançável pelo IPTU, revelando que não há uma acepção ontológica de renda.[56] É possível observar, ainda, a preocupação, sempre presente, em evitar a sobreposição de competências impositivas, pois a atribuição da referida competência municipal implicou o automático reflexo na diminuição da competência federal, o que mereceu referência expressa por parte do texto constitucional.

Já a Constituição seguinte, de 1937, surgiu no âmbito do Estado Novo, quando não se podia mais cogitar uma federação, à míngua da autonomia dos entes periféricos que caracteriza essa forma de Estado. Os Estados e os

---

53. E isso não apenas no Brasil. Quando de seu surgimento, na Inglaterra, o imposto era cedular, sem comunicação entre as cédulas e sem tanta atenção à consideração de despesas globais para fins de cálculo do que seria acréscimo patrimonial, o que sugeria, na época, uma ideia de renda como *fonte de produção*. Cf. James D. Bryce e Bernhard Grossfeld, "Brief comparative history of the origins of the income tax in Great Britain, Germany and the United States", *American Journal of Tax Policy* 2/211-251, 1983, p. 219.

54. Bernardo Ribeiro Moraes, *Curso de Direito Tributário: Sistema Tributário da Constituição de 1969*, São Paulo, Ed. RT, 1979, p. 395.

55. Sobre o assunto, confiram-se as observações de Alcides Jorge Costa, para quem "o predial apareceu como imposto de renda" (Alcides Jorge Costa, "História do Direito Tributário – I e II", in Roberto Ferraz (coord.), *Princípios e Limites da Tributação*, cit., p. 77).

56. Como, de resto, não o há em relação à palavra alguma, conforme será explicado no Capítulo 2, *infra*. As palavras têm o sentido que os falantes a elas atribuem no contexto em que as empregam, observados os chamados "jogos de linguagem", sendo altamente contraditório reconhecer isso e, ao mesmo tempo, dizer que as regras de competência tem um sentido estático e cristalizado, prévio, "pronto e acabado". A respeito disso no que tange à palavra *renda*, veja-se Henry Tilbery, "Imposto sobre renda e proventos de qualquer natureza", in Hamilton Dias de Souza, Henry Tilbery e Ives Gandra da Silva Martins (coords.), *Comentários ao Código Tributário Nacional*, vol. 1, São Paulo, José Bushtasky, 1975, p. 75.

Municípios eram governados por interventores nomeados pelo Presidente da República, não havendo, pois, autonomia política.[57] De qualquer forma, é relevante perceber que a Constituição de 1937 manteve, em linhas gerais, a divisão de competências tributárias constante da Constituição de 1934, sendo pertinente dar maior destaque, para os fins deste trabalho, a algumas de suas disposições. Uma delas é a referência, no art. 24, à competência residual, que passa a ser feita em conjunto com a vedação à bitributação, reforçando a ideia de que as competências impositivas são privativas, reforço que até hoje se pode observar no art. 154, I, da CF/1988. Outra é a remissão a um "Conselho Federal" ao qual incumbiria resolver eventuais conflitos de competência, "suspendendo a cobrança do tributo estadual".

Na verdade, apesar de até 1937 o Brasil já haver contado com quatro Constituições, não se percebe mudança abrupta na repartição de competências tributárias. Tributos já existentes iam sendo acrescentados de uma ou outra característica, ou redistribuídos para outro ente, mas se mantinham, de um modo geral, as materialidades, começando a surgir um quadro dotado historicamente de alguma identidade.

Insista-se que, como já afirmado, a circunstância de a Constituição preocupar-se com o conflito de competências, e com as formas de resolvê-lo, é uma indicação bastante clara de que *tais competências não se devem sobrepor, mas que isso eventualmente acontece*. Do contrário, não haveria por que falar-se em conflito, nem, *a fortiori*, na necessidade de sua solução. Evidentemente, se devem ser dirimidos, é porque não são juridicamente admissíveis, conquanto factualmente verificáveis. De qualquer sorte, a forma como evoluem nas Constituições brasileiras essas disposições, pertinentes aos conflitos de competência e à competência residual, deixa bastante claro o caráter exclusivo das competências.

Ao final da ditadura de Getúlio Vargas, a redemocratização levou à feitura de uma Constituição que restabeleceu a forma federativa de Estado e que, embora tenha preservado em linhas gerais a divisão de competências anterior, nela procedeu a algumas mudanças importantes. Os Municípios adquiriram maior autonomia, pois se lhes assegurou todo (e não só metade, como nas Constituições anteriores) o imposto sobre indústrias e profissões (embrião do atual ISS), que passou a ser de sua competência, e o imposto sobre a propriedade predial e territorial urbana.

---

57. Isso mostra que, embora não exista federação sem divisão de rendas tributárias, pode existir essa última sem que se cogite da primeira. Basta que existam outras formas de suprimir a autonomia dos entes periféricos, que caracteriza essa forma de Estado. Era precisamente o caso do Brasil durante o "Estado Novo", pois os Estados e os Municípios, embora pudessem instituir seus próprios tributos, tinham seus chefes escolhidos pelo poder central, faltando-lhes o *self-government*.

Continuou, porém, no que mais de perto aqui interessa, a prática de atribuir competências impositivas privativas para União, Estados-membros e Municípios, aprimorando-se por igual a técnica de repartição das receitas tributárias, responsável pela apontada rigidez do sistema tributário brasileiro.[58] Acrescentou-se, porém, pela primeira vez, remissão mais clara às demais espécies de tributo (art. 30).

Já nos últimos anos de sua vigência, a Constituição de 1946 sofreu modificação importante, pela Emenda 18, de 1965, com fundamento na qual se elaborou o Código Tributário Nacional e se atribuiu ao sistema tributário brasileiro perfil bastante próximo ao que tem atualmente (com exceção da parte hoje relacionada às contribuições). Procedeu-se a uma tentativa de racionalização do sistema tributário, atendendo-se a reivindicação feita por parte da sociedade brasileira, pelo menos desde a Constituinte de 1933.[59] A partir de então, procurou-se fazer alusão aos fatos geradores dos impostos mais como fatos econômicos e menos como negócios jurídicos.[60]

Essa modificação refletiu-se diretamente no texto da Constituição de 1967, e da Emenda n. 1, de 1969.[61] De maneira sistematizada, o texto constitucional passa a tratar, primeiro, das espécies tributárias, das limitações ao poder de tributar, e, em seguida, das competências impositivas, de forma bastante semelhante à da atual Constituição. Entretanto, apesar da pretendida sistematização e racionalização, o que se viu precipuamente, pelo menos no que tange aos impostos, foi apenas uma mudança de nome em relação aos já existentes, que continuaram, em linhas gerais, os mesmos. Esse aspecto é muito importante: já existia, na realidade preexistente, o imposto, ao qual o constituinte apenas atribuiu outro nome, eventualmente com a mudança de uma ou de outra característica, mas, no geral, com a manutenção de seu perfil típico.

Nesse "batismo", a atenção talvez não fosse tanto para a significação, *palavra a palavra*, da expressão usada para construir a respectiva regra de

---

58. Referindo-se à Constituição de 1946, Geraldo Ataliba escreveu que "na perseguição do intuito de obviar a bitributação – mediante a caracterização da inconstitucionalidade por invasão de competência – foi que se engendrou sistema rígido, circunscritor de cada competência tributária; como consequência natural e lógica, alcançou se a rigidez do próprio sistema tributário constitucional" (Geraldo Ataliba, *Sistema Constitucional Tributário Brasileiro*, cit., p. 26).

59. Paulo Bonavides e Paes de Andrade, *História Constitucional do Brasil*, 4ª ed., cit., p. 313.

60. Cf. Luís Eduardo Schoueri, *Direito Tributário*, 2ª ed., São Paulo, Saraiva, 2012, p. 664.

61. Questiona-se se a Emenda n. 1, de 1969, por não ter respeitado o procedimento previsto na Constituição de 1967 para o exercício do poder de reforma, seria efetivamente uma emenda, ou uma nova Constitulção. Essa discussão, porém, conquanto interessante, não teria relevo para a pesquisa aqui desenvolvida, carente de reflexos que é sobre a temática das competências tributárias.

competência, mas mais para a figura preexistente que se estava a designar. Esse dado, conquanto não seja o único a ser considerado na intepretação das tais expressões, não pode, por igual, ser desprezado, não apenas por atenção ao que seria um "elemento histórico" de interpretação, mas porque, se o sentido de palavras, sinais ou gestos é atribuído no âmbito de um "jogo de linguagem", é preciso conhecer o contexto no qual as expressões foram utilizadas, o que não deve ser confundido com uma ultrapassada investigação psicológica de uma "vontade do legislador".

Merece destaque ainda, no que diz respeito à divisão das competências, o fato de que elas continuam privativas, não se devendo sobrepor, cabendo agora à lei complementar a tarefa, antes atribuída ao Senado ou a um "Conselho Federal", de dirimir conflitos de competência. Em vez de serem resolvidos em concreto, à luz até mesmo de manifestação do contribuinte, passaram a ser problema do legislador complementar, que, em tese, demarcaria os limites de cada competência, para evitar conflitos e sobreposições (art. 19, § 1º). É o que hoje se acha previsto no art. 146, I, da CF/1988.

O mesmo se pode dizer da competência residual,[62] que passou à União com possibilidade de "transferência" a Estados, Distrito Federal e Municípios, mas continuou sendo mostra eloquente de que as competências são privativas e de que não há espaço para sobreposição válida.[63] Aliás, reflexo disso se acha no art. 164, III, do CTN, que indica como hipótese de cabimento da ação de consignação em pagamento a exigência por mais de uma pessoa jurídica de direito público, de tributo idêntico sobre o mesmo fato gerador.[64]

Entretanto, se o exame dos textos constitucionais passados (e do atual) revela com clareza que as competências não se devem sobrepor, sendo, portanto, privativas, daí não decorre, com igual clareza, que essa divisão já esteja integral e exaustivamente determinada na Constituição, em termos definitivos, "pronta e acabada", nada cabendo ao legislador infraconstitucio-

---

62. Quanto à competência residual, Luís Eduardo Schoueri observa que a Emenda 18/1965 pretendeu a sua supressão (art. 5º), tendo esse desaparecimento, contudo, sido muito breve, tendo em vista que ela ressurgiu com a Constituição de 1967 (Luís Eduardo Schoueri, "Discriminação de competências e competência residual", in Luís Eduardo Schoueri e Fernando Aurélio Zilveti (coords.), *Direito Tributário: Estudos em Homenagem a Brandão Machado*, cit., p. 87).

63. "Art. 19. (...). § 6º. A União poderá, desde que não tenham base de cálculo e fato gerador idênticos aos dos impostos previstos nesta Constituição, instituir outros além daqueles a que se referem os arts. 22 e 23 e que não se contenham na competência tributária privativa dos Estados, Distrito Federal e Municípios, assim como transferir-lhes o exercício da competência residual em relação a determinados impostos, cuja incidência seja definida em lei federal."

64. Hugo de Brito Machado, *Curso de Direito Constitucional Tributário*, São Paulo, Malheiros, 2012, p. 144.

nal, como defendem enfaticamente Ataliba e Giardino,[65] Barros Carvalho[66] e Carrazza,[67] por exemplo.

Afinal, se tudo já está detalhadamente determinado na Constituição, por que o próprio constituinte não cuidou de demarcar as competências de modo que não surgissem conflitos, indicando desde logo os critérios para resolvê-los? Por que a preocupação, constante, em dirimir os tais conflitos, ora atribuindo essa tarefa a um "conselho", ora ao Senado, mas sempre pressupondo que os conflitos são factualmente verificáveis, no plano ôntico, conquanto juridicamente inadmissíveis, no plano deôntico?

Na verdade, o breve retrospecto das Constituições brasileiras, feito com ênfase apenas na forma como nelas se procedeu à divisão de competências tributárias, autoriza que se chegue às seguintes conclusões, relevantes para os propósitos deste trabalho: (*i*) as competências tributárias impositivas, no Brasil, são tradicionalmente divididas de forma a não existirem sobreposições,[68-69] o que se evidencia no tratamento conferido à competência residual,[70] de modo que a interpretação das disposições que as veiculam deve levar em conta as demais competências, para que não haja choque entre elas (o que, conquanto juridicamente inadmissível, é factualmente verificável); (*ii*) o sentido das palavras e expressões utilizadas por cada constituinte é, muitas vezes, haurido do uso que se lhes dá no âmbito da aplicação da legislação anterior, inclusive infraconstitucional, que os empregara para designar realidades igualmente preexistentes (e não necessariamente a definição de termos de conceitos empregados pela doutrina jusprivatista).

1.5 A divisão de competências na Constituição Federal de 1988

Do que foi explicado nos itens anteriores, não se pretende extrair que a Constituição vigente deva necessariamente ser interpretada à luz do que

---

65. Geraldo Ataliba e Cléber Giardino, "Imposto sobre circulação de mercadorias e imposto sobre serviços", in Ives Gandra da Silva Martins e Edvaldo Brito (coords.), *Doutrinas Essenciais do Direito Tributário*, vol. 4, cit., p. 517.
66. Paulo de Barros Carvalho, *Curso de Direito Tributário*, 12ª ed., cit., p. 229.
67. Roque Antonio Carrazza, *Curso de Direito Constitucional Tributário*, 29ª ed., cit., p. 1.077.
68. Tem-se, evidentemente, o imposto extraordinário de guerra, o qual pode alcançar a competência de outro ente. Trata-se, porém, de exceção a confirmar a regra geral. A Constituição expressamente admite tal invasão. Ou seja, para que haja sobreposição é essencial a anuência explícita da Carta Magna e a razão é clara, já que somente pode ser instituído em casos anormais de violação da paz e da vida, bens jurídicos de inegável superioridade.
69. Aliomar Baleeiro, *Uma Introdução à Ciência das Finanças*, 17ª ed., cit., p. 364.
70. Cf. Luís Eduardo Schoueri, "Discriminação de competências e competência residual", in Luís Eduardo Schoueri e Fernando Aurélio Zilveti (coords.), *Direito Tributário: Estudos em Homenagem a Brandão Machado*, cit., p. 85.

dispunham as Constituições pretéritas ou mesmo a partir da legislação infraconstitucional anterior, ou que as definições constantes da legislação anterior tenham sido "constitucionalizadas", considerando-se "incorporadas" ao texto da Constituição atual, cristalizando-se. Tendo as palavras seu sentido determinado à luz do contexto em que são empregadas, esses elementos históricos, se por um lado não são decisivos (afinal, uma nova Constituição pode ter a finalidade justamente de modificá-los), por outro não podem ser simplesmente desprezados.

Aliás, nas discussões que antecederam a promulgação da Constituição de 1988 buscou-se expressamente a "preservação dos institutos tributários sedimentados pela tradição histórica, por meio da construção legislativa nos últimos anos e da orientação doutrinária e jurisprudencial, que os aproximou e modernizou".[71] Veja-se, a propósito, que por "institutos tributários" não se está designando apenas palavras, mas as próprias realidades institucionais por elas designadas.

Partindo dessas premissas, nos itens seguintes se examina o texto constitucional de 1988, na parte em que cuida da divisão das competências tributárias.

1.5.1 Inicial tendência à descentralização

De forma semelhante à verificada na feitura da Constituição de 1946, também a assembleia que culminou com a Constituição de 1988 era bastante simpática aos Municípios, que, assim, nela conseguiram posição de destaque. Alçados à condição de ente federativo de terceiro grau, receberam, além de uma maior participação na partilha das receitas estaduais e federais, a competência para instituir o imposto sobre a transmissão onerosa entre vivos de bens imóveis (ITBI) e um imposto sobre vendas a varejo de combustíveis, este último suprimido em 1993 pela Emenda Constitucional n. 3. Houve, também, sensível aumento na participação dos Estados-membros, não só na partilha das receitas federais, mas com o incremento de sua competência impositiva. A eles[72] se transferiu (incorporando-se ao âmbito de incidência do antigo ICM, ora acrescido de um "S") a competência para tributar operações com combustíveis, minerais, lubrificantes, energia elétrica (antes sujeitos a um "imposto único", federal) e serviços de comunicação e transporte interestadual e intermunicipal (também anteriormente submetidos a impostos federais).

---

71. Senado Federal, Anais do Senado Federal, Ata da 10ª reunião ordinária, realizada em 7.5.1987, cit., p. 240.
72. E ao Distrito Federal que, como se sabe, enquanto figura híbrida, detêm as competências tributárias estaduais e municipais (CF/1988, art. 147).

Também se estendeu o âmbito do antigo imposto de transmissão, que, conquanto tenha sofrido a redução referente à parcela agora atribuída aos Municípios (ITBI), passou a onerar igualmente as transmissões *causa mortis* de quaisquer bens, e não mais apenas de imóveis. E isso para não referir o adicional estadual do imposto de renda, posteriormente suprimido pela Emenda Constitucional n. 3, de 1993. Como consta dos Anais da Assembleia Constituinte, foi realmente sua preocupação "fortalecer intensamente os Estados e Municípios".[73]

Continuaram presentes, contudo, as duas linhas-mestras surgidas e maturadas ao longo da história constitucional do Brasil: a vedação à bitributação (art. 154, I) e a remissão à necessidade de se resolverem os conflitos de competência (art. 146, I), ambas a sugerir que as competências impositivas não se sobrepõem.[74]

Relativamente à competência residual, houve ainda alteração aparentemente sutil, mas de consequências práticas eloquentes. Trata-se da exigência de que seja exercida por meio de lei complementar. Como nota Misabel Derzi,[75] sob o regime constitucional anterior, a competência impositiva federal era relativamente imprecisa, pois eventuais excessos do legislador, desde que não implicassem invasão dos campos reservados a Estados, Distrito Federal e Municípios, poderiam ser justificados e convalidados sob o argumento de que estariam abrangidos pela competência residual. A partir de 1988, uma lei ordinária que, a pretexto de instituir um dos seis[76] impostos mencionados no art. 153, ultrapasse o seu respectivo âmbito constitucional, já não pode mais ser assim convalidada. Será inconstitucional. Tanto que a abusiva "válvula de escape", a partir de então, passou a responder pelo nome de contribuições, conforme será visto a seguir.

Mas, além disso, em linhas gerais, não se inovou muito, pelo menos em matéria de impostos.[77]

---

73. Senado Federal, Anais do Senado Federal, Ata da 10ª reunião ordinária, realizada em 7.5.1987, cit., p. 202.
74. Cf. Misabel Abreu Machado Derzi, "Notas de atualização", in Aliomar Baleeiro, *Limitações Constitucionais ao Poder de Tributar*, 8ª ed., Rio de Janeiro, Forense, 2011, p. 3.
75. Id., ibid., p. 828.
76. Conquanto o art. 153 da CF/1988 tenha sete incisos, não se fez menção ao sétimo imposto porque ele não poderia ser criado senão por lei complementar, ou, pelo menos, sem a prévia definição, por lei complementar, do que se considera uma grande fortuna.
77. Cf. Luís Eduardo Schoueri, "Discriminação de competências e competência residual", in Luís Eduardo Schoueri e Fernando Aurélio Zilveti (coords.), *Direito Tributário: Estudos em Homenagem a Brandão Machado*, cit., p. 88. Exemplo dessas pequenas inovações talvez seja o imposto sobre grandes fortunas, competência que, todavia, nunca foi exercitada. As "fusões", por sua vez, deram-se em relação ao ICM, que se fundiu aos impostos federais incidentes sobre operações com minerais, combustíveis, comunicação, energia elétrica e transportes, dando origem ao ICMS. Houve pequena inovação, seguida de cisão, em relação ao imposto de transmissão, que originou o ITCMD e o ITBI.

Foi preocupação marcante do constituinte a consagração de direitos e garantias do contribuinte, na busca de justiça fiscal. Nos debates da Constituinte, ao se discutir sobre com qual dos entes determinada competência deveria permanecer, havia também preocupação com efeitos econômicos na atividade dos contribuintes, como no debate sobre a tributação dos serviços.[78] A significação dos termos empregados na Constituição não foi debatida como um tema autônomo, a não ser em alguns aspectos, de forma indireta. Como afirmado acima, os constituintes buscaram, expressamente, preservar "institutos tributários sedimentados pela tradição histórica". Nesse ponto, porém, é importante destacar algumas manifestações feitas no âmbito da Assembleia Constituinte.

Tratando da imunidade sobre renda, patrimônio e serviços, e da necessidade de lei complementar para delineá-la, em manifestação perante os constituintes, Ives Gandra fez interessante observação quanto ao conceito de renda. Em suas palavras:

> É evidente que o conceito de renda hoje – e já há alguma jurisprudência formada no Supremo Tribunal Federal – é muito mais abrangente do que aquele constante do art. 43 do Código Tributário Nacional.[79]

Alcides Jorge Costa, por sua vez, debateu o alcance do ICMS, e analisou o conceito de mercadoria, nos seguintes termos:

> O conceito de mercadoria, que pode parecer bastante simples, no entanto não é, e deu margem a muita discussão e à fixação de determinada jurisprudência do Supremo Tribunal Federal. A situação foi resolvida, afinal, pela Emenda n. 23.
> Para evitar esse tipo de discussão e um texto constitucional muito grande, propõe-se um imposto sobre coisas móveis *corporis*, porque abrange tudo aquilo que seja mercadoria e que não possa ser conceituado como tal. Então, para evitar brigas, discussões, quando da cobrança do imposto, eu falo do imposto sobre circulação e coisas móveis *corporis* produzidas por industriais, produtores e comerciantes.[80]

A citação desses trechos, de manifestações de renomados juristas convidados pelos constituintes a com eles debater o assunto, presta-se apenas para exemplificar que apesar da referência da Assembleia a "institutos tributários sedimentados pela tradição histórica", em relação a alguns termos ou "institutos", não havia uma clareza quanto à tradição prevalente, no que diz respeito à significação conceitual dos termos empregados.

---

78. Senado Federal, Ata da 10ª reunião ordinária, realizada em 7.5.1987, cit., p. 195.
79. Id., ibid., p. 106.
80. Id., ibid., p. 41.

1.5.2 A divisão em 1988 e as emendas subsequentes

Embora em 1988 se tenha prestigiado a descentralização, pelo menos na divisão das rendas tributárias, o movimento que se verificou nos vinte anos seguintes, por obra do poder reformador, e da jurisprudência do Supremo Tribunal Federal, foi no sentido contrário. Como já referido, a Emenda Constitucional 3/1993 suprimiu a competência estadual para a instituição de um adicional do imposto de renda, assim como a competência municipal para a criação de um imposto sobre vendas a varejo de combustíveis.

Além disso, assumiram posição de destaque as contribuições. Precisamente para tentar contornar, pelo menos em parte, os efeitos da descentralização pretendida com a distribuição das competências impositivas e a partilha das receitas correspondentes,[81] a União passou a utilizar, com intensidade, a figura das contribuições, no que foi auxiliada por uma jurisprudência complacente, que permitiu a arrecadação destas pelo próprio Tesouro Nacional e a invasão, por estas, das competências impositivas previstas nos arts. 153 a 156 da Constituição. Em alguns julgados, como, por exemplo, no que declarou a constitucionalidade do Adicional ao Frete para Renovação da Marinha Mercante, o STF chegou a afirmar que não se aplicam às contribuições em geral "as limitações a que estão sujeitos os impostos, em decorrência da competência privativa dos entes políticos para instituí-los (CF, arts. 153, 155 e 156), a impedir a bitributação. A técnica da competência residual da União para instituir imposto (CF, art. 154, I), aplicável às contribuições sociais de seguridade, no tocante às 'outras fontes destinadas a garantir a manutenção ou expansão da seguridade social' (CF, art. 195, § 4º)",[82] não seria invocável ao caso. Essa condescendência do Supremo Tribunal Federal viola a lógica por trás da vedação a bitributação, já que as contribuições têm fatos geradores de natureza semelhante.

Pode-se dizer, assim, que parte da rigidez do sistema resta de alguma forma prejudicada, em razão da grande elasticidade que a jurisprudência indevidamente tem dado à figura das contribuições. De qualquer sorte, mesmo estas somente podem ser instituídas se observados os limites constitucionais, embora estes estejam sob constante revisão (e alargamento) por meio de emendas e da jurisprudência, que, ademais, os tem apresentado de forma incoerente.[83]

---

81. Isso porque, como se sabe, as contribuições não são objeto de partilha com Estados e Municípios, excepcionando-se apenas a CIDE-combustíveis, prevista no art. 177, § 4º, da CF/1988.
82. STF, RE 177.137-2-RS, *DJ* de 18.4.1997, p. 13./88.
83. Pode-se inclusive afirmar que para cada subespécie de contribuição há distinto regime jurídico. Pior até, dentro de uma mesma subespécie, como é o caso das Contribuições

Exemplificando, diante de uma exação para a qual não se encontra fundamento constitucional mais claro, a vaguidade do art. 149 da Constituição faz com que simplesmente se afirme tratar-se de CIDE, invocando-se para tanto a presença de alguma (que praticamente todo tributo tem, ou pode ter) finalidade de intervenção econômica. Finalidade, aliás, que possivelmente será desconsiderada em seguida, na aplicação dos recursos correspondentes. Assim, criaram-se tributos com bases econômicas as mais diversas, algumas vezes idênticas a de outros, sem a observância de muitos dos direitos e garantias constitucionais tributários,[84] desequilibrando ainda a própria divisão de rendas tributárias entre os entes federativos.

Esse alargamento no âmbito das contribuições merece inúmeras críticas, mas este trabalho não é o local apropriado para fazê-las, pois isso fugiria aos objetivos aqui almejados. De qualquer sorte, é relevante notar que, mesmo diante de tal indevida hipertrofia na competência tributária federal referente às contribuições, não se ousa afirmar a inexistência de rigidez constitucional em relação a essa espécie tributária. Diz-se que não há a proibição de eventualmente se invadirem as competências impositivas, o que não quer dizer que, em relação às contribuições, também não haja rigidez. Tanto que a análise das expressões usadas na atribuição de competências permanece sob constante exame da doutrina e da jurisprudência.

É o caso, por exemplo, da manifestação da Ministra Ellen Gracie no julgamento do RE 559.937-RS, em que se examinou a validade do cômputo do valor do ICMS no valor aduaneiro, para fins de cálculo do PIS/COFINS-importação. Para ela, "a Constituição teria combinado os critérios da finalidade e da base econômica para delimitar a competência

de Intervenção no Domínio Econômico (CIDE), a jurisprudência tem procurado "salvar" muitas exações, rotulando-as todas de CIDE, quando suas características são inteiramente diferentes. É o caso, por exemplo, da contribuição para o SEBRAE (STF, AgR/AI 713.780, *DJe*-116 de 24.6.2010), e da contribuição do Adicional de Tarifa Portuária – ATP (RE 209.365-3-SP, *DJ* de 7.12.2000), exações de natureza inteiramente distinta (tanto em relação à abrangência, quanto às bases imponíveis e à forma de intervenção), que foram, não obstante, ambas consideradas CIDE pelo STF, de forma até inusitada porquanto nem o Fisco, na defesa de sua validade, sustentara tal natureza inicialmente. A contribuição para o SEBRAE era pretensamente uma das várias do chamado "Sistema 'S'", quanto à contribuição do ATP era tida como taxa. Só diante da evidência de sua invalidade foi que a "tese salvadora" de que seriam CIDE foi suscitada.

84. No caso da contribuição para o SEBRAE, por exemplo, o Supremo afirmou que a referibilidade não seria exigida para as CIDE. Ou seja, o pouco critério constitucional que se tem para controle da competência constitucional em matéria de contribuições, teria sido afastado, em parte, para mais uma subespécie. Nas palavras do Tribunal há "autonomia da contribuição para o SEBRAE alcançando mesmo entidades que estão fora do seu âmbito de atuação, ainda que vinculadas a outro serviço social, dado o caráter de intervenção no domínio econômico de que goza" (STF, 2ª T., Rela. Ministra Ellen Gracie, AgR/AI 713.780, j. 8.6.2010, *DJe*-116 de 24.6.2010).

tributária concernente à instituição de contribuições de seguridade social". Em seguida, a Ministra realçou que

> com o advento da Emenda Constitucional 33/2001, a enunciação das bases econômicas passou a figurar como critério quase que onipresente nas normas de competência relativas a contribuições, haja vista o § 2º do inciso III do art. 149 ter feito com que a possibilidade de instituição de quaisquer contribuições sociais ou interventivas ficasse circunscrita a certas bases ou materialidades, reduzindo o campo de discricionariedade do legislador na eleição do fato gerador e da base de cálculo desses tributos.[85]

Sem entrar, aqui, no debate relativo aos inúmeros aspectos controvertidos do regime jurídico das contribuições, ou aos seus reflexos sobre o federalismo brasileiro,[86] o que importa, por ora, é apenas notar que, apesar de com as contribuições excepcionalmente se permitir a bitributação ou mesmo o *bis in idem*,[87] isso se dá, segundo o Supremo Tribunal Federal, em virtude de expressa previsão constitucional. Assim, as contribuições, antes de afastarem a ideia historicamente consagrada de que não é possível a sobreposição de competências, a confirmam, funcionando como exceção, admissível apenas porque constitucionalmente prevista.

Aliás, cabe o registro de que a Constituição, em relação às contribuições, não raro lhes delimita também um âmbito de incidência, dentro do qual o legislador infraconstitucional se há de restringir. Eventual possibilidade de sobreposição em relação a algum imposto não significa que esse âmbito não esteja constitucionalmente determinado, até porque se entende que não pode, em regra, haver sobreposição das competências relativamente às próprias contribuições, umas em face das outras.[88]

Quanto à delimitação de âmbitos de incidência para as contribuições, em relação às destinadas ao custeio da seguridade, isso já acontece desde a promulgação da Constituição, e, no que tange às demais contribuições, o art. 149 passou a prever âmbitos de incidência em seu § 2º, III, "a", a partir da Emenda Constitucional n. 33/2001. Não é por outra razão que tanto se discutiu nos últimos anos, na jurisprudência do STF, o significado

---

85. STF, *Informativo STF* 603, disponível em www.stf.jus.br, acesso 13.10.2012.

86. A esse respeito, confira-se, *v.g.*: Hugo de Brito Machado Segundo, *Contribuições e Federalismo*, São Paulo, Dialética, 2004, *passim*.

87. Entende-se por *bis in idem* a incidência de dois tributos de um mesmo ente tributante sobre um mesmo fato. Já bitributação designa a incidência de dois tributos de entes distintos sobre um mesmo fato. Há *bis in idem*, por exemplo, em relação à CSLL e ao IRPJ (e em relação à COFINS, ao PIS e a algumas CIDEs). Quanto à bitributação, ela ocorre em relação à CIDE-combustíveis e ao ICMS incidente sobre os combustíveis, assim como entre a COFINS, de um lado, e o ICMS e o ISS, de outro.

88. Marco Aurélio Greco, *Contribuições (Uma Figura "Sui Generis")*, São Paulo, Dialética, 2000, p. 149.

de faturamento,[89] folha de salários[90] e lucro,[91] e tanto se discute, hoje, o significado da palavra "receita".[92]

1.6 Forma federativa de Estado e divisão de rendas tributárias

É lugar comum, no estudo das federações, a afirmação de que elas estão diretamente relacionadas à divisão de rendas tributárias.[93] Dessa forma, a explicação para as normas constitucionais que tratam da atribuição de competências tributárias, cujo histórico foi visto rapidamente nos itens anteriores deste trabalho, residiria no fato de o Brasil ser uma federação. Diz-se, porém, que não é preciso, para que se tenha uma federação, que exista a atribuição de competências tributárias a cada um dos entes federativos.

É preciso aferir, portanto, o que se entende por "federação", por "atribuição de competência" e por "divisão de rendas tributárias", a fim de afastar a aparente contradição entre essas afirmações e possibilitar a compreensão do que é comum e do que é peculiar na realidade brasileira. Tais aspectos são de fundamental importância para que se examinem as normas constitucionais que cuidam da atribuição de competência tributária.

1.6.1 Federalismo, autonomia e recursos financeiros

Embora não haja um paradigma universal de federação,[94] considera-se federal o Estado que se divide internamente em parcelas dotadas de autonomia. São divisões internas, determinadas pelo seu ordenamento jurídico, a partir da Constituição. Perante a comunidade internacional, aparece somente

---

89. *V.g.*, STF, RE 150.755, *DJ* 20.8.1993.

90. E ainda hoje se discute. Pode ser citado, como exemplo, a repercussão geral reconhecida (RE 593.068) da discussão relacionada à incidência de contribuição previdenciária sobre o terço constitucional de férias, o adicional noturno e o adicional de insalubridade.

91. STF, RE 591.340.

92. Consulta ao sítio do STF na internet (disponível em *www.stf.jus.br*, acesso 12.3.2012) revela que já existem mais de trinta questões ligadas à significação da palavra "receita" e ao âmbito de incidência das contribuições, com repercussão geral reconhecida e pendentes de julgamento. É o caso da exigência de PIS e COFINS sobre vendas a prazo inadimplidas (RE 586.482), da inclusão do ICMS na base de cálculo do PIS e da COFINS (RE 574.706), da base de cálculo do PIS e da COFINS incidentes sobre a importação (RE 574.706), apenas para citar alguns exemplos.

93. Cf. Amílcar de Araújo Falcão, *Sistema Tributário Brasileiro: Discriminação de Rendas*, Rio de Janeiro, Edições Financeiras, 1965, pp. 9-12.

94. Conquanto os Estados Unidos da América do Norte e a Suíça sejam exemplos geralmente lembrados quando se cogita da forma federativa de Estado, não se pode dizer que sejam o único paradigma possível. João Mangabeira, aliás, criticava os que viam no modelo americano "o metro de irídio conservado em Paris" (João Mangabeira, *Em Torno da Constituição*, São Paulo, Cia. Ed. Nacional, 1934, p. 21). Pontes de Miranda, por isso

o Estado Federal. As divisões são dotadas de personalidade jurídica unicamente no âmbito interno. Isso diferencia as federações das confederações, nas quais se tem uma união de estados soberanos, cada um deles visível à comunidade internacional, sendo a associação disciplinada por normas de tratados internacionais, o que permite a secessão. E também as diferencia dos Estados unitários, no extremo oposto, que, quando se dividem internamente, não conferem autonomia a essas divisões, que, se existentes, funcionam como meros desdobramentos do poder central.

Para que as divisões internas que caracterizam o Estado Federal tenham autonomia, é preciso que disponham de recursos para desempenharem as suas atribuições, ou efetivarem as suas decisões, os quais lhes devem estar disponíveis independentemente da vontade dos demais entes.

Exemplificando, seria nenhuma a autonomia de um Estado-membro se, para executar as decisões tomadas localmente, fossem necessárias transferências de recursos federais, as quais seriam condicionadas à ratificação, pelo ente central, da decisão do ente periférico. Este se transformaria em mero prolongamento daquele, e a decisão local somente seria executada, com a transferência dos recursos a tanto necessários, se no mesmo sentido fosse a decisão do ente central, tornando sem sentido aquela. Isso explica, e confirma, a assertiva de que a divisão de rendas é essencial à forma federativa de Estado. Sem ela, não há autonomia, e sem esta não se pode cogitar de federação.

Não se está dizendo, com isso, que em uma federação não possa haver transferências voluntárias. Na verdade, o que não pode é a disponibilidade de recursos aos entes federativos depender *apenas* ou *predominantemente* desse tipo de transferência. Daí a importância da competência de tais entes para a instituição de seus próprios tributos, cumulada com a técnica de transferência compulsória das receitas tributárias.

1.6.2 Atribuição de competências e repartição de receitas

Duas são as formas de se proceder à divisão de rendas tributárias: a atribuição de competências e a repartição de receitas. Pela primeira, a Constituição outorga a cada ente federativo a faculdade de instituir seus próprios tributos, a fim de que obtenha, assim, as receitas necessárias à sua autonomia. Já pela segunda, o que se tem é a obrigatoriedade, imposta pela Constituição, de que um ente institua e arrecade tributos, e divida o produto, assim obtido, com os demais entes, de forma compulsória.

mesmo, cogitava de mais de um "nonilhão" de formas possíveis (Francisco Cavalcanti Pontes de Miranda, *Comentários à Constituição de 1967, com a Emenda n. 1, de 1969*, 2ª ed., vol. 2, São Paulo, Ed. RT, 1970, p. 273).

Como, por essa segunda forma também se assegura, de algum modo, a autonomia dos entes federativos, diz-se que a atribuição de competências não é necessária à existência de uma federação. A divisão de rendas sim, que é gênero, e pode estar presente por meio de sua outra modalidade ou espécie, que é a repartição de receitas. Em tese, numa federação, o ente central poderia cobrar todos os tributos, e, em seguida, partilhar, de forma automática e compulsória, o produto arrecadado com os entes periféricos.

Seria possível também, *a fortiori*, a existência de uma federação em que se atribuam competências tributárias aos entes federativos, central e periféricos, e que essas competências não sejam privativas, mas comuns. O relevante é que tenham, de uma forma ou de outra, acesso aos recursos necessários à concretização de suas decisões, independente e não vinculado às decisões ou à vontade de outro(s) ente(s) federativo(s).

Mas, embora em tese possíveis essas outras formas, pode-se dizer que a brasileira é mais adequada, pelo menos nesse aspecto, sendo mais coerente com a ideia subjacente ao federalismo, o que explica e justifica a história do sistema tributário brasileiro. Isso porque, conjugando atribuição de competências com repartição de receitas, equacionam-se os problemas decorrentes da adoção isolada de cada uma dessas técnicas.

Caso apenas se atribuam competências aos entes federativos, permanecem em situação difícil aqueles entes de economia menos desenvolvida, mais pobres, no âmbito do qual circula pouca riqueza. Como o tributo é receita derivada, que transfere riqueza do setor privado para o público, a competência para instituir diversos tributos sobre uma população pobre pouca receita propiciaria aos entes federativos mais pobres, o que, além de não lhes assegurar a necessária autonomia, em nada contribuiria para a redução das desigualdades sociais e regionais.[95]

Diversamente, caso se adote apenas a técnica da repartição de receitas, suprime-se dos entes que deixarão de instituir e cobrar tributos (passando apenas a receber as transferências) importante parcela de sua autonomia, relacionada ao próprio uso do tributo como instrumento de indução econômica e de política fiscal, em sua função extrafiscal. A política tributária, por outras palavras, será unitária, não havendo autonomia periférica em relação a essa importante manifestação da soberania estatal.

---

95. Daí o registro de A. R. Sampaio Dória, de que "a simples atribuição de impostos não assegura automaticamente esse objetivo (lastro financeiro às autonomias políticas), se carente de potencial econômico a entidade beneficiada. A noção tradicional das funções de discriminação de rendas, nessa matéria, cedeu lugar a um realismo de novas concepções quando se percebeu que aquele objetivo só seria alcançado com a redistribuição da receita federal" (A. R. Sampaio Dória, *Discriminação Constitucional de Rendas Tributárias*, São Paulo, José Bushatsky, 1972, p. 165).

Por sua vez, com o estabelecimento de competências privativas (e não comuns), que não se sobrepõem, a Constituição brasileira previne o surgimento de duas ordens de problemas. Como os fatos tributáveis são fatos que revelam capacidade contributiva, permitir que mais de um ente onere o mesmo fato poderia levar, alternativamente, a dois resultados indesejáveis: (*i*) um ente impediria o outro de tributar toda a capacidade contributiva revelada na prática do fato imponível, ou (*ii*) os dois entes, na tentativa de tributar toda a capacidade contributiva manifestada na prática do fato imponível, a esgotariam e a extrapolariam, criando, no conjunto, uma tributação confiscatória.[96]

Não é preciso muita imaginação para prever que, em ambas as situações, o ente politicamente mais fraco seria compelido a reduzir o tributo de sua competência, ou mesmo dele abrir mão, para dar espaço à tributação pelo ente mais forte. Seja como for, a dupla tributação poderia violar a capacidade contributiva, pois, diante da autonomia de cada um para estabelecer suas alíquotas, a capacidade contributiva global não seria bem avaliada. Ainda que cada ente onerasse a realidade de forma a dela não extrair, sozinho, toda a tributação possível em face da capacidade contributiva revelada, a soma das duas exações muito provavelmente o faria.

Da forma como organizado o sistema brasileiro (com a exceção, já referida, de algumas contribuições), tais problemas são evitados, razão pela qual se afirmou, linhas acima, a maior adequação da divisão feita pelo sistema tributário brasileiro à ideia subjacente à forma federativa de Estado.[97] Pode-se mesmo afirmar que a divisão de competência pertence à História do Direito Constitucional Tributário.

Aliás, ainda que, do ponto de vista histórico, as regras de competência tributárias tenham sua razão de ser na busca de partilha de receita entre os entes, sua instituição representa, de uma forma ou de outra, garantia aos direitos do contribuinte, pois impede que haja múltiplas incidências sobre um mesmo fato, exaurindo e, até, extravasando a capacidade econômica para contribuir nele revelada, além de trazer maior segurança jurídica, conferindo previsibilidade sobre quais realidades poderão ser oneradas através de impostos.

Em outros termos, por meio da divisão de competências assegura-se, de forma mais completa, a autonomia financeira dos entes federados, con

---

96. Cf. Luís Eduardo Schoueri, "Discriminação de competências e competência residual", in Luís Eduardo Schoueri e Fernando Aurélio Zilveti (coords.), *Direito Tributário: Estudos em Homenagem a Brandão Machado*, cit., p. 106.

97. Não se está dizendo, registre-se, que a forma brasileira seja a mais adequada no que tange a cada tributo especificamente considerado. Há críticas, por exemplo, ao fato de o ICMS ser imposto de competência estadual, assunto no qual não se adentrará aqui. O que se afirma adequado, neste trabalho, é o modo de ser da divisão de rendas, com atribuição de competências privativas e posterior divisão de receitas.

tribuindo-se para que cooperem e evitando-se que, em possível disputa por espaços, terminem por sacrificar os entes mais fracos ou mesmo o cidadão contribuinte.

1.6.3 Divisão de rendas em face da federação brasileira e seus reflexos na compreensão das normas de competência tributária

Do que até o momento foi visto, pode-se afirmar não apenas que o sistema tributário brasileiro tem características próprias e peculiares, mas também que essas características são positivas, e se justificam, devendo ser defendidas e não abolidas.[98]

Pode-se, ainda, afirmar que essas características, ligadas à rigidez e à privatividade das competências, têm reflexos diretos na forma como se devem interpretar as disposições que cuidam da atribuição dessas competências.

Se a competência impositiva federal é privativa, não a podendo invadir o Município ou o Estado, e se a zona de interseção entre a competência de cada um dos entes deve ser destacada com precisão pelo legislador complementar para evitar o surgimento de conflitos, pode-se identificar, desde logo, um importante limite a ser seguido pelo intérprete, na determinação do significado do texto constitucional relativo à competência tributária: as demais competências que com ela não se podem chocar ou se lhe sobrepor. Não é possível, por exemplo, dar às palavras "operações financeiras" ou "produtos industrializados" um significado que importe invasão, pela União, da competência dos Municípios para instituírem imposto sobre "serviços de qualquer natureza", e vice-versa.

1.6.4 Bitributação jurídica e econômica

Nos itens anteriores, referiu-se, diversas vezes, a vedação constitucional de que haja bitributação, afirmando-a decorrente das disposições que tratam da competência residual e da necessidade de se dirimirem eventuais conflitos de competência. Poder-se-ia objetar, porém, que um médico, que aufere seus rendimentos com a prestação de serviços, sofre sobre seus rendimentos a incidência do Imposto de Renda e do Imposto sobre Serviços. Do mesmo modo, caso viesse a ser criado o imposto sobre grandes fortunas, este incidiria sobre um patrimônio já gravado por outros impostos (IPTU, ITR, IPVA etc.). Essa aparente "bitributação" poderia ser invocada para deitar por terra o que se afirmou nos itens precedentes.

---

98. É de se considerar que, além de razões históricas e filosóficas, que poderiam aqui ser chamadas de "metajurídicas", igual conclusão se impõe do ponto de vista jurídico-positivo, pois o art. 60, § 4º, I, da CF/1988 dispõe que proposta de emenda constitucional tendente a abolir a forma federativa de Estado não deve sequer ser objeto de deliberação.

Isso porque, do ponto de vista econômico, a tributação sempre recai, direta ou indiretamente, sobre a renda,[99] variando apenas o momento em que esta é alcançada. Como observa Luís Eduardo Schoueri, apesar de o constituinte ter feito a discriminação de competências tributárias, "fenômenos economicamente equivalentes desdobram-se em situações juridicamente independentes, permitindo daí, a múltipla incidência tributária".[100]

É preciso diferenciar, porém, bitributação jurídica e bitributação econômica. A primeira é, efetivamente, conforme se viu, vedada pela Constituição, com algumas poucas exceções que se prestam precisamente a confirmar a regra (v.g., ICMS e Cide-combustível).[101] A segunda, por sua vez, não apenas não é vedada, como se pode considerar pressuposta na própria divisão de competências tributárias, sendo, de resto, impossível de ser evitada.[102] A única maneira de afastá-la seria por meio da instituição de um imposto único, pois múltiplos impostos, ainda que incidindo sobre fatos jurídicos diversos, terminariam por eventualmente onerar mais de uma vez a mesma riqueza. Basta pensar no sujeito que presta serviços (submetendo-se ao ISS), aufere rendimentos oriundos desse serviço (tributados pelo IRPF) e com eles adquire um imóvel e um veículo (onerados, respectivamente, pelo IPTU e pelo IPVA). Poder-se-ia dizer que ele pagou três tributos em função da mesma manifestação de riqueza (múltipla tributação econômica), mas, juridicamente, o que se verifica é a incidência de impostos diferentes sobre fatos jurídicos também diferentes.

O que a Constituição, em regra, não permite, é que um imposto tenha fato gerador e base de cálculo próprios de outro. Isso, por outras palavras, significa que não é possível aos entes tributantes instituírem impostos idênticos, pois é o binômio fato gerador/base de cálculo[103] que os caracteriza e identifica.

Por isso, aliás, Baleeiro diz ser um "pleonasmo jurídico" a remissão, constante do art. 18, § 5º, da Constituição de 1969, de que a competência

---

99. Klaus Tipke e Joachim Lang, *Direito Tributário ("Steuerrecht")*, trad. Luiz Dória Furquim, 18ª ed., vol. 1, Porto Alegre, Sérgio Fabris Editor, 2008, p. 210.
100. Luís Eduardo Schoueri, *Direito Tributário*, 2ª ed., cit., p. 128.
101. Misabel Abreu Machado Derzi, "Notas de atualização", in Aliomar Baleeiro, *Limitações Constitucionais ao Poder de Tributar*, 8ª ed., cit., p. 830.
102. Geraldo Ataliba, *Sistema Constitucional Tributário Brasileiro*, cit., p. 25.
103. Por binômio fato gerador/base de cálculo entende-se a necessidade de esta última corresponder ao primeiro economicamente dimensionado. Por outras palavras, a base de cálculo de um tributo deve ser a representação em moeda de seu fato gerador, sob pena de desnaturação deste. Posteriormente analisada e aprofundada por diversos autores (cf., v.g., Paulo de Barros Carvalho, "A definição da base de cálculo como proteção constitucional do contribuinte", in Ruben O. Asorey (dir.), *Protección Constitucional de los Contribuyentes*, Madri/Barcelona, Marcial Pons, 2000, p. 69), essa ideia já havia sido defendida há bastante tempo por Rubens Gomes de Sousa ("Parecer", *Revista dos Tribunais* 227/65, São Paulo, Ed. RT).

residual pode ser exercida para que a União crie impostos diversos dos já previstos, desde que com fatos geradores e bases de cálculo distintos.[104] Se são diversos, é lógico que hão de ter fatos geradores e bases de cálculo diferentes, sendo redundante a explicitação. A redundância foi corrigida no texto vigente, que diz simplesmente ser possível instituir outros impostos, "desde que sejam não cumulativos e não tenham fato gerador ou base de cálculo próprios dos discriminados nesta Constituição" (art. 154, I).

É juridicamente admissível, porém, que dois ou mais tributos tenham hipóteses de incidência diferentes, mas que sejam eventualmente preenchidas, em determinada situação, por um mesmo fato, sem que se cogite, só por isso, de uma bitributação constitucionalmente vedada.[105] É o que se dá quando, em uma importação de produto industrializado, incidem Imposto de Importação (II), Imposto sobre Produtos Industrializados (IPI) e Imposto sobre operações relativas à Circulação de Mercadorias (ICMS): esses três impostos têm fatos geradores diferentes, mas que se materializam, todos, quando se dá a importação de um produto industrializado, que é também uma operação relativa à circulação de mercadoria.[106]

Essa distinção é relevante para os propósitos desta tese, pois, por meio da ideia de bitributação jurídica, pode-se investigar, com maior adequação, o significado das expressões e palavras utilizadas pelo texto constitucional na delimitação das competências tributárias.[107]

Assim, por maior que seja a abertura, a fluidez ou a dificuldade de determinar o sentido das palavras utilizadas na construção das regras de competência, os sentidos possíveis das palavras usadas na elaboração das demais regras de competência são um limite importante a ser observado pelo

---

104. Aliomar Baleeiro, *Limitações Constitucionais ao Poder de Tributar*, 8ª ed., cit., p. 825.

105. José Nabantino Ramos, *Direito Constitucional Tributário: Fatos Geradores Confrontantes*, São Paulo, Resenha Tributária, 1975, *passim*.

106. Registre-se que, no período anterior à Emenda Constitucional 33/2001, a jurisprudência do STF considerou que o ICMS não poderia incidir nas importações feitas por não contribuintes do imposto, por não se verificar, em território nacional, uma operação de circulação de mercadorias. Tendo-se em conta que mercadoria é a coisa móvel que se produz para vender ou se compra para revender, sendo, portanto, determinada à luz de sua finalidade, não se poderia cogitar de mercadoria quando um não contribuinte do imposto importasse determinado bem para seu próprio uso ou consumo (Súmula 660/STF). Com a Emenda Constitucional 33/2001, que ampliou o âmbito de incidência do ICMS, resolveu-se a controvérsia e contornou-se o entendimento jurisprudencial.

107. A distinção permite que se proceda, por outras palavras, ao que Reinaldo Pizolio chama de interpretação à luz do contexto intranormativo, assim entendida a que "relaciona o conceito utilizado pelo texto e os elementos que lhe estão próximos" (*apud* Ricardo Lobo Torres, "Interpretação e integração da lei tributária", in Hugo de Brito Machado (coord.), *Interpretação e Aplicação da Lei Tributária*, São Paulo/Fortaleza: Dialética/ICET, 2010, p. 200).

intérprete na busca pelo núcleo da acepção de cada palavra. Exemplificando, não se pode dar à palavra "serviço" uma acepção tão ampla que abranja a industrialização, não só porque historicamente isso seria incompatível com a figura que deu origem ao ISS, mas porque, mesmo considerando apenas o momento atual, nesse caso IPI e ISS seriam impostos idênticos, onerando os mesmos fatos jurídicos.[108]

A situação é diferente de quando o ISS incide sobre a prestação de um serviço, e o IRPF sobre o rendimento daí decorrente, pois nesta hipótese se está diante de dois suportes fáticos diversos (prestar serviços e auferir renda), que caracterizam impostos diferentes, devidos em situações diferentes. Tanto que, a depender das circunstâncias em que os fatos aconteçam, apenas um poderia ser devido. Seria o caso, por exemplo, se o prestador do serviço tivesse muitas despesas médicas dedutíveis, as quais fizessem o valor dos rendimentos em tese tributáveis tornar-se inferior ao limite de isenção, incidindo apenas o ISS. Ou no caso de os rendimentos serem oriundos de aluguel, *v.g.*, hipótese na qual não se cogitaria de serviço, nem, *a fortiori*, de ISS, mas apenas da incidência do IRPF. Tanto os fatos jurídicos não são os mesmos que, em tese, alguém que presta o serviço e não recebe o preço correspondente não terá realizado o fato imponível do imposto de renda, mas será devedor do ISS. Afinal, houve a prestação do serviço, conquanto não tenha havido a renda.

Em se tratando de bitributação jurídica, porém, como se verifica a existência de dois tributos idênticos, com mesmas hipótese de incidência e base de cálculo, não há situação na qual um deles seria devido, e o outro não. Se se equiparar o crédito à prestação de um serviço, por exemplo, não haverá contrato de mútuo sobre o qual não incidam, sempre, ISS e IOF. Ter-se-á, em verdade, União e Município cobrando o mesmo imposto, ainda que por alíquotas diferentes, e não impostos diferentes cuja hipótese de incidência, coincidentemente, foi preenchida por um mesmo fato.[109]

Essa é uma das razões pelas quais, conforme será explicado no Capítulo 3, *infra*, as operações financeiras, conquanto possam ser consideradas "serviço" para os fins do Código de Defesa do Consumidor, não podem sê-lo para fins de incidência do ISS, sob pena de criar-se sobreposição de competências, histórica e expressamente vedada pelo texto constitucional.

---

108. Em sentido diverso, há manifestação da Receita Federal do Brasil na Solução de Consulta n. 350, de 19.10.2004, 10ª RF. O STJ, porém, tem rejeitado tal pretensão fazendária, considerando que o "aspecto material da hipótese de incidência do ISS não se confunde com a materialidade do IPI e do ICMS" (STJ, 1ª T., REsp 888.852, *DJU* de 1.12.2008).

109. Sobre a possibilidade de um mesmo fato preencher o suporte fático de mais de uma regra jurídica diferente, confira-se: Francisco Cavalcanti Pontes de Miranda, *Tratado de Direito Privado*, 3ª ed., t. 1, Rio de Janeiro, Borsói, 1970, p. 27.

Esse critério permite distinguir com maior clareza a bitributação jurídica da econômica, não sendo demais insistir, aqui, que a vedação constitucional dirige-se à primeira, e não à segunda, que, repita-se, é inevitável em um sistema de múltiplos impostos.

Mas uma ressalva é necessária, aqui, relativamente ao ICMS e ao IPI.

Sabe-se que o âmbito constitucional do IPI, vale dizer, o conjunto de fatos abrangido pela norma de competência para que se institua esse imposto, compreende "produtos industrializados", expressão interpretada pelo legislador complementar de sorte a alcançar aquelas operações que introduzem tais produtos na economia, a saber, operações de saída de tais produtos dos estabelecimentos que os produziram, ou referentes à sua importação. Sendo o produto industrializado, também, uma mercadoria, é inevitável que haja sobreposição entre ICMS e IPI, o que poderia, eventualmente, deitar por terra tudo o que se disse, até aqui, a respeito desse assunto. Afinal, toda operação tributada com o IPI é, também, necessariamente, tributada, ou pelo menos tributável, pelo ICMS. Se tais sobreposições fossem sempre vedadas, seria necessário que a lei complementar, no caso, o CTN e a Lei Complementar 87/1996, esclarecessem que nas operações sujeitas ao IPI não deveria haver a incidência do ICMS?

Têm-se, no caso, duas hipóteses normativas distintas, as quais podem, contudo, ser preenchidas pelo mesmo fato, tal como no caso do Imposto de Renda e do ISS. O problema, porém, é que, no caso do IRPF e do ISS, a sobreposição é eventual. Os fatos jurídicos são diversos, embora economicamente possam ser, e muitas vezes sejam, verificados no âmbito de um mesmo fato econômico. É possível, porém, que o médico preste serviços, submetendo-se ao ISS, mas tenha despesas que superem suas receitas tributáveis, não se configurando o fato gerador do IRPF. É o que se dá, também, no caso do imposto sobre grandes fortunas e dos impostos sobre a renda e o patrimônio que previamente incidiram sobre tal fortuna.

Em se tratando de ICMS e IPI, porém, a sobreposição não é eventual. Toda operação com produto industrializado será, também, uma operação relativa à circulação de mercadoria. Trata-se, portanto, de situação fronteiriça na apontada distinção entre bitributação jurídica e bitributação econômica. Precisamente por isso, em exceção que, por sua necessidade, só confirma a regra (de vedação às sobreposições), o art. 155, § 2º, XI, da CF/1988, destaca, de forma expressa, a possibilidade de ambos os impostos incidirem sobre um mesmo fato gerador, afastando dúvidas a esse respeito.

1.6.5 Particularidades do Direito brasileiro

Outra conclusão importante que se pode extrair, da breve análise do trato da competência tributária nas constituições brasileiras, é o caráter peculiar como a matéria foi versada no Brasil, que faz com que se deva examinar a doutrina estrangeira, nesse particular, com o devido cuidado.[110] Existem países que, não organizados sob a forma federativa, sequer precisam dividir o exercício da competência, mencionada de forma muito sumária no texto constitucional, quando o é explicitamente.[111] Nestes, a interpretação das disposições sobre competências tributárias é problema que nem se coloca.

Outros, organizados sob a forma federativa, mas não tendo seguido a tradição de dividir na própria Constituição as competências com a delimitação das realidades a serem tributadas, de forma rígida e privativa, como se fez no Brasil, têm normas que cuidam da divisão de rendas tributárias de modo a não proibir – e às vezes até a prever – a sobreposição de tributos. Nestes, embora a interpretação das normas que dividem a competência possa até eventualmente vir a ser objeto de questionamentos, a possibilidade de sobreposição faz com que aos termos e expressões utilizados se possa atribuir sentido muito mais largo do que em um contexto no qual o significado do texto, que trata da competência de um ente, deva encontrar necessariamente limite no significado das disposições referentes à competência dos demais.[112]

Essas observações são importantes, e devem ser lembradas sempre que se recorrer, no estudo em torno da competência tributária e de sua interpretação, à doutrina estrangeira. Não se está dizendo que a doutrina estrangeira e a análise do direito comparado não sejam importantes. Absolutamente. É indispensável examinar o que se pesquisa em outros países, para que se compartilhem experiências e descobertas, incrementando o funcionamento do *collective brain*[113] que diferencia a criatura humana dos

---

110. Ataliba destaca que "nosso sistema é *sui generis*, original e desconhece similares e réplicas; contrasta radicalmente com todos os demais; é mais perfeito juridicamente e requer trato singular e específico, pelo que, de pouco ou nada vale, invocar doutrina alienígena, elaborada a partir de dados radicalmente diversos" (Geraldo Ataliba, *Sistema Constitucional Tributário Brasileiro*, cit., pp. 27-28).

111. Na Constituição japonesa, por exemplo, a tributação é referida apenas em seu art. 84, que se limita a dispor: "Article 84. No new taxes shall be imposed or existing ones modified except by law or under such conditions as law may prescribe" (Constituição do Japão, de 3.11.1946, disponível em *http://www.solon.org/Constitutions/Japan/English/english-Constitution.html*, acesso 12.9.2012).

112. Cf. Geraldo Ataliba, *Sistema Constitucional Tributário Brasileiro*, cit., p. 32; Misabel Abreu Machado Derzi, "Notas de atualização", in Aliomar Baleeiro, *Limitações Constitucionais ao Poder de Tributar*, 8ª ed., cit., p. 58.

113. A expressão designa a sistemática de *trocas* estabelecida pelos seres humanos, não apenas de mercadorias, mas, também, de ideias, que seria responsável pela grande diferença que se observa entre o homem e os demais seres vivos, inclusive primatas superiores. Essas trocas seriam tão proveitosas para a evolução das próprias ideias quanto o são, no âmbito da reprodução sexuada, para a evolução dos seres vivos, formando, no âmbito da comunidade

demais seres animados. Mas é preciso notar que os autores estrangeiros pensaram, e escreveram, à luz de realidade diferente, pelo que seus pensamentos e escritos podem ser pertinentes apenas em parte. Adaptações podem ser necessárias. Aliás, até mesmo o que se diz sobre a interpretação da Constituição brasileira, quanto a suas disposições sobre direitos individuais (ponderação de princípios, abertura constitucional etc.), por exemplo, pode não ser inteiramente pertinente em relação às regras que tratam da divisão das competências tributárias.

Tais questões serão objeto de análise mais detida no Capítulo 3, no qual se fará o cotejamento entre a metodologia jurídica pertinente aos princípios jurídicos constitucionais, de um lado, e a compreensão das regras de competência, de outro, tendo em mente a distinção estrutural entre ambas as espécies de normas e a necessária evolução por que deve passar o sentido dos textos que as veiculam.

Por fim, não se pode ignorar que, se por um lado, o estudo prévio da historicidade das Constituições brasileiras faz transparecer a particularidade de sua rigidez, a exigir interpretação própria, por outro lado, mostra que nem sempre há uma lógica na distribuição do poder de tributar entre os entes. Indica também a ausência de fronteiras rígidas entre as competências já no plano constitucional, apesar do esforço do legislador para delineá-las. Nesse patamar, elas ainda se chocam, gerando os chamados conflitos de competência a serem resolvidos pela lei complementar.

Realmente, características dos tributos verificadas historicamente e muitas vezes incorporadas à competência revelam não ser tão evidente a anunciada certeza quanto à semântica das palavras empregadas nas regras de competência. Essa historicidade talvez conduza à reflexão de que a interpretação das regras de competência deva ser feita considerando-se não apenas a busca pela significação das palavras no momento exatamente anterior àquele em que a Constituição entrou em vigor, mas tendo em conta também as notas da realidade decorrentes de uma evolução histórica em que os tributos se tocam e conflitam, assim como às características muitas vezes comuns entre as realidades economicamente tributáveis. Tais premissas levam à possível consideração do tipo nas regras de competência, seja no que tange às expressões empregadas nos textos normativos (*v.g.*, o típico "veículo automotor"), seja no que toca às realidades jurídicas por elas mencionadas (p. ex., o típico imposto sobre a propriedade de veículos automotores).

---

em que se estabelece (que, nos dias de hoje, é mundial), o que Matt Ridley chama de cérebro coletivo, ou *collective brain* (cf. Matt Ridley, *The Rational Optimism: how Prosperity Evolves*, Nova York, Harper-Collins, 2010, pp. 47 e ss.).

2

AS PALAVRAS E AS REALIDADES QUE DESIGNAM: ENTRE TIPOS E CONCEITOS

Nominar coisas decorre da necessidade do ser humano de organizar, ou mesmo construir, as próprias ideias, e viabilizar a comunicação. Assim, as palavras têm por fim representar a realidade; são, em outros termos, rótulos colocados nas coisas para que seja possível se referir a elas.[1] Sua finalidade não é *apenas* essa, é certo, pois com as palavras também se *fazem* coisas.[2] Na verdade, linguagem, racionalidade e sociabilidade são características humanas moldadas pelo processo de seleção natural e intrinsecamente relacionadas e interdependentes,[3] sendo possível afirmar que a linguagem *media* o acesso que o ser humano tem à realidade bruta, constituindo-a, de alguma forma.[4]

---

1. Cf. Eros Roberto Grau, *Direito, Conceitos e Normas Jurídicas*, São Paulo, Ed. RT, 1988, p. 57.

2. Com as palavras as pessoas pedem desculpas, ameaçam, prometem, perdoam, batizam, enfim, realizam uma série de outros atos que não se limitam à *descrição* da realidade. Nesse sentido, confira-se: J. L. Austin, *How to Do Things with Words: the William James Lectures Delivered at Harvard University in 1955*, J. O. Urmson e Marina Sbisa (Eds.), Oxford, Clarendon, 1962, *passim*; Genaro Carrió, *Notas sobre Derecho y Lenguaje*, 4ª ed., Buenos Aires, Abeledo-Perrot, 1994, *passim*.

3. A linguagem, de fato, é condição essencial para que se possam criar comunidades artificiais de criaturas que cooperam entre si sendo indispensável à formação das sociedades humanas, à criação das inúmeras realidades institucionais que as constituem e disciplinam. A propósito, confira-se: Thomas Fleiner e Lidija R. Basta Fleiner, *Constitutional Democracy in a Multicultural and Globalized World*, Berlim, Springer, 2009, p. 45; Hugo de Brito Machado Segundo, *Fundamentos do Direito*, São Paulo, Atlas, 2010, *passim*.

4. Não se afirma, aqui, que a linguagem *cria* a realidade bruta, que evidentemente existe independentemente de seres que a possam compreender. Na verdade, a linguagem constitui a realidade *tal como entendida pela criatura humana*.

Isso não exclui, porém, a ideia de que as palavras designam parcelas da realidade, bruta ou institucional, à qual a criatura humana se reporta no exercício da comunicação, e da própria atividade de raciocinar.[5]

O problema é que a realidade não respeita as divisões que o ser humano, de maneira algo arbitrária e simplificadora, estabelece, para melhor compreendê-la.[6] Não existem, com efeito, na totalidade de fatos brutos, segmentos nitidamente separados uns dos outros, de modo que se possa utilizar uma palavra para designar, com absoluta precisão e exclusividade, cada um deles.[7] Exemplo paradigmático dessa afirmação tem-se com o ornitorrinco, animal que tem bico, e o corpo coberto de penas, mas cuja fêmea, conquanto ponha ovos, amamenta os seus filhotes por meio de glândulas mamárias. O animal citado é de ser rotulado como ave ou como mamífero?

Não se trata, registre-se, de exemplo relativo a situação isolada. Estabelecida a parcela da realidade que se designa por "seres vivos", pode-se colocar a questão: o vírus é, ou não, um ser vivo?[8] Tampouco o problema é restrito ao âmbito da biologia, surgindo em relação a qualquer aspecto da realidade: Plutão é ou não um planeta? Quando terminou a pré-história? Quem pode ser considerado um homem alto?

Em outros termos, a imprecisão das palavras, sejam elas pensadas de que forma for, é própria da complexidade[9] e da fluidez da realidade e da multiplicidade de olhar, possivelmente distinto em cada ser humano.

A par dessa imprecisão natural, o contexto em que a palavra está inserida e o fato de se referir a um dado cambiante da realidade lhe podem

---

5. Steven Pinker, *Do que É Feito o Pensamento?*, trad. Fernanda Ravagnani, São Paulo, Cia. das Letras, 2008, *passim*.

6. Stewart Shapiro, *Vagueness in Context*, Oxford, Clarendon Press, 2006, p. 194.

7. Kees van Deemter, *Not Exactly: in Praise of Vagueness*, Oxford, Oxford University Press, 2010, p. 9.

8. Carrió registra que isso se dá com todas as palavras que usamos para designar a realidade concreta. E, diante da possível objeção de que isso seria um exagero, observa: "Pero, se me dirá, ¿no hay en esto una exageración patente? No es cierto que todas las palabras exhiben tal indeterminación. Tomemos, por ejemplo, la palabra 'hombre' (en el sentido de 'ser humano'). En condiciones de observación normales – seguiría la objeción – jamás dudamos si a algo que tenemos ante nuestros ojos le es o no aplicable ese término.

"Quizás se pueda responder a esa objeción señalando las vacilaciones de los antropólogos respecto del modo de clasificar ciertos especímenes primitivos. O preguntando (y preguntándonos) si según el uso establecido la palabra 'hombre' se aplica claramente a un cadáver, y, si la respuesta es afirmativa, preguntando (y preguntándonos) si el uso ha fijado también con precisión cuándo, esto es, en qué momento, los despojos mortales de un hombre quedan fuera del campo de aplicación de la palabra" (Genaro Carrió, *Notas sobre Derecho y Lenguaje*, 4ª ed., cit., p. 34).

9. Paul Feyerabend, *A Conquista da Abundância*, trad. Marcelo Rouanet e Cecília Prada, Porto Alegre, Unisinos, 2006, *passim*.

dar maior ou menor elasticidade. Em outros termos, a intenção com que a palavra é empregada amplia ou reduz seu grau de flexibilidade ou indeterminação.[10] Por exemplo, imagine-se um jogo em que os participantes têm de anunciar a significação das palavras, sem que se anuncie também um contexto no qual estariam inseridas. Duas palavras são pronunciadas: carro e manga. A palavra carro provavelmente será descrita com muito mais convergência,[11] do que a palavra manga, que pode ter significações mais divergentes, tais como *manga fruta* e *manga da roupa*. Imagine-se, porém, que o jogo é realizado entre garotos filhos de agricultores produtores de manga, que passam a maior parte do dia sem camisa, no campo. Nesse contexto, é provável que a palavra "manga" seja quase que à unanimidade relacionada à "manga fruta".

Há outras palavras que, qualquer que seja o contexto, apresentam certo grau de imprecisão, como é o caso das palavras *careca, jovem* e *velho*, em face de sua vaguidade. O contexto, em relação a elas, apenas acrescenta um fator adicional a ser considerado na determinação de seu sentido: mesmo reportando-se à estatura física (e não ao caráter), a palavra *baixo* tem uma significação quando alusiva à estatura de um jogador de basquete, ou à estatura de um advogado. Consideram-se *baixos* jogadores de basquete em comparação com outros jogadores desse esporte, em geral muito altos, pelo que mesmo um atleta baixo poderá ser "alto" à luz da generalidade dos advogados.[12]

Ambiguidade, assim entendida a possibilidade de a palavra designar coisas diferentes (*v.g.*, *manga, banco, bateria*), e vaguidade, característica das que designam parcela da realidade sem contornos nítidos, estão presentes na maior parte das palavras. A última, aliás, é marcante nas que designam objetos ou fatos brutos, quais sejam, aqueles que integram o mundo fenomênico independentemente de qualquer criação ou instituição humana, pois nesse caso a própria realidade designada pelas palavras não comporta divisões estanques.[13]

---

10. Kees van Deemter, *Not Exactly: in Praise of Vagueness*, cit., p. 217.

11. Convergência que desapareceria, porém, se no grupo estivessem juntas, se possível fosse, crianças trazidas de diferentes décadas dos séculos XX e XXI. Ou mesmo, em exemplo mais factível, crianças de diferentes nacionalidades ou classes sociais. A ideia de carro, para cada uma delas, seria bem diferente. Enquanto uma lembraria de um Hudson, outra talvez pensasse em uma Brasília, outra em um Opala, em um Corolla... E se entre elas estivesse uma filha de um mecânico de máquinas de escrever fascinada pelo ofício do pai, talvez esta pensasse em uma peça da referida máquina, de igual nome.

12. Kees van Deemter, *Not Exactly: in Praise of Vagueness*, cit., p. 124.

13. Entendem-se por fatos brutos aqueles que existem na natureza, independentemente de uma criatura que os observe. É o caso da chuva, da erupção de um vulcão, do cantar de um pássaro etc. A eles se opõem os fatos institucionais, assim entendidos aqueles que somente existem na medida em que convencionados por um ser pensante. É o caso das regras de

Realidades puramente abstratas têm contornos nítidos (triângulos, números primos, esferas), mas realidades brutas ou factuais não.[14]

Além de tais dificuldades, que se podem dizer *estáticas*, porquanto associadas aos problemas relacionados à comunicação mesmo em uma parcela determinada do tempo, há outras, que decorrem do passar deste e das consequências que eventualmente isso provoca na precisão do significado das palavras.

É importante lembrar, nesse particular, a necessidade humana de associar a palavra à realidade, tendo em vista a forma concreta como esta se revela em suas características, de modo que, diante da pronúncia ou da leitura da palavra possa se delinear na mente humana a representação da realidade em exemplos, com a descrição de suas características. Os atributos de inúmeras realidades, por sua vez, podem se alterar ao longo do tempo com mais evidência. Assim, a palavra, pensada desse modo, pode ter sua significação modificada no compasso da mutação da realidade que representa, levando em conta exatamente as características que, a cada momento, parecem mais acentuadas ou relevantes. Apesar da alteração de algumas características do objeto, este continua sendo designado pelos mesmos termos ou expressões. Modifica-se, porém, a forma de visualizar e entender a realidade através da associação entre esta e a palavra, a partir, como se disse, da descrição de suas características. É o caso, por exemplo, do que pode ocorrer com *aluno*, *família* e *empresário*. O aluno do século XVIII não é o mesmo aluno do século XXI. A família do século XVIII não é a mesma do século XXI.

Ainda no âmbito de palavras empregadas na construção de normas jurídicas, e que passam por tais transformações, de maior ou menor monta, podem-se citar outras, como *morte* e *ato obsceno*.

Com efeito, embora existam situações em que alguém pode ser considerado induvidosamente morto, ou indiscutivelmente vivo, a fronteira entre ambas, que não é clara, já foi estabelecida, há algumas décadas, como sendo a parada cardiorrespiratória. Atualmente, porém, considera-se morto alguém apenas quando cessa sua atividade cerebral (morte cerebral), podendo a pessoa ainda ter batimentos cardíacos e respirar, estando, não obstante, morta; ou, por alguns instantes, ter uma parada cardiorrespiratória,

---

um jogo, do dinheiro, ou, no que tange aos propósitos deste trabalho, das normas jurídicas. Confira-se, a propósito: John Searle, *Libertad y Neurobiología*, trad. Miguel Candel, Barcelona, Paidós, 2005, p. 99.

14. Kees van Deemter, *Not Exactly: in Praise of Vagueness*, cit., p. 278. No mesmo sentido: Arthur Kaufmann, *Analogía y Naturaleza de la Cosa: Hacia una Teoría de la Comprensión Jurídica*, trad. Enrique Barros Bourie, Santiago, Editorial Jurídica de Chile, 1976, p. 13.

mas, sendo reanimada oportunamente e com sucesso, não morrer. Existem elementos que, presentes, indicam claramente que alguém está vivo, e, ausentes, que está morto, sendo certo que a dificuldade reside em determinar quais e em que quantidade (batimentos cardíacos, respiração, atividade cerebral, reflexos, temperatura corporal etc.) esses elementos precisam estar presentes, ou ausentes, para que se possa anunciar a morte de alguém.

No caso de *ato obsceno* (referido, por exemplo, no art. 233 do Código Penal), a mudança da significação da palavra, decorrente da mudança na própria realidade por ela designada, transparece de forma ainda mais clara. E isso, veja-se, no texto de uma regra de Direito Penal. Algo que há 50 anos poderia ser considerado obsceno hoje já não o é, em face de mudança nos valores da sociedade.

Tais ressalvas são feitas, para que se perceba que a fronteira de significação entre as palavras nem sempre é facilmente identificável. Além disso, a forma de pensá-las pode tolerar uma maior elasticidade ou não, seja considerando-as apenas em determinado momento histórico, seja considerando a variação de seu uso ao longo do tempo.

A questão, a rigor, não é apenas linguística, mas cognitiva, e até biológica. Na verdade, a realidade é muito mais rica e complexa do que os sentidos da criatura humana conseguem apreender. Nossos sentidos nos transmitem, da realidade, apenas aquelas informações que se mostraram necessárias para assegurar a sobrevivência de nossos ancestrais. Não por outra razão, seres que vivem em locais escuros não têm olhos, ou os têm muito pouco desenvolvidos. Na economia de "custo/benefício" da seleção natural, nossos sentidos não são perfeitos, mas somente precisos o suficiente, para que nosso cérebro construa uma imagem da realidade que o cerca, capaz de aumentar nossas condições de sobrevivência.[15]

Além disso, o cérebro humano tampouco é capaz de compreender a realidade em toda a sua complexidade. Daí as simplificações, que faz, independentemente da imperfeição das informações trazidas pelos sentidos, para compreendê-la. Descer às minúcias, ou à complexidade do real, só é feito na medida em que isso é possível e necessário. A vaguidade é inerente ao raciocínio e à comunicação, e é saudável que seja assim.

Por outras palavras, somente há incremento da precisão quando isso é necessário ao discurso, sendo sempre importante lembrar que a precisão absoluta é inalcançável. Quando se faz referência ao preço de um bem que custa R$ 100.032,21, as pessoas, em nome da mencionada relação de "custo/benefício" entre precisão e praticidade, não raro dizem que o bem custa cerca de cem mil reais, "arredondando" as frações consideradas não

---

15. Miguel Nicolelis, *Muito Além do Nosso Eu*, São Paulo, Cia. das Letras, 2011, pp. 452-453.

relevantes para a compreensão da mensagem. Só quando a precisão é exigida (*v.g.*, quando do preenchimento do cheque, ou da ordem de transferência bancária), as frações são mencionadas. O mesmo se dá em relação à alusão que fazemos às distâncias, às idades etc.[16] Em suma, a linguagem por meio do qual se compreende e refere a realidade é inevitavelmente imprecisa, variando o grau de imprecisão conforme a necessidade de detalhamento verificada em cada contexto em que as palavras são empregadas e as próprias possibilidades cognitivas e sensoriais da criatura humana.

O tema é de grande relevância para o estudo das competências tributárias, na medida em que os tributos nelas referidos correspondem, muitas vezes, a figuras preexistentes (ainda que eventualmente batizadas com outros rótulos), nem sempre sendo tão claros os contornos que permitem diferenciá-las umas das outras. Além disso, não se pode negar que as regras de competência, sobretudo a partir da Emenda 18/1965 à Constituição de 1946, passaram a procurar, com maior ênfase, designar o âmbito compreendido por cada competência com o uso de palavras representativas de parcela da realidade, com significação jurídica ou econômica. Mas, apesar de se haver procurado maior precisão nessa delimitação de âmbitos de incidência, seguem-se utilizando palavras, as quais são inevitavelmente dotadas das deficiências inerentes à linguagem e à comunicação humanas.

Não é possível compreender a atribuição de competências sem entender também a forma como tais palavras devem ser interpretadas. Assim é que, tendo em vista a anunciada rigidez do sistema constitucional tributário brasileiro, examinada no Capítulo anterior, e, por outro lado, a indesejada, mas inegável interpenetração de competência registrada na história do constitucionalismo brasileiro, a evolução dos diversos tributos, bem como a fluidez e imprecisão das palavras, e a abertura constitucional, analisar-se-á, a seguir, a natureza dos termos empregados nas regras de competência, e das próprias figuras jurídicas referidas por essas regras.

2.1 De Crátilo a Wittgenstein

Apesar da imprecisão das palavras, o certo é que, por meio delas, a humanidade consegue estabelecer diálogos exitosos, e certamente o faz tendo em conta um mínimo de objetividade, de intenção semelhante e de compromisso com a prática dessa intenção comum,[17] através do discurso e de atos.

---

16. Kees van Deemter, *Not Exactly: in Praise of Vagueness*, cit., pp. 214-217; Stewart Shapiro, *Vagueness in Context*, cit., pp. 14-15.
17. Michael Tomasello, *The Cultural Origins of Human Cognition*, Harvard University Press, 1999, p. 53.

Realmente, é elevado o esforço teórico que se tem feito para elaborar uma teoria da linguagem e procurar entender o que há de objetivo na palavra. Ainda na filosofia grega, é possível ver essa preocupação nos diálogos de Platão, revelados no debate entre Sócrates, Hermógenes e Crátilo acerca da exatidão das palavras. Inicialmente, Hermógenes, contrapondo-se a Crátilo, expõe seu ponto de vista, segundo o qual não é possível chegar a outra conclusão que não a de que "la exactitud de los nombres no sea otra cosa que un acuerdo y una convención".[18] Acordo este que, para Hermógenes, é sempre cambiante, como se pode perceber ao longo de seu discurso. Ao que, Sócrates, no exercício da maiêutica, depois de algumas reflexões sobre a verdade e a falsidade, provoca

> si no es verdad que todas las cosas no correspondan de igual manera a todos, simultáneamente y siempre, y tampoco es verdad que cada una corresponda a cada uno, es evidente que las cosas tienen por sí mismas un cierto ser permanente, que ni es relativo a vosotros, ni depende de nosotros. Ellas no se dejan llevar de acá para allá, según el capricho de nuestra imaginación, sino que ellas existen por sí mismas, según su propio ser y en conformidad a su naturaleza.[19]

Em outros termos, como pode ser mera convenção, se no sentido de algumas palavras há esse elemento de permanência, que não é relativo nem depende da vontade arbitrária de cada um dos falantes individualmente considerados?[20]

A resposta – que não foi dada por Sócrates, mas muitos séculos depois, por Wittgenstein – reside no fato de que a linguagem é fenômeno eminentemente cultural; sendo assim, os termos em que a palavra é empregada previamente em um contexto são assimilados por quem ingressa no diálogo. Isso significa que a acepção das palavras é convencional, e não determinada de forma *a priori* pela natureza; mas essa convenção não se dá artificialmente, de maneira livre e arbitrária para cada falante.[21] Do

---

18. Platão, *Obras Completas*, 2ª ed., Madri, Aguilar, 1993, p. 509. O trecho citado é de *Crátilo*, 384c/385d.
19. Id., ibid., p. 510, *Crátilo*, 385d-386e.
20. Ao tratar da interpretação constitucional, Luís Roberto Barroso, em feliz e ilustrativa passagem, toma como exemplo da fluidez e da subjetividade de um lado em contraponto à rigidez e à objetividade do outro, a interpretação da letra da música Garota de Ipanema. A famosa música realmente já foi executada, ao longo dos tempos, em distintos ritmos e interpretações. Apesar disso, guarda reconhecida identidade. Cf. Luís Roberto Barroso, *Curso de Direito Constitucional Contemporâneo: os Conceitos Fundamentais e a Construção do Novo Modelo*, São Paulo, Saraiva, 2009, pp. 268-269.
21. Adrian Sgarbi, *Teoria do Direito: Primeiras Lições*, Rio de Janeiro, Lumen Juris, 2006, p. 24.

contrário, como teria sido possível o primeiro acordo, à míngua de palavras que pudessem ter sido nele utilizadas para definir quaisquer outras?[22] A linguagem, na verdade, é como um jogo cujas regras se formam enquanto se joga e são aprendidas jogando.

Não há distinção marcante, nesse particular, entre um determinado idioma e outras criações culturais. Do mesmo modo que herdamos instituições jurídicas, costumes, crenças etc., os quais, de alguma maneira, podem ser por nós eventualmente modificados e aperfeiçoados, nascemos em um meio no qual já existe uma forma de comunicação, que assimilamos, mas que, em alguma medida, podemos modificar. Do contrário não existiriam os neologismos, as gírias etc.[23] Mas é importante fazer, nesse particular, um esclarecimento. Enquanto *aptidão* para comunicar-se, a linguagem não é uma criação cultural. Foi moldada pela seleção natural, como mecanismo destinado a proporcionar à criatura humana meio de cooperação mútua que lhe favorece a sobrevivência, sendo tão natural, nesse particular, quanto as presas de um elefante ou o casco de uma tartaruga.[24] As *criações* dos indivíduos dotados desse mecanismo, porém, são culturais. Daí por que os diversos povos, mesmo tendo em comum essa habilidade, criaram línguas diferentes.

Note-se que a própria ideia de verdade e de exatidão no sentido das palavras evoluiu ao longo da história da Epistemologia, para compartilhar a noção de consensualidade adestrada. Realmente, se a ideia de consensualidade já estava presente em Hermógenes, Wittgenstein aperfeiçoa-a para constatar que parte dela é já assimilada pelo meio e pelas práticas (adestramento) em que o interlocutor está inserido.

Wittgenstein procura explicar sua teoria de forma bastante didática, valendo-se de inúmeros exemplos. Utiliza, entre eles, a situação em que um construtor "A" pede a seu ajudante "B" que passe os objetos apropriados para a construção. Para tanto, pronuncia apenas as palavras representativas

---

22. Tem-se, aqui, paralogismo ou petição de princípio semelhante ao que se verifica quando se invoca o contrato social como fundamento para a existência de uma ordem jurídica. Afinal, se não há direitos que o antecedem, qual seria o objeto da avença e, pior, de onde decorreria a ideia de que o contrato deveria ser cumprido? Confira-se, a propósito: Jünger Habermas, *Direito e Democracia: entre Facticidade e Validade*, trad. Flávio Beno Siebeneichler, vol. 1, Rio de Janeiro, Tempo Brasileiro, 1997, p. 124; Niklas Luhmann, "O paradoxo dos direitos humanos e três formas de seu desdobramento", trad. Paulo Antônio de Menezes Albuquerque e Ricardo Henrique Arruda de Paula, *Themis*, vol. 3, n. 1, Fortaleza, 2000, p. 157; Tobias Barreto, *Estudos de Direito*, Campinas, Bookseller, 2000, p. 84.

23. Monteiro Lobato, *Emília no País da Gramática*, São Paulo, Círculo do Livro, 1984, pp. 12 e ss.

24. Michael Tomasello, *The Cultural Origins of Human Cognition*, cit., p. 41.

do objeto, como "lajota".[25] Wittgenstein, então, depois de analisar que as palavras representam as coisas, observa que o aprendizado por amostragem não é suficiente, por si, para justificar o motivo pelo qual, diante da simples pronúncia da palavra "lajota" (que já seria uma consensualidade), pode--se entender que o interlocutor deseja algo além da exibição do objeto. E mais: que, na verdade, emite um comando para que este lhe seja entregue. Tal compreensão somente é possível diante da *práxis* da linguagem, no seu emprego, perceptível apenas por quem conhece as regras do jogo por estar dele participando. Observa, inclusive, que por vezes, uma indagação pode se revelar um comando, tudo a depender exatamente da *práxis*. Em suas palavras,

> Podemos imaginar uma linguagem na qual *todas* as afirmações teriam a forma da pergunta: "Gostaria de fazer isto?". Dir-se-á talvez, então, "O que ele diz tem a forma de uma pergunta", mas é efetivamente um comando na *práxis* da linguagem. (Analogamente, diz-se "você o fará" não como profecia, mas como comando. O que faz essa frase uma profecia no caso e um comando no outro?)[26]

Referida observação é relevante, primeiro, porque deixa claro que o sentido de uma palavra ou expressão apenas é passível de determinação e modificação em face do contexto em que empregada, algo atualmente assente na Hermenêutica. Assim, em vez de um mero representacionismo da palavra em relação a uma dada realidade, haveria uma construção de sentido da palavra, e, portanto, da própria realidade, através da comunicação.[27] Mas se, por um lado, essa construção pelos jogos de linguagem acrescenta fluidez às palavras, por outro, apresenta importante limite para a compreensão dos significados de textos, termos ou expressões.

De fato, interlocutores e intérpretes estão adestrados[28] pela prática a aferir algumas significações, e delas apreender possíveis normas, inclusive sem um enunciado expresso, mas diante de uma acepção imanente ao uso na sociedade.[29] Apesar de afastada a objetividade (ou o representacionismo), há uma intersubjetividade que evita o arbítrio. Assim é que a obra de Wittgenstein pode ao mesmo tempo ser invocada como justificativa para a abertura e a criação e para a proteção da estrutura já existente do sistema.

25. Ludwig Wittgenstein, *Investigações Filosóficas*, trad. José Carlos Bruni, São Paulo, Nova Cultural, 2000, p. 30.
26. Id., ibid., p. 34.
27. José Maria Arruda de Andrade, *Interpretação da Norma Tributária*, São Paulo, MP Ed., 2006, p. 125.
28. Id., ibid., p. 136.
29. Tathiane dos Santos Piscitelli, *Os Limites à Interpretação das Normas Tributárias*, São Paulo, Quartier Latin, 2007, p. 72.

Em nome da boa-fé no diálogo e tendo em vista a colaboração que deve guiar os interlocutores, qualquer mudança abrupta de significação há de ser devidamente anunciada,[30] sob pena de aquele que assim proceder não ser compreendido pelos destinatários de sua mensagem. Trata-se de algo, a propósito, relativamente comum nos textos científicos, nos quais, quando é o caso de utilizar palavra com sentido diverso do que usualmente se lhe atribui, o autor dedica-se primeiro à explicação de seu léxico e à sua justificação.

Em outros termos, e fazendo ainda uso do exemplo de Wittgenstein, se um pedreiro olha para outro e pronuncia a palavra "lajota", depois de fazê-lo três ou quatro vezes para pedir que lhe seja entregue um desses objetos, mas o faz desta última vez com finalidade diversa (por desejar, v.g., para o lanche, um pequeno chocolate com o mesmo nome, que está em sua marmita), deve dizê-lo explicitamente, em atenção às próprias regras (implícitas) que dirigem o diálogo e tornam possível a comunicação. De outra forma, não será corretamente compreendido, pois o destinatário da mensagem dará à palavra o sentido que a ela se atribuiu nas ocasiões anteriores em que pronunciada.

Nessa ordem de ideias, voltando os olhos para a interpretação do texto constitucional, parece certo que, se se pretende proceder à mudança na forma como se compreendem palavras já em uso no discurso jurídico, isso, por igual, deve ser feito de forma explícita, de modo a não quebrar a própria racionalidade que viabiliza a comunicação. Importa, pois, entender como são usualmente utilizadas as palavras, sem mistificações ou generalizações apressadas, sendo relevante atentar, ao fazê-lo, também para a evolução histórica constitucional, bem como a doutrinária e a jurisprudencial.

A sociedade sofre modificações ao longo do tempo. Com elas, modifica-se, também, o significado das palavras e das expressões utilizadas na comunicação, assim como se altera a própria realidade apreendida por meio das palavras. Na interpretação e reinterpretação da vida, por questões diversas, mesmo a intersubjetividade evolui e flui trazendo para o debate características da realidade valoradas de forma distinta a cada momento. Isso é inevitável, não apenas porque podem mudar os acordos a respeito do que com elas se designa, como porque a própria realidade designada se modifica.

Cada vez mais, vários são os caminhos teóricos que levam a inserir no Direito a assimilação dessa evolução, tais como o uso de *tipos* (em vez de *conceitos*) na construção das normas. Isso se torna ainda mais necessário

---

30. Assim, é que, como observa Eros Grau, ao cuidar do uso das palavras no diálogo, "se não as tomarmos com a significação usual, cumpre-nos informar aos nossos ouvintes ou leitores os sentidos que lhes atribuímos" (Eros Roberto Grau, *Direito, Conceitos e Normas Jurídicas*, cit., p. 60).

diante de realidades complexas e gradualmente alteráveis, tanto no tempo como no espaço, e assim mais difíceis de serem designadas com precisão. No Brasil, há quem defenda a possibilidade de normas constitucionais construídas com o recurso a tipos,[31] e quem a negue.[32] E há ainda quem veja como irrelevante a distinção, por vislumbrar, tanto nos tipos como nos conceitos fechados, certa margem de imprecisão.[33] A importância do assunto para os propósitos deste trabalho implicou dedicar a ele tópico específico, a seguir.

2.2 Tipos e conceitos

As palavras, ao representarem a realidade, se ajustam com maior ou menor flexibilidade ao que representam. Essa flexibilidade relaciona-se a inúmeros aspectos, tais como a possibilidade de evolução em seu significado ao longo do tempo, a distinção no uso, a amplitude com que realidades distintas, mas semelhantes, podem ou não ser enquadradas em um mesmo termo, a efetiva *necessidade* de maior ou menor precisão, à luz do contexto e da finalidade com que se usa a palavra,[34] e ainda a alteração nas características da realidade concreta que a palavra visa a representar.

Nesse contexto, inserem-se as ideias de *tipo*, e de *conceito*, como formas distintas de pensar a realidade e de interpretá-la. Uma palavra pode representar (ou ser vista como) um tipo ou um conceito, dependendo da forma como se pensa, ou do modo como se pretende com ela representar a realidade.

Tendo em vista o sistema constitucional tributário e sua rigidez, com a característica peculiar da impossibilidade de bitributação, sobretudo com o reconhecimento de que conflitos de competência são juridicamente inadmissíveis, mas factualmente verificáveis, devendo ser dirimidos pelo legislador complementar, é de se indagar se as regras de competência impositiva (e, também, relativas à instituição de contribuições) podem conter tipos em sua estrutura. *Renda*, por exemplo, na Constituição, é palavra que enuncia um conceito ou um tipo? O mesmo pode ser investigado em relação a *serviços* e a tantos outros termos empregados nos artigos da Constituição que cuidam da distribuição das competências tributárias. E mais: paralelamente a essa análise do significado de cada palavra, e até

---

31. Luís Eduardo Schoueri, *Direito Tributário*, São Paulo, Saraiva, 2011, p. 251.

32. Misabel Abreu Machado Derzi, *Direito Tributário, Direito Penal e Tipo*, São Paulo, Ed. RT, 1988, p. 103.

33. Humberto Ávila, *Sistema Constitucional Tributário*, São Paulo, Saraiva, 2004, p. 199.

34. Kees van Deemter, *Not Exactly: in Praise of Vagueness*, cit., p. 217.

como o modo de orientar a maneira de compreender as expressões por elas formadas, poder-se-ia dizer que um determinado imposto, referido na Constituição, é uma figura *típica* (um "típico" imposto sobre a propriedade imobiliária)? Poderia haver conceitos e tipos em tais regras, só conceitos ou apenas tipos? A impossibilidade de sobreposição de competências impede que sejam as normas veiculadas com o recurso a tipos? Como devem ser interpretados os termos empregados nas regras de competência?

A indagação tem lugar, sobretudo, diante do art. 110 do CTN, segundo o qual, sempre que a Constituição utilizar um conceito de Direito Privado, este não pode ser alterado pela lei tributária. É possível, porém, que a Constituição utilize tipos, além (ou em vez) de conceitos? E qual seria a implicação prática do uso de tipos? Ao lado desses questionamentos, outros podem ainda ser feitos, como: a) quando saber qual o conceito acolhido pela Constituição, nos casos em que o próprio Direito Privado fornece mais de um?; b) O que deve ocorrer caso a legislação, no âmbito do Direito Privado, altere o conceito então em voga à época em que a Constituição fora promulgada?

Análise das implicações do art. 110 do CTN será feita mais à frente, no Capítulo 3. Por enquanto, examinar-se-á apenas a possibilidade de se utilizarem tipos, além de conceitos, na construção das regras de competência. Evidentemente, isso importa previamente examinar a distinção entre *tipos* e *conceitos*. O caminho é um pouco árduo, uma vez que a própria noção de *tipo* pode se apresentar problemática, diante de posicionamentos diversos sobre sua significação. Além disso, trata-se de uma análise detalhada da acepção de termos, que demanda certa disposição do leitor, antes que as partes da argumentação possam ser alinhavadas formando um todo mais claro e confortável à mente.

Wittgenstein faz observação muito relevante para a compreensão do emprego das palavras. Segundo ele, "a aplicação permanece um critério da compreensão".[35] Ter essa ideia em mente é importante antes de se iniciar a análise do que são tipos e conceitos, pois a aplicação que geralmente se dá para o termo *tipo*, no Brasil, é distinta da desenvolvida pela doutrina alemã. Na verdade, elas quase se contrapõem. De fato, no Brasil, geralmente se utiliza o termo *tipo* associando-o à chamada tipicidade cerrada, ou seja, à exigência de que o texto normativo detalhe com exaustão todos os elementos necessários à sua incidência. Assim, alude-se à tipicidade no Direito Penal e no Direito Tributário.[36] Como bem anotam Ricardo Lobo

---

35. Ludwig Wittgenstein, *Investigações Filosóficas*, cit., p. 74.
36. Sobre a "tipicidade cerrada" no Direito Tributário, confira-se de Alberto Xavier: *Os Princípios da Legalidade e da Tipicidade da Tributação*, São Paulo, Ed. RT, 1978 e *Tipicidade da Tributação, Simulação e Norma Antielisiva*, São Paulo, Dialética, 2002,

Torres[37] e Fernando Aurélio Zilveti,[38] tal acepção do termo *tipo* deve sua difusão à tradução espanhola da 1ª edição do livro de Karl Larenz, sem que se considerassem reparos apresentados por Larenz posteriormente. Na 1ª edição, Larenz fazia referência a tipos abertos e tipos fechados, tendo estes últimos sido associados, no âmbito do Direito Tributário e Penal, notadamente no Brasil, à ideia de "tipicidade cerrada", mas, nas edições posteriores, Larenz passou a considerar apenas o tipo aberto, como categoria lógica.[39] Tal defasagem no acompanhamento de sua doutrina terminou por gerar, nas palavras de Fernando Zilveti, uma "confusão".[40]

Em termos semelhantes, Yonne Dolácio de Oliveira observa ainda que as palavras "tipo", "tipicidade" e "tipológico" entraram na moda e, nessa condição, passaram a ser utilizadas de forma exaustiva, o que gerou algumas "degenerações".[41]

No presente trabalho, invocar-se-á o termo *tipo* tendo em vista não a acepção mais vulgarmente desenvolvida no Brasil, que o associa a uma tipicidade "cerrada", mas aquela desenvolvida por Karl Larenz nas edições seguintes de sua obra *Metodologia da Ciência do Direito*.[42]

Poder-se-ia indagar qual o motivo da tentativa de usar a palavra *tipo* em referida significação, contrariando uma convenção sobre o termo no cenário brasileiro. O motivo deve-se ao fato de que *tipo*, na forma como desenvolvida por Larenz, e por outros autores que acolhem ideia semelhante, traz para o Direito figura que melhor se amolda a palavras que representam a realidade concreta ou fenomênica, cujas características podem ser ora mais marcantes, ora abandonadas, e, portanto mais fluídas, exatamente

---

passim. Já no âmbito penal, Assis Toledo observa que a tipicidade "é um juízo formal de subsunção" (Francisco de Assis Toledo, *Princípios Básicos de Direito Penal*, 5ª ed., São Paulo, Saraiva, 1994, p. 125).

37. Ricardo Lobo Torres, "O princípio da tipicidade no direito tributário", *Revista Eletrônica de Direito Administrativo Econômico – REDAE*, Salvador, n. 5, fev./abr. 2006, disponível em *http://www.direitodoestado.com/revista/REDAE-5-FEVEREIRO-2006-RICARDO%20LOBO.pdf*, acesso 24.11.2010, p. 2 e, em seguida, p. 4.

38. Fernando Aurélio Zilveti, *Obrigação Tributária: Fato Gerador e Tipo*, São Paulo, Quartier Latin, 2009, p. 230.

39. Diante disso, para Larenz, cogitar-se de "tipo fechado" seria uma contradição de termos, enquanto falar-se em "tipo aberto" implicaria um pleonasmo. Isso porque, para ele, só se pode falar de um conceito quando "for possível defini-lo claramente, mediante a indicação exaustiva de todas as notas distintivas que o caracterizam" (Karl Larenz, *Metodologia da Ciência do Direito*, trad. José Lamego, 3ª ed., Lisboa, Fundação Calouste Gulbenkian, 1997, p. 300).

40. Fernando Aurélio Zilveti, *Obrigação Tributária: Fato Gerador e Tipo*, cit., p. 215.

41. Yonne Dolácio de Oliveira, *A Tipicidade no Direito Tributário Brasileiro*, São Paulo, Saraiva, 1980, p. 16.

42. Karl Larenz, *Metodologia da Ciência do Direito*, 3ª ed., cit., pp. 300 e ss.

como ocorre com as palavras, representativas de realidades utilizadas em algumas regras jurídicas.

Na verdade, apesar de a palavra tipo ter o seu uso difundido no Brasil associado a "tipo fechado", *tipo* e *conceito* são palavras plurissignificativas, utilizadas ora com uma acepção, ora com outra diversa. Doutrinadores que pesquisaram o uso de referidas palavras apontam o dissenso. Humberto Ávila reconhece que a palavra *tipo* é multidimensional.[43] Misabel Derzi, em aprofundado estudo sobre o assunto, analisa o emprego da palavra desde sua origem, em outras Ciências como a Biologia, a Psicologia, a História, assim como, evidentemente, seu uso na Ciência do Direito. Segundo a autora, no campo do Direito, "os sentidos equívocos parece que se a acentuam".[44] Humberto Ávila, inclusive, discorda da distinção e "propõe substituir a discussão a respeito da separação entre conceito e tipo pela demonstração de que o tipo é apenas uma espécie de conceito".[45] Seria estéril fazer aqui um apurado de todos os possíveis significados dos termos *tipo* e *conceito*, pois o que mais diretamente importa é a ideia subjacente ao termo e não o exame histórico ou sociológico do emprego de cada uma das referidas palavras, já que não há linearidade.

O *tipo*, na acepção dada por Larenz, se torna importante diante da insuficiência do conceito jurídico para pensar e representar algumas realidades, especialmente em face das alterações pelas quais passam ao longo do tempo. Na verdade, os *conceitos*, sejam eles determinados ou indeterminados, não se confundem com os *tipos*. Trata-se, *seja qual for o nome que se lhes dê*, de duas formas diferentes de raciocinar, ou de representar a realidade por meio de palavras.[46] A questão, novamente, é mais cognitiva que meramente linguística. Ao conceituar, o cérebro parte de *modelos ideais*, construídos no plano da abstração, e em seguida procura verificar quais parcelas da realidade se encaixam nesses modelos previamente construídos. Como explica Yonne Dolácio de Oliveira,[47] a mente humana, ao *conceituar*, apreende as propriedades dos objetos, separadamente, designando-as por nomes. Em seguida, usando essas características, previamente separadas, constroem-se conceitos, para os quais algumas delas são consideradas essenciais, enquanto outras são descartadas.

É por isso, por serem construídos a partir de parcelas da realidade previamente selecionadas, que os conceitos podem ser elaborados até mesmo para designar objetos que não existem na realidade fenomênica.

---

43. Humberto Ávila, *Sistema Constitucional Tributário*, cit., p. 169.
44. Misabel Abreu Machado Derzi, *Direito Tributário, Direito Penal e Tipo*, São Paulo, Ed. RT, 1988, p. 32.
45. Humberto Ávila, *Sistema Constitucional Tributário*, cit., p. 167.
46. Misabel Abreu Machado Derzi, *Direito Tributário, Direito Penal e Tipo*, cit., p. 53.
47. Yonne Dolácio de Oliveira, *A Tipicidade no Direito Tributário Brasileiro*, cit., p. 14.

Exemplificando, alguém poderia observar elefantes, e abstrair deles algumas características, tais como a existência de glândulas mamárias nas fêmeas, pelos, uma pele grossa, presas, trombas e grandes orelhas. Em seguida, com essas características, poderia ser feito um "conceito" de elefante, que as reunisse. Mas note-se que os elefantes observados certamente têm inúmeras outras características, que foram desprezadas na construção do conceito. E com tais características, assim abstraídas e selecionadas, poderia ser imaginada – e em seguida conceituada – uma criatura imaginária, formada com a junção delas e das características de outros animais existentes, como as aves. Poder-se-ia pensar, assim, em um elefante alado. É o que se dá em relação ao unicórnio, ao minotauro e ao centauro, dentre outras figuras imaginárias ou mitológicas.

É certo que a construção (definição do conceito[48]) parte de uma observação inicial, mas nessa observação se buscam características que, como explicado, são decompostas, e depois selecionadas e reunidas para a construção desse modelo ideal e abstrato; uma vez construído o modelo, outras parcelas da realidade, análogas à primeira, poderão ser com ele comparadas. Se não houver o encaixe perfeito, o dado fático que não se encaixa não pode ser representado por meio daquele conceito.[49]

Ao tipificar, por sua vez, o cérebro descreve a realidade concreta, associando essa descrição a uma palavra e fazendo alusão a características que, não obstante, sabidamente podem se alterar ao longo do tempo ou nem sempre estar presentes, sem que, só por isso, aquela parcela da realidade deixe de ser representada pela palavra correspondente.

Quando se pensa no conceito de uma dada parcela da realidade, esta é vislumbrada sem relação direta com aspectos característicos de uma época, desconsiderando-se o fato de que tais aspectos podem ser abandonados ou incorporados, ao longo do tempo. Aliás, a própria construção do conceito "empobrece" a realidade, pois se selecionam características julgadas "essenciais", desprezando-se outras, sendo certo que o objeto real é formado por todas elas, ligadas de forma indissociável. Com base em tais caracteres tidos por essenciais, constrói-se o conceito, que, no momento subsuntivo posterior, há de ser completamente atendido pela materialidade a ser por ele representada.

Por outro lado, ao se pensar por tipos, leva-se em consideração a totalidade de características dessa dada parcela da realidade, mas escolhe-se um "exemplar" (médio ou ideal) representativo desta como um *tipo*. Descrito o tipo, ou o exemplar típico, porém, sabe-se que ao termo a ele associado

---

48. Rafael Bielsa, *Los Conceptos Jurídicos y su Terminología*, 3ª ed., Buenos Aires, Depalma, 1993, p. 25.
49. Karl Larenz, *Metodologia da Ciência do Direito*, 3ª ed., cit., pp. 306-307.

podem corresponder também parcelas da realidade ligeiramente diferentes daquela descrita (*típica*), que até podem não ter todas as características do exemplo "típico". O encaixe, aliás, será sempre levado a efeito por uma questão de *grau*, de maneira não subsuntiva,[50] diversamente do que se dá no caso dos conceitos, em que o encaixe ou a correspondência entre eles e a realidades por meio deles designada se dá por uma lógica dual de tudo ou nada.[51] A conceituação e a tipificação, portanto, são processos que implicam abstração de ideias, mas a tipificação, por estar voltada às características da realidade (que não é composta de divisões estanques), é mais concreta. Daí por que, para Larenz, os tipos não se definem, descrevem-se, podendo representar realidades que não reúnem todas as características usadas na descrição, mas que possuem um número significativo delas.

Fundado em Umberto Eco, Marco Aurélio Greco faz alusão a duas formas de raciocinar que guardam paralelo com a distinção entre *tipos* e *conceitos*. Alude a conhecimento por categorias e, como forma diversa, conhecimento por propriedades. No primeiro, haveria uma tentativa de explicar o sentido das palavras por meio de um dicionário (conceitos). No segundo, essa tentativa se daria por meio de uma enciclopédia (tipos). Na visão que ele apelida de "dicionarial", "parte-se de uma classificação preestabelecida de objetos para, a partir dela, tentar enquadrar a realidade nos diversos escaninhos teóricos". E, nesse caso – veja-se como se trabalha com a distinção entre *tipos* e *conceitos*, embora com o recurso a outras palavras – "o objeto do mundo que não possuísse as características pertinentes àquela categoria, tal como expressa no dicionário, não poderia ser designada por aquela palavra e a assertiva que a contivesse seria falsa". Já na visão "enciclopédica", tem-se uma descrição complexa da realidade, em todas as suas múltiplas facetas, sendo certo que "o relevante é a mensagem e a existência de comunicação entre as pessoas e não a formalidade categorial de um dicionário".[52]

Os estudiosos da matéria tratam,[53] nessa ordem de ideias, de algumas espécies de tipos, as quais têm em comum as notas acima resenhadas, mas apresentam entre si algumas diferenças que justificam uma classificação. Cogitam-se, assim, por exemplo, de *tipo ordem, tipo total, tipo médio ou de frequência, tipo teleológico* e *tipo jurídico estrutural*.

---

50. Karl-Heinz Strache, *Das Denken in Standards - Zugleich ein Beitrag zur Typologik*, Berlim, Duncker & Humblot, 1968, p. 65.

51. Kees van Deemter, *Not Exactly: in Praise of Vagueness*, cit., p. 117.

52. Marco Aurélio Greco, *Contribuições (Uma Figura "Sui Generis")*, São Paulo, Dialética, 2000, p. 86.

53. Yonne Dolácio de Oliveira, *A Tipicidade no Direito Tributário Brasileiro*, cit., pp. 7 e ss.; Karl Larenz, *Metodologia da Ciência do Direito*, 3ª ed., cit., pp. 306 e ss.

Por *tipo ordem* entende-se aquele que designa objetos que estão em uma relação de sequência ou sucessão, de forma fluída. Subjaz a essa classificação a ideia de que há um objeto que antecede e outro que sucede aquele de cuja consideração se cogita, havendo gradação nas notas características conforme se avança ou retrocede na sequência.[54] É o caso do que ocorre com as espécies vivas, se comparados os animais de determinada espécie, existente na atualidade, com seus antepassados, em uma linha sucessória que, no limite, conduziria ao primeiro ser vivo surgido no mundo, mas que teria em seu percurso mudanças graduais imperceptíveis de uma geração para outra. Voltar-se-á a essa ideia adiante, quando se fará alusão à maior adequação dos tipos para designar parcelas da realidade fenomênica ou sensível.

Já por *tipo total* se referem aqueles que designam certos objetos, apreendidos pela experiência, aludindo a características que estão entrelaçadas nesses objetos, mas que não necessariamente estão integralmente presentes em todos eles.[55] É o caso para usar exemplo empregado por Heyde –, da "típica casa de campo da baixa saxônia".[56] Essa típica casa tem características particulares, às quais se chega por meio da experiência, mas é seguro que nem todas – ou talvez pouquíssimas – casas da baixa saxônia as ostentem integralmente. Podemos usar outros exemplos, mais próximos à realidade brasileira, que talvez facilitem a compreensão.

Quando se cogita, por exemplo, de um "novo rico típico", alude-se a uma figura, construída por meio da experiência, quase que caricata por ostentar todas as características que se mostram entrelaçadas nos "novos ricos" reais e concretos. Mas é pouco provável que a totalidade dos novos ricos as tenham todas. O mesmo pode ser dito do "típico aluno de primeiro semestre", ou da "típica casa de pescador do nordeste brasileiro". A alusão a essas expressões faz brotar, na mente de quem as ouve (e conhece a realidade designada) uma imagem caricata daquele objeto, à qual várias parcelas da realidade concreta poderão ser equiparadas, sem, contudo, que todas essas parcelas equiparadas ostentem a integralidade das características "típicas".

O *tipo médio* ou *tipo de frequência*, por sua vez, é aquele que designa situações em que o exemplar "típico" diz respeito a uma média de situações variantes. Quando se cogita de "homem médio", ou "duração média de um processo", ou ainda de "estatura média de um menino de 6 anos", se está fazendo alusão a um padrão obtido através da figura intermediária entre exemplares díspares.

---

54. Yonne Dolácio de Oliveira, *A Tipicidade no Direito Tributário Brasileiro*, cit., p. 8.
55. Id., ibid., p. 9.
56. Cf. Karl Larenz, *Metodologia da Ciência do Direito*, 3ª ed., cit., p. 308.

Imagine-se, por hipótese, que na população de determinada cidade a estatura das pessoas adultas, do sexo feminino, varia entre 1,50m e 1,80m, sendo possível construir o gráfico abaixo. Nesse caso, o tipo médio ou de frequência designaria aquelas situadas no topo da curva, não sendo possível, contudo, designar com clareza os "limites" da situação típica. Essas, aliás, são as notas comuns a todas as espécies de tipo: são construídas a partir da realidade e respeitam, por isso mesmo, a gradação inerente a essa mesma realidade, que não possui limites precisos:

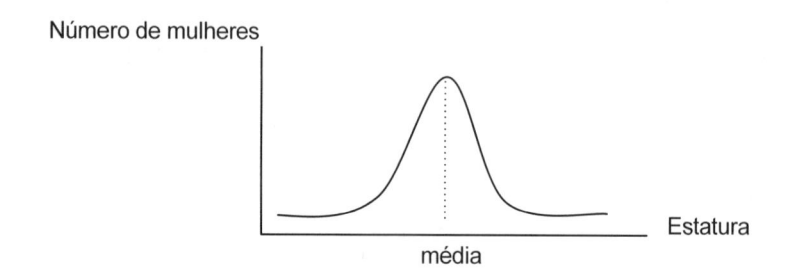

[Gráfico: curva em forma de sino com eixo vertical "Número de mulheres" e eixo horizontal "Estatura", com "média" indicada no pico da curva]

Tipo teleológico designa objeto ou figura ideal, que possui todas as características que se *espera* ou *deseja* dos objetos designados pelo tipo, mas que se sabe não estarem todas presentes neles. É o caso, por exemplo, de quando se fala em "democracia". Se a palavra "democracia" for vista como um conceito fechado, chega-se ao paradoxo de concluir que nenhuma sociedade humana é democrática, pois não possui todas as características tidas por "essenciais" a uma democracia. Ou, dependendo de como o conceito seja formulado, pode-se concluir, diversamente, que praticamente todas as sociedades humanas são democráticas, e, pior, não precisam sofrer nenhuma mudança para se tornarem ainda mais democráticas. Pode-se dizer, por isso, que democracia é conceito ao mesmo tempo prescritivo e descritivo, mas o que parece mais adequado, realmente, é defini-la como tipo ideal ou teleológico. Há, veja-se, tal como em relação às outras espécies de tipo, a ideia de gradação, de características que nem sempre estão todas presentes, e da inexistência de limites precisos.

Finalmente, *tipos estruturais* são aqueles alusivos à estrutura de uma relação jurídica. São, a rigor, subdivisão dos *tipos totais*, representando *tipos totais de figuras jurídicas* (*v.g.*, contratos).[57] No dizer de Larenz, "o legislador regulamentou-os, porquanto os encontrou previamente na realidade da vida jurídica, apreendeu-os na sua tipicidade e adicionou-lhes as regras que considerou adequadas". Trata-se de *tipo* porque o legislador

---

57. Yonne Dolácio de Oliveira, *A Tipicidade no Direito Tributário Brasileiro*, cit., p. 12.

não os inventou, mas descobriu-os, porquanto não os tomou simplesmente da tradição jurídica. Mesmo no último caso, poderiam ter surgido originariamente na vida jurídica. O legislador não precisa, bem entendido, de assumir o tipo precisamente tal como se formou na vida jurídica; pode, mediante a sua regulamentação, introduzir-lhe novos traços e descurar outros.[58]

Os exemplos acima empregados parecem úteis à compreensão do que sejam os "tipos". Como ocorre com as classificações em geral, poder-se-ia cogitar, ainda, de outras espécies de tipos, obtidas com o uso de critérios classificatórios distintos. Mas não é o propósito deste trabalho descer às minúcias do estudo do tipo e de suas classificações. As que acima foram explicadas parecem suficientes a demonstrar as situações em que o tipo é utilizado, e sua adequação em relação a elas. Embora distintas, como já explicado, todas elas têm elementos em comum, que permitem afirmar que, embora diversos, são todos "tipos", a saber: a referência mais próxima à realidade, o caráter gradual, a totalidade, a inexistência de limites precisos e, o que é mais relevante, a alusão a características que nem sempre estão inteiramente presentes.

Nesse contexto, poder-se-ia questionar a necessidade de se recorrer ao pensamento tipológico, como forma de abarcar a totalidade do real. Isso porque, sendo o conceito formulado sem referências a características específicas, seria atemporal e, assim, mais adequado aos propósitos de clareza e precisão da linguagem.

Na verdade, apesar de o conceito ser formulado por abstração, sem apego específico a características de uma dada realidade, a partir do momento em que ele é apreendido por palavras, em formulações doutrinárias ou jurídico-normativas, estas terminam por colher características específicas fazendo parecer com que seja da essência da realidade algo que é apenas parte de sua manifestação. Daí a inadequação de seu uso na representação de qualquer realidade concreta e, nessa condição, imperfeita e mutável. Quando se usam *tipos* isso não ocorre, até porque eles são desde logo tidos como mero exemplar do todo da realidade.

Assim, Larenz tem razão ao afirmar que, "quando o conceito geral-abstracto e o sistema lógico destes conceitos não são suficientes por si para apreender um fenômeno da vida ou uma conexão de sentido na multiplicidade de suas manifestações, oferece-se então o *tipo* como forma de pensamento".[59] Essa forma, como será explicado a seguir, parece mais adequada para referir realidades concretas, diversamente dos *conceitos*, os

---

58. Karl Larenz, *Metodologia da Ciência do Direito*, 3ª ed., cit., p. 663.
59. Id., ibid., pp. 655-656.

quais, embora também se prestem a isso, são mais apropriados para designar realidades abstratas, ou suprassensíveis, conforme será explicado a seguir.

2.2.1 Maior adequação dos tipos para designar parcelas da realidade concreta

O pensamento por *tipos* e o pensamento por *conceitos* são duas formas de raciocinar e de referir a realidade concreta que não necessariamente se excluem. É possível conceituar determinada parcela da realidade, da mesma forma como é possível se reportar a ela fazendo o uso de *tipos*. Como será explicado a seguir, o pensamento conceitual parece mais adequado para a remissão a parcelas da realidade ideal, ou suprassensível, como as formas geométricas, os números etc. Já o pensamento tipológico mostra-se mais pertinente na referência a parcelas da realidade concreta ou fenomênica, que, diversamente da realidade suprassensível, não obedece a divisões estanques que a mente humana artificialmente cria para melhor compreendê-la.

Imagine-se, por exemplo, que um cientista médico pretendesse *conceituar* determinada doença (doença "d"), definindo-a como aquela causada pelo microrganismo "m", que ataca o órgão "o", provocando sintomas "s_1", "s_2" e "s_3", sendo "s_3" uma febre de 38º. Definido o conceito da doença nesses termos, com absoluta precisão, o paciente que tivesse seu corpo infectado pelo microrganismo "m", atacando o órgão "o", mas experimentasse apenas os sintomas "s_1" e "s_2", não relatando nenhum estado febril, não poderia ser considerado portador da moléstia, pois o fato não poderia ser "subsumido" ao conceito criado, à míngua de uma de suas características, a saber, o sintoma "s_3". A complexidade do organismo humano e de suas relações com o meio que o cerca, bem como com outros organismos e microrganismos, contudo, faz com que o leitor anteveja, facilmente, o absurdo de uma tentativa assim.

Na verdade, os livros de Medicina descrevem manifestações *típicas* da doença, fazendo uso de algo que seria classificado por Larenz como *tipo total*. Mas mesmo os pacientes que não sofrem de todos os sintomas presentes em tais manifestações típicas podem, ainda assim, ser considerados portadores da moléstia descrita. Basta que, tomando de empréstimo as palavras de Larenz, as notas características tidas como típicas estejam presentes em tamanho grau e intensidade que a situação de fato "no seu todo" corresponda à imagem fenomênica do tipo.[60]

Do que seja um "número primo", por sua vez, é possível estabelecer um *conceito*. É aquele número natural que tem apenas dois divisores distintos,

---

60. Id., ibid., p. 307.

o número um e ele mesmo. Não há um exemplo "típico" de número primo, nem números que, gradualmente, supostamente se vão afastando dele, sendo assim "gradualmente menos primos". Todos os números primos reúnem essas características integralmente, sob pena de não poderem ser assim considerados. Trata-se de um conjunto fechado, com linha divisória precisa: os elementos estão dentro dele, ou fora.[61]

Tais exemplos mostram, maior adequação do raciocínio tipológico para designar realidades fenomênicas concretas e complexas, assim como a maior pertinência dos conceitos no âmbito das realidades suprassensíveis ou ideais.

Mas isso não quer dizer que não possam os conceitos ser usados para designar realidades concretas. Primeiro porque pode ser desejável justamente desconsiderar a vaguidade ou a inexistência de contornos precisos inerente à realidade. E, sobretudo, porque a distinção entre fatos brutos (o cair de uma pedra) e fatos institucionais (as regras de um jogo), ou entre realidades concretas e suprassensíveis, também não é estanque, porquanto a criatura humana atribui sentido a fatos brutos, institucionalizando-os, em maior ou menor grau.[62]

Avó, por exemplo, é palavra cujo significado pode ser determinado de forma conceitual, mas também de forma tipológica, e serve para mostrar que nem sempre o recurso aos tipos leva necessariamente a palavras de significação mais ampla e abrangente. Se se recorre a conceito, avó é a mulher mãe do(a) genitor(a) de alguém. Qualquer uma que se subsuma a esse conceito será assim considerada. Mas, se se pensa na *típica avó*, existe um exemplar típico, que pode mudar conforme o tempo e o lugar, mas que ainda hoje talvez seja representado por uma senhora madura, um tanto fora de forma, usando óculos de leitura presos a uma correntinha pendurada no pescoço e sentada em uma cadeira de balanço. Estaria bem distante dessa *figura típica* uma maratonista de 40 anos que, tendo sido mãe muito jovem, tiver recentemente assistido ao nascimento de sua primeira neta.

Outro exemplo é a palavra *família*. Quando utilizada como um conceito, busca-se, na determinação de seu sentido, por meio de palavras, delimitar a realidade representativa da família de uma forma mais abstrata e genérica, porém com contornos mais nítidos, de forma que aquele agrupamento humano que não se enquadra no conceito não pode ser com ele identificado, mesmo se somente uma pequena característica componente do conceito estiver ausente. Diante disso é que muitos *conceituavam* família, no passado, como grupo de pessoas com laços de parentesco ou adquiridos, unidas por convicção ou interesse comum, construído a partir da união de

---

61. Kees van Deemter, *Not Exactly: in Praise of Vagueness*, cit., p. 117.
62. Para exemplo da utilização da palavra "homem" como tipo ou como conceito, confira-se Karl Larenz, *Metodologia da Ciência do Direito*, 3ª ed., cit., p. 652.

um homem e uma mulher. Para Silveira Bueno, por exemplo, em definição editada em 1972, família é "conjunto de pai, mãe e filhos, pessoas do mesmo sangue, descendência, linhagem".[63]

No que diz respeito a esse último aspecto da definição, a união de duas pessoas para a formação inicial de um núcleo familiar, pode-se dizer que, de um modo geral, o Ordenamento Jurídico sempre fez referência à união entre homem e mulher. Para constatá-lo, basta ler o art. 226, § 3º, da CF/1988, no que tange à referência que faz à união estável. Seria essa referência parte de um *conceito*, ou apenas de um exemplo *típico* (mas não exclusivo) de *família*?

Estudado o direito de forma mecânica e subsuntiva, família poderia ser vista como conceito, e a falta de um dos elementos da definição levaria o grupo a não ser considerado uma família e, nessa condição, não gozar do regime jurídico a ela relativo, das proteções e benefícios correspondentes etc. Compreendido o direito, porém, de forma *orientada a valores*, mesmo grupos humanos não dotados de todas as características da descrição, mas compostos de um número significativo delas, capaz de atrair ao grupo a necessidade de proteção correspondente, deveriam ser assim considerados. Daí por que se diz que o raciocínio tipológico, no âmbito do Direito, está diretamente relacionado a um raciocínio orientado a valores. O que importa, diante das situações fáticas, para saber quais normas se lhes aplicam, não é tanto a ausência ou a presença dessa ou daquela pequena característica, mas a totalidade do conjunto.

Por outras palavras, na realidade das relações, características mais abrangentes estavam e estão presentes nesse fenômeno representado pela palavra *família*, que, visto como *conceito*, não pode ser flexibilizado para considerá-las, mas, caso seja visto como um *tipo*, sim. E foi isso o que a jurisprudência, pelo menos no Brasil, fez. Num movimento gradativo, reconheceu a abertura dessa realidade, atribuindo efeitos jurídicos de "família" a grupos que não têm todas as características de uma "típica" família do século XX, mas as ostentam em quantidade suficiente para serem assim considerados, diante da finalidade das normas a tanto pertinentes.

Pode parecer, em uma tese dedicada às normas de competência tributária, impertinente tratar-se de *famílias*, sejam elas típicas ou não. O que importa, porém, é compreender que ao se considerar *família* de uma forma conceitual, se faz uma abstração, sem se atentar para as características totais da *família*, nem, cumpre notar, para a razão de ser de se estar protegendo aquele grupo de pessoas de forma peculiar. Isso é incompatível com um raciocínio jurídico orientado por valores (e, *a fortiori*, por princípios

---

63. Francisco da Silveira Bueno, *Dicionário da Língua Portuguesa*, São Paulo, CBL, 1972, p. 469.

jurídicos), pois essa razão pode justificar a proteção de outros grupos que possuem muitas, mas não todas, as características da definição, vista de forma fechada.

Quando, por outro lado, a norma se limita a apontar exemplo "típico" de família, se imagina quais são suas características mais marcantes, para criar um exemplar. Mas exatamente porque se trata de um modelo, sabe-se que o tipo não abarca toda a realidade, sendo apenas um exemplar. Se no final do século XX a família *típica* é aquela formada pelo casamento de um homem com uma mulher, união esta que gera três filhos, isso não impede que se reconheça, também como família, variações do exemplo típico. Essas variações podem dizer respeito à forma de união, abrangendo a união estável, em vez de casamento. Mas é possível que se refiram, as variações, às pessoas que celebram a união, a saber, homem e mulher, ou duas mulheres, ou dois homens, ou ainda à quantidade de filhos (dois, quatro, um, nenhum...). Mas note-se: a variação pode dizer respeito, também, à origem dos filhos, gerados pelo sexo entre o casal, depois da união e em virtude dela, ou antes (tendo sido a união talvez provocada pela concepção), ou mesmo entre a mulher integrante da união e um terceiro, com ou sem o conhecimento do(a) seu(ua) parceiro(a). Ainda quanto à origem, os filhos podem ser adotivos, ou biológicos de apenas um dos membros da união, hipótese na qual talvez sejam até mesmo oriundos de união anterior, ou fruto de procedimento de reprodução assistida. Enfim, é impossível delimitar, previamente, todas as variações possíveis.

O que importa é que, mais próximos ou mais distantes do exemplar típico, são todos esses grupos considerados uma "família" quando, novamente fazendo uso das palavras de Larenz, as notas características tidas como típicas estejam presentes em tamanho grau e intensidade que a situação de fato, "no seu todo", corresponda à imagem fenomênica do tipo.[64] Para tanto, é preciso que se examine a motivação que levou o exemplo "típico" a ser considerado uma família. Estando ela presente nos demais grupos, a caracterização destes como família é necessária. Há procedimento semelhante àquele levado a efeito quando se realiza uma analogia, pois se busca um "elemento relevante" para tratar situação variante da mesma forma prevista para uma situação "típica", chamado nesse caso de "natureza da coisa" (*natur der Sache*).[65]

---

64. Karl Larenz, *Metodologia da Ciência do Direito*, 3ª ed. cit., p. 307.
65. Arthur Kaufmann, *Analogía y Naturaleza de la Cosa: Hacia una Teoría de la Comprensión Jurídica*, cit., p. 35. Para Kaufmann, aliás, não há distinção entre interpretar e integrar, pois todo ato de aplicação da norma implica, em alguma medida analogia. É que as situações fáticas (fatos geradores) nunca são idênticas, em tudo, às situações hipoteticamente descritas (hipótese de incidência). Há sempre que se proceder, em alguma medida, à analogia entre umas e outras. A questão, de rigor, é de grau.

Assim, caso tais características mudem ao longo do tempo, e aqueles atributos que antes não haviam sido considerados tão importantes assumam papel de maior relevância, um número maior (ou menor) de realidades poderá ser alcançado, e o próprio exemplar "típico" poderá ser alterado (veja-se que a família "típica" de 2012 já não é a mesma de 1912), a fim de que a palavra continue designando com fidelidade a realidade por ela representada.

O *tipo*, portanto, é marcado pela totalidade, pela possibilidade de gradação, e pela abertura. É por isso que se afirma, vale insistir, que o raciocínio "tipológico", ou através de tipos, é mais adequado para representar a realidade concreta, ou fenomênica, à qual temos acesso por meio dos sentidos. Um raciocínio "conceitual", por sua vez, tem maior adequação, se empregado para representar objetos ideais.

Voltando a exemplo utilizado anteriormente, recorde-se que não há, na realidade, divisão estanque entre espécies animais, seja entre as atualmente existentes, seja entre as espécies extintas, seja, ainda, entre as atualmente existentes e as que as antecederam no processo evolutivo. Embora haja inegáveis diferenças entre um coelho e o seu ancestral mais próximo, caso fossem colocados em fila, estando ao final dela o ancestral do coelho, e em seu início o coelho contemporâneo, intermediados pelos milhões de exemplares que existiram entre um e outro ao longo de milhões de anos, não seria possível observar, em nenhum deles, mudança significativa em suas características. Mas, comparado o animal situado no início da fila com aquele situado ao seu final, percebem-se diferenças marcantes, havendo aí o que a doutrina que cuida do raciocínio tipológico o chamado *tipo de ordem*.[66]

A realidade fenomênica segue essa dinâmica, e um raciocínio puramente conceitual, essencialista e dualista, de raiz platônica, não é capaz de perceber isso, tendo sido, na visão de Richard Dawkins, provavelmente, uma das razões pelas quais a humanidade levou tanto tempo para perceber algo tão elementar quanto a evolução das espécies. No dizer de Dawkins,

> se existe um "coelho padrão", essa honra denota nada mais do que o centro da distribuição numa curva normal dos coelhos reais que correm, saltam e variam entre si. E essa distribuição muda ao longo do tempo. Com o passar das gerações, pode-se gradualmente chegar a um ponto, não claramente definido, no qual o tipo usual daquilo que chamamos de coelho terá mudado tanto que merece outro nome.[67]

---

66. Yonne Dolácio de Oliveira, *A Tipicidade no Direito Tributário Brasileiro*, cit., p. 8.

67. Richard Dawkins, *O Maior Espetáculo da Terra: as Evidências da Evolução*, trad. Laura Teixeira Mota, São Paulo, Cia. das Letras, 2009, pp. 29-30. Não obstante, nas palavras de Dawkins, para a mente encerrada em antolhos platônicos, que buscam uma "coelhidade permanente" ou uma "essência de coelho", aventar "que o coelho típico de hoje poderia ser

Isso se dá, como se disse, em relação a toda a realidade fenomênica. O que Dawkins escreve a respeito das espécies biológicas pode ser dito, da mesma forma, da língua, apenas para ficar em mais um exemplo. O que caracteriza um idioma? Portugueses e brasileiros falam a mesma língua? Se colocássemos em uma fila todas as pessoas do planeta, tomando como critério a semelhança do idioma por elas falado, teríamos uma total identidade da língua falada por uma pessoa dessa fila e por aquela situada imediatamente antes ou depois dela. Na medida em que a distância aumenta, as diferenças se tornam mais marcantes, até que, sem que se faça possível perceber o local preciso da mudança, a primeira da fila e aquela localizada milhares de posições atrás, se colocadas para dialogar entre si, já não conseguirão de forma alguma se entender.[68]

A complexidade do mundo fenomênico cria o que os filósofos chamam de *paradoxo de sorites*, ou *paradoxo do monte*. A adição de um elemento imperceptível e irrelevante a alguma coisa pode, se repetida, paradoxalmente conduzir a uma diferença bastante perceptível. 0,5 decibéis, por exemplo, é uma medida de som considerada inaudível ao ouvido humano, e, nessa condição, irrelevante. Da mesma forma, um som de 20,0 decibéis é considerado muito baixo para ser ouvido. Se acrescentarmos irrelevantes e inaudíveis 0,5 decibéis a um som de 20,0 decibéis, o resultado será um som de 19,5 decibéis, ainda inaudível. Mas, se seguirmos acrescentando tal quantia irrelevante e inaudível, em determinado momento chegaremos a +150 decibéis, algo tão estrondosamente elevado que é capaz de danificar o organismo humano. O paradoxo consiste em, acrescentando parcelas insignificantes, chegar-se a resultado expressivo, não sendo possível afirmar quando a diferença passou a ser significativa. Afinal, não poderemos dizer que, por ter a escala sido composta de vários acréscimos da quantia inaudível de 0,5 decibéis, os +150 são **inaudíveis**?[69]

Há vários outros exemplos do **paradoxo, inclusive** na cultura popular brasileira. Não é o caso de mencioná-los todos aqui. O que importa é notar, com eles, que a realidade fenomênica é, assim, desprovida de divisões ou limitações estanques. Para lidar com ela, não é apropriada uma lógica do "tudo ou nada", mas uma lógica do "mais ou menos", pois tudo é uma questão de grau, em maior ou menor medida.

Já no que tange à realidade ideal, ou suprassensível, à qual temos acesso por meio da razão, e não dos sentidos, há objetos ideais, com características que os distinguem radicalmente de outros, de forma clara e estanque. É o

---

diferente do coelho típico de 1 milhão de anos atrás ou do coelho típico de 1 milhão de anos antes ainda, parece violar um tabu interno".

68. Kees van Deemter, *Not Exactly: in Praise of Vagueness*, cit., p. 64.
69. Id., ibid., p. 11.

caso de círculos, quadrados e triângulos perfeitos, ou de números primos, ou de números pares e de números ímpares.[70]

É claro que, como já explicado, se pode referir a realidade concreta com o uso de conceitos, mas eles sempre mutilarão a realidade, que, em sua complexidade, é, a rigor, incindível.[71]

2.2.2 Tipos e conceitos indeterminados

Diante da referência à abertura, e principalmente à inexistência de limites claros entre a parcela designada pela palavra e os demais aspectos da realidade, poder-se-ia suscitar a possível identidade entre *tipos* e *conceitos indeterminados*.

Não há, porém, a identidade, pois se está diante de categorias lógicas distintas. Quando se cogita de um conceito indeterminado, a abertura (ou aparente abertura) decorre da dificuldade de precisar a extensão do seu significado, mesmo estaticamente considerado. Isso não implica que esse significado mude ao longo do tempo, ou que a realidade designada pela palavra sofra transformações. É o que acontece, por exemplo, com a palavra *careca*, caso vista como um *conceito*. Já quando se manejam *tipos*, a abertura se deve à possibilidade de acolhimento ou de abandono de algumas das características do todo, que podem passar a ser consideradas relevantes, ou irrelevantes, a depender das circunstâncias. Aliás, o *típico careca* talvez não seja alguém que não possui nenhum cabelo, mas aquele com alguns tufos próximos às orelhas, por exemplo, o que evidencia a diferença entre o raciocínio tipológico e o conceitual, mesmo visto este último à luz dos conceitos indeterminados.

Embora as figuras sejam semelhantes, se chega a elas por maneiras de raciocinar diferentes. Quando se conceitua, mesmo de forma indeterminada, se parte da premissa de que existe uma ideia ou essência imutável designada por aquela palavra, independentemente da realidade fenomênica. Se o conceito for indeterminado, apenas não se conhecem com clareza os limites dessa ideia, que, não obstante, existem. Pode-se dizer, inclusive, que a indeterminação não é propriamente do conceito, mas do termo que o designa.[72] Quando se recorre, por sua vez, ao raciocínio tipológico, o que

---

70. Daí por que Karl Engisch afirma que todos os conceitos são, em alguma medida, indeterminados, com exceção daqueles alusivos aos números. Cf. Karl Engisch, *Introdução ao Pensamento Jurídico*, trad. J. Baptista Machado, 8ª ed., Lisboa, Fundação Calouste Gulbenkian, 2001, p. 208.

71. Edgar Morin, *Introducción al Pensamiento Complejo*, Barcelona, Gedisa, 1998, *passim*.

72. Eros Roberto Grau, *Direito, Conceitos e Normas Jurídicas*, cit., pp. 72 e ss.

se faz é descrever a realidade, sem apego a uma essência predefinida a ser nela apenas "encontrada".

Por outro lado, precisamente porque os conceitos indeterminados possuem limites, os quais, porém, são de difícil identificação (estando, de rigor, a indeterminação no termo que os enuncia), sua utilização não confere liberdade ao intérprete da norma correspondente.[73] Essa liberdade é apenas aparente, podendo, sempre, a instância revisora considerar que os limites do conceito não são aqueles indicados pelo intérprete cujo ato se revisa. Não é o que se dá quando se utilizam tipos, os quais conferem maior liberdade ao seu intérprete na associação entre os termos que os enunciam e as realidades por meio deles enunciadas.

Tais características permitem ao tipo maior evolução, acompanhando as mutações nas características da realidade que parecem mais preponderantes em um dado momento. Misabel Derzi pondera, porém, que "conceitos jurídicos e classificações não são, por sua própria natureza, imutáveis, eternos, mas sempre ligados a lentas mutações de significações ou alterações legislativas. O sistema jurídico é histórico e aberto".[74] De uma forma mais incisiva, já que não concorda com a separação entre tipos e conceitos, Humberto Ávila aponta que

> a porosidade é também característica para todos os conceitos. Se a abertura é identificada com a irrestringibilidade dos elementos distintivos, também não representa nenhuma particularidade do tipo. Toda e qualquer norma jurídica está caracterizada conforme as indeterminidades linguísticas e estruturais com qualquer espécie de irrestringibilidade.[75]

A evolução do tipo, porém, é diferente da mera evolução da linguagem. De certo modo, pode englobá-la, mas a abertura do tipo relaciona-se, como se disse, ao relevo que algumas características da realidade passam a ter em dado momento, o que leva ao abandono ou incorporação de algumas delas, dependendo dos valores que orientam o tratamento a ser dado ao todo.[76] E mesmo nos casos em que o conceito possibilita a assimilação dessas características, isso se dá de uma forma muito mais difícil do que em relação ao tipo, já que é próprio deste a possibilidade, de antemão, de haver uma alteração na manifestação da realidade.

---

73. Karl Engisch, *Introdução ao Pensamento Jurídico*, 8ª ed., cit., pp. 216 e ss.
74. Misabel Abreu Machado Derzi, *Direito Tributário, Direito Penal e Tipo*, cit., p. 74.
75. Humberto Ávila, *Sistema Constitucional Tributário*, cit., p. 184.
76. Vale recordar, aqui, o exemplo, empregado itens acima, da "doença típica" e das manifestações dessa doença que, conquanto não reúnam todas as características do exemplo típico, são, ainda assim, exemplos dela.

De uma forma ou de outra, a questão terminológica, aqui, não é relevante, sobretudo se se considerarem os propósitos desta tese. O que importa é perceber que existem palavras cuja significação é aberta, determinada a partir de elementos da realidade concreta, considerados em seu conjunto, mas que, isoladamente, não são essenciais, podendo estar ora inteira, ora parcialmente presentes. E, nesse último caso, as características presentes em uma situação podem não ser, em sua totalidade, as mesmas presentes em outra, e ainda assim haver a possibilidade de se estar diante de realidade a ser designada pela palavra correspondente.

Lembre-se, a propósito, do exemplo da descrição de uma doença, e das várias possibilidades de manifestação desta. E, ao lado dessas palavras, existem aquelas cuja significação é determinada com o uso de definições, devendo a realidade por elas descritas preencher inteiramente as características anunciadas, sob pena de não poder ser designada com a palavra. Recorde o leitor, aqui, o exemplo relacionado aos números primos.

Estando o leitor consciente da existência dessas duas formas de pensar e de designar a realidade, como dito, não é tão relevante saber se uma delas diz respeito a um raciocínio chamado tipológico (que equivale a pensamento por categorias radiais,[77] com a aceitação de gradações), e, a outra, conceitual (que equivale a pensamento por categoria aristotélica), ou se devem ser rotuladas com as palavras "tipo" ou, ao revés, "conceito aberto", "conceito poroso" ou "conceito indeterminado". Não importa admitir se, como defende Humberto Ávila, tipos são apenas uma espécie de conceito. Embora tal afirmação não nos pareça acertada, pelas razões já explicadas, o relevante, aqui, para os propósitos deste trabalho, é saber que existem essas duas formas de rotular a realidade, ou de pensar sobre ela, seja qual for o nome que se lhes dê.

2.3 Tipos e conceitos nas normas de competência tributária

Sendo *tipo* e *conceito* formas de pensar e de referir a realidade, fica a critério do intérprete, a depender do escopo da norma a enunciar, ou das peculiaridades da realidade que se examina, pensar ou entender a norma conceitualmente ou tipologicamente. Em outros termos, saber se as palavras contidas nos textos normativos são *tipos* ou *conceitos* não é algo que possa ser definido *a priori*. Nesse sentido, Misabel de Abreu Machado Derzi constata que

---

77. Sobre a radialidade das categorias e forma de pensar, na psicologia cognitiva, ver Eleonor Rosch, "Principles of categorization", in E. Rosch e B. B. Lloyd, *Cognition and Categorization*, Hillsdale/NJ-Cambridge/MA, Erbaum/MIT Press, 1978. Sobre a influência nas pesquisas linguísticas, com o reconhecimento da radialidade das categorias linguísticas, George Lakkof, *Women, Fire and Dangerous Things: what Categories Reveal about the Mind*, Chicago, The University of Chicago Press, 1987.

a decisão entre tipo e conceito passa-se a nível semântico e não sintático e corresponde aos movimentos de generalização, abstração, determinação, especificação e individualização, inerentes às significações e conteúdos fáticos-axiológicos, que são extraordinários.[78]

Ou seja, se a opção entre *tipo* e *conceito* está relacionada à finalidade da norma a ser anunciada, como de resto ocorre com a forma de determinação do sentido das palavras em geral, em função dos "jogos de linguagem", devem-se analisar as peculiaridades das normas de competência tributária para saber se estas comportam o uso de tipos em sua estrutura.

Luís Eduardo Schoueri precisa o debate tratando exatamente do possível uso de *tipos* nas regras de competência, analisando não só o histórico da legislação brasileira, mas pontuando a constatação dessa possibilidade pela doutrina alemã[79] a propósito da reforma fiscal do sistema germânico. Em um e outro cenário, dá-se o mesmo: as regras de competência não são incompatíveis entre si, vale dizer, não há invalidade pelo fato de seus âmbitos de incidência se sobreporem, mesmo se pensadas por meio de *tipos*, a não ser por opção do legislador e tendo em vista a capacidade contributiva, e, além disso, não há uma lógica racional que justifique a atribuição de competência para um ou outro ente.[80]

Por outras palavras, diferentemente do que se dá com normas proibitivas e normas permissivas, que, se tiverem o mesmo âmbito de incidência, não podem conviver (não é possível permitir e proibir, ao mesmo tempo, a mesma conduta), as normas de competência podem ter, em tese, âmbitos de incidência sobrepostos. É possível, no plano hipotético, que duas pessoas ou entidades tenham competência para fazer a mesma coisa (*v.g.*, fiscalizar atividades potencialmente poluidoras).

Em matéria tributária, a proibição de sobreposição não decorre da *natureza intrínseca* das normas de competência e de uma eventual necessidade de se evitarem conflitos entre elas (que, em princípio, não comprometeriam a coerência do ordenamento), no plano da Teoria Geral do Direito. Decorre, isso sim, de disposições específicas do Direito Positivo brasileiro, conforme explicado ao longo do Capítulo 1, *supra*. Não se trata de uma questão de lógica jurídica, mas de Direito Positivo. Daí a possibilidade, em tese, de serem veiculadas por meio de tipos, sendo do legislador complementar o papel de delimitá-los, para evitar os indesejáveis (mas, em tese, factíveis) conflitos.

---

78. Misabel Abreu Machado Derzi, *Direito Tributário, Direito Penal e Tipo*, cit., p. 56.

79. Klaus Vogel, "Zur Konkurrenz zwischen Bundes- und Landessteuerrecht nach dem Grundgesetz — Über das 'Anzapfen' von 'Steuerquellen'", in *Steuer und Wirtschaft*, 48 (1), Jahrgang 1971, pp. 308 a 316.

80. Luís Eduardo Schoueri, *Direito Tributário*, cit., p. 250.

Aliás, registre-se que Luís Eduardo Schoueri não trata, de uma forma direta, do uso de tipos na enunciação das normas de competência, mas, a rigor, no uso de tipos na própria compreensão dos tributos de cuja instituição se cogita, vale dizer, aos quais dizem respeito as tais regras de competência. Em suas palavras, "nem sempre se extrai, do próprio texto constitucional, um conceito. Muitas vezes, o constituinte apenas se referiu aos impostos a partir de uma aproximação tipológica".[81] Por essa forma de pensar, é o caso de se referir ao "típico imposto de renda", e não propriamente a "típica renda", embora uma coisa esteja, de algum modo, relacionada à outra. Daí por que, para ele, caso se conclua pela utilização de tipos por parte do legislador constituinte, isso decorrerá da circunstância de o constituinte ter se reportado a um tributo que previamente já conhecia, não dando maior atenção ao significado dicionarizado das palavras utilizadas para designá-lo.[82]

Misabel Derzi, por sua vez, não admite o uso de *tipos* nas regras de competência. Segundo a autora, há incompatibilidade entre a rigidez do sistema, decorrente da atribuição de competências privativas e da vedação à bitributação, e a estrutura flexível do tipo, "de características renunciáveis, que admite as transições fluidas e contínuas e as formas mistas".[83]

A observação é acurada, porque realça o ponto a ser enfrentado no exame da adequação entre tipos e regras de competência, a saber: (1) *sendo o tipo aberto, e as competências privativas, tendo cada ente realidades jurídicas próprias e exclusivas para tributar, como é possível que normas de competência se expressem por meio de tipos, graduáveis e interpenetráveis?* Além disso, tendo em vista a observação feita por Ricardo Lobo Torres, de que a formação dos tipos e a concretização dos princípios jurídicos conduzem a uma forma específica de pensamento orientado pelos valores e pelo sistema,[84] (2) *como interpretar regras de competência, aplicáveis eminentemente por subsunção, admitindo em sua estrutura palavras que não se aplicam por subsunção, mas por correlação?*[85] As perguntas foram numeradas e destacadas, para que possam ser enfrentadas organizadamente, na ordem em que enunciadas.

No Capítulo anterior, diante do exame da evolução das Constituições brasileiras, pode-se verificar que, apesar da vedação à bitributação, como os nomes representativos das realidades tributáveis não são precisos quanto a seus limites econômicos e jurídicos, há interpenetração inevitável, que,

---

81. Luís Eduardo Schoueri, *Direito Tributário*, 2ª ed., São Paulo, Saraiva, 2012, p. 251.
82. Id., ibid., pp. 250 e ss.
83. Misabel Abreu Machado Derzi, *Direito Tributário, Direito Penal e Tipo*, cit., p. 103.
84. Ricardo Lobo Torres, "O princípio da tipicidade no direito tributário", *Revista Eletrônica de Direito Administrativo Econômico – REDAE*, n. 5, cit., p. 3.
85. Humberto Ávila, *Sistema Constitucional Tributário*, cit., p. 181.

atualmente, somente é resolvida de forma mais clara pela lei complementar. Algumas expressões usadas na identificação dos tributos, aliás, referem-se a figuras preexistentes, nem sempre havendo inteira convergência entre os âmbitos de incidência dessas figuras e os significados possíveis das expressões que as rotulam. Era o caso, já citado, do imposto sobre o "consumo", e, atualmente, do IPVA.

Além dessa questão nominativa, não há factualmente uma lógica histórica quanto aos fatos que podem ser alcançados por cada um dos entes. Na transição entre uma Constituição e outra, e na vigência de cada uma, os entes federativos debatiam e debatem sobre a extensão do que poderia e pode ser tributado. Na verdade, tal lógica pode até existir em relação a alguns tributos, mas não em relação a todos. Por exemplo, é possível compreender por que a Constituição atribuiu a competência para a instituição dos impostos sobre o comércio exterior à União, mas não há essa mesma lógica quando se considera a divisão do ICMS para Estados e do ISS para os Municípios. Como já afirmado, a forma como se deu a divisão decorre precipuamente de questões históricas.[86]

Ou seja, certo ente conquistou o direito de tributar uma realidade em determinada Constituição e lutou, no âmbito político, para mantê-la nas seguintes, ainda que o tributo respectivo tenha adquirido outro nome. O nome, portanto, utilizado pela Constituição, corresponde a uma realidade que era eventualmente designada por expressões distintas no texto constitucional anterior, à qual se foram agregando ou desagregando características. É o caso do imposto sobre "vendas e consignações", que passou a atender pela denominação de "imposto sobre operações relativas à circulação de mercadorias".

Essa peculiaridade histórica reforça a ideia de que tais expressões devem ser vistas como tipos, em que é possível o abandono ou agregação de características, e não como conceitos fechados. Ou seja, as características da realidade tributável não são tão nítidas como parecem em um primeiro momento, e podem se alterar naturalmente com o passar do tempo.

Aliás, o que se percebe, dos debates havidos no âmbito da assembleia constituinte que culminou com a promulgação da CF/1988, e do exame das Constituições anteriores, é que o constituinte, em cada período, faz alusão a impostos que já conhecia, às vezes mudando-lhes o nome, mas sem uma maior preocupação, palavra a palavra, com as expressões usadas para designá-los. Isso parece confirmar a ideia, aventada por Luís Eduardo Schoueri, de que o uso de tipos pelo constituinte dar-se-ia possivelmente

---

86. Luís Eduardo Schoueri, "Discriminação de competências e competência residual", in Luís Eduardo Schoueri e Fernando Aurélio Zilveti (coords.), *Direito Tributário: Estudos em Homenagem a Brandão Machado*, São Paulo, Dialética, 1998, p. 88.

também no plano da referência ao que seriam os "típicos impostos", e não, ou não apenas, na significação de cada palavra usada na construção da regra de competência.

Assim, muitas vezes, em vez de discutir-se o conceito de renda na Constituição, ou de perquirir se *renda* é tipo ou conceito, dever-se-ia investigar se o constituinte não teria feito alusão ao que tipicamente se considera *imposto de renda*. Os resultados práticos podem ser os mesmos, ou muito semelhantes, mas uma interpretação histórica dos dispositivos constitucionais parece dar apoio à visão de que se deve avaliar o que seriam os "típicos impostos".[87]

Além disso, o conflito gerado pela possível interseção entre as realidades abrangidas pelas diferentes regras de competência, evidentemente, não pode ser resolvido pelos próprios entes da federação, através de lei própria. Nem pode, à luz da tradição histórica do Sistema Tributário brasileiro, ensejar a bitributação. Por isso, nos termos do art. 146, I e III, "a", da CF/1988, deve o legislador complementar resolvê-lo, estabelecendo limites entre as zonas de interseção existentes entre as realidades destacadas para tributação por cada esfera federativa. Isso, evidentemente, não seria necessário se da própria Constituição se pudessem extrair, de forma definitiva, critérios para evitar a sobreposição de competências.

Tem-se, assim, mais uma indicação de que há, na Constituição, normas que podem empregar tipos, e não necessariamente apenas conceitos fechados. Nesse ponto, torna-se mais evidente que não procedem argumentos como o sustentado por Misabel Derzi de que não é possível admitir o tipo na Constituição, porque esta exige um "ou ... ou" e não um "mais ou menos..." ou "tanto mais... quanto menos", assim como haveria uma "promiscuidade entre tributos distintos"[88] na medida em que cada ente poderia, dentro da margem de flexibilidade e graduabilidade própria do tipo, gerar bitributação. Da mesma forma não procede o argumento já citado acima de que o tipo não seria admissível porque admite "formas mistas".[89] E a improcedência dessa argumentação decorre do fato de que a lei complementar, de caráter nacional, irá resolver tanto uma questão como outra. Aliás, essa é precisamente a razão de ser do art. 146, I e III, "a", que de outro modo, como já explicado, seria desnecessário. ISS e ICMS, ITR e IPTU são exemplos de tributos que englobam formas mistas. Muitas realidades alcançáveis por um imposto também seriam, em tese, tributável

---

87. Conforme será examinado mais adiante, no Capítulo 3, esse parece ter sido o raciocínio seguido pelo STF, por exemplo, quando decidiu que o IPVA não poderia incidir sobre aeronaves e embarcações (RE 255.111-SP).
88. Misabel Abreu Machado Derzi, *Direito Tributário, Direito Penal e Tipo*, cit., p. 103.
89. Id., ibid.

por outro, não fosse a lei complementar a definir mais precisamente a hipótese de incidência.

Sendo a zona de interseção o campo de competência da lei complementar (CF/1988, art. 146, I), sempre que essa lei afirmar, *dentro dessa zona*, que determinada materialidade será tributada por um ou por outro dos tributos cujo âmbito constitucional se interpenetra, será válida. Pode-se considerar, assim, referida materialidade como alcançável por um ou por outro ente, a depender, para tanto, do que dispuser a lei complementar, e não propriamente a Constituição. Voltar-se-á ao tema mais adiante, no Capítulo 4.

Não que, com isso, se esteja a afirmar que a Constituição *autoriza* a sobreposição de competências. Absolutamente. Em verdade, é o contrário que se dá, como foi explicado, à saciedade, no Capítulo 1. Mas, como a Constituição pode empregar tipos, e não apenas conceitos, na delimitação dessas competências, faz-se necessário outorgar, à lei complementar, a atribuição de delimitar as suas fronteiras, de sorte a evitar a sobreposição que, de outro modo, poderia se verificar.

Se nas competências fossem empregados conceitos, e não tipos, o legislador complementar não teria *liberdade* para dirimir os conflitos de competência de mais de uma maneira. Essa solução somente seria válida de uma forma, que, podendo assim ser antecipada, sequer demandaria a atuação do legislador complementar. Mas não é o que ocorre. Situações que poderiam ser identificadas tanto na competência de um ente federativo como na de outro podem validamente ser alocadas em qualquer delas, pela lei complementar. Existe, em suma, mais de uma forma juridicamente admissível de resolver conflitos de competência entre ISS e ICMS nas operações mistas, por exemplo, ou entre o IPTU e o ITR.

Aliás, quanto a esses últimos, os próprios critérios veiculados no art. 32, § 1º, do CTN, revelam a presença do raciocínio tipológico, tendo o legislador complementar criado condições para que se possam construir conceitos que impeçam a sobreposição de competências. Veja-se que o dispositivo elenca várias características, que não precisam estar todas presentes, sendo suficiente que se verifiquem pelo menos duas delas. Não se pode dizer, contudo, que seria inconstitucional sutil alteração nesse critério, caso se passasse a exigir a presença de três daquelas características, em vez de duas. O mesmo pode ser dito de pequenas alterações nos itens da lista de serviços que permitem a tributação apartada de ICMS e ISS nas operações mistas.

O que não se admite, à luz do art. 146, I e III, "a", da CF/1988, é serem tais situações deixadas na competência de mais de um ente. Observe-se, em mais um exemplo, o que se dá com o fornecimento de alimentação e bebidas em bares e restaurantes. Trata-se de nítida situação em que as características tanto podem se inserir em um como em outro tipo, não sendo equivocado nem defender que se trata de serviço, nem de que se cuida da venda de mercadorias. O legislador complementar dirimiu o conflito determinando que sobre essa atividade incida apenas o ICMS, mas poderia ter feito o inverso sem incorrer, com isso, em inconstitucionalidade.

Em suma, a evolução histórica, e o próprio papel à Lei Complementar atribuído pela Constituição são fortes argumentos reveladores do uso de tipos, que não podem ser ignorados pelo cientista do Direito. O desenho abaixo bem ilustra a relação que se estabelece entre as parcelas da realidade designadas por *tipos*, e aquelas designadas por *conceitos*, no âmbito das regras de competência. Veja-se que, em relação à primeira figura, não haveria espaço, nem necessidade, para qualquer atuação por parte do legislador complementar, enquanto na segunda seu papel é fundamental para evitar que mais de uma entidade tributante, nas zonas pontilhadas, exerçam a competência de modo a ensejar múltiplas incidências tributárias.

REALIDADE EXPRESSA POR MEIO DE CONCEITOS

| Conceito "A" | Conceito "B" | Conceito "C" |

REALIDADE EXPRESSA POR MEIO DE TIPOS

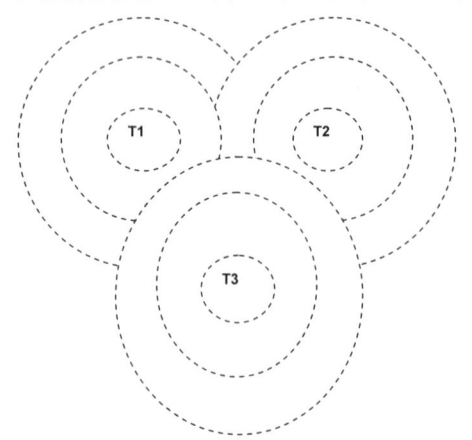

(T1, T2, T3)

A figura é pontilhada para representar a abertura e a graduabilidade do tipo. As interseções entre os círculos, por sua vez, designam aquelas zonas da realidade que ostentam características comuns a mais de um tipo.

Ultrapassado o primeiro questionamento, deve-se enfrentar outro problema levantado acima, relacionado à conciliação entre o uso de tipos e a estrutura das regras de competência. Em verdade, é preciso, aqui, recorrer à elementar diferença entre *norma* e *texto*, lembrando que a primeira é o *sentido* do segundo. Assim, ao se reconhecer que o texto normativo, no que tange às regras de competência tributária, é veiculado com o uso de tipos, não se está afirmando que se esteja diante de princípio, a ser aplicado por meio de ponderação. Simplesmente se está a dizer que o intérprete, na (re)construção do significado do texto, e consequente determinação da norma nele (ou por meio dele) veiculada, terá maior liberdade, a qual, no caso das regras de competência, será prévia e parcialmente exercitada pelo legislador complementar, por força do art. 146, I, da CF/1988, que assim *reduzirá* essa liberdade, que não mais estará disponível aos demais intérpretes da Constituição, sobretudo ao legislador ordinário. O produto dessa (re)construção, porém, não deixará de ser uma regra, aplicável, na maioria dos casos,[90] por meio da subsunção.[91]

Como explicado no Capítulo 1, por mais difícil que seja determinar o sentido do texto da norma de competência, o resultado desse processo continua sendo uma regra, até porque não se concebe alguém dotado de maior ou menor competência. Ou o ato é praticado por alguém a tanto competente, ou não, sem gradações.

A esse ponto, em face de sua importância, será dedicado item próprio, mas não se pode deixar de recordar, logo aqui, a lição de Perelman, para quem a lógica formal, subsuntiva, é de facílima aplicação, no raciocínio jurídico, quando se dispõem das premissas, a saber, se conhece o conteúdo da norma e do fato sobre o qual ela incidiu. O silogismo, então, é perfeito, figurando a norma como premissa maior, o fato como premissa menor, e a relação jurídica como conclusão. O problema, porém, como argutamente adverte Perelman, é determinar tais premissas, ou torná-las aceitáveis, trabalho para o qual a lógica formal é de pouca serventia.[92]

---

90. Sabe-se que mesmo as regras podem ser objeto de ponderação, o que apenas exige fundamentação mais detalhada por parte do intérprete, já que o ordinário, em relação a elas, é que isso não ocorra, diversamente do que se dá com os princípios. Confira-se, a respeito, a literatura construída em torno da "derrotabilidade" das regras (*defeseability*) e da possibilidade de não serem aplicadas (*overruling*). A esse respeito: Humberto Ávila, *Teoria dos Princípios*, 15ª ed., São Paulo, Malheiros Editores, 2014, pp. 70-101. Perceba-se, porém, que, mesmo ponderáveis, as regras continuam aplicando-se à base do tudo ou nada. A ponderação apenas faz com que, naquele caso, não sejam aplicadas. Mas não há como aplicá-las em menor ou maior intensidade.

91. Luís Virgílio Afonso da Silva, "Princípios e regras: mitos e equívocos acerca de uma distinção", *Revista Latino-Americana de Estudos Constitucionais* 1/607-630, Belo Horizonte, jan./jun. 2003. Destaque-se que Virgílio Afonso da Silva e Humberto Ávila divergem quanto à possibilidade de ponderação de regras. Todavia, apesar de, nessa divergência, a razão estar com Ávila, dissecá-la e nela tomar partido não seria pertinente ou necessário aos propósitos deste trabalho.

92. Chaïm Perelman, *Lógica Jurídica*, trad. Vergínia K. Pupi, São Paulo, Martins Fontes, 2000, p. 242.

2.4 Tipos e segurança jurídica

De uma forma ou de outra, não se pode deixar de reconhecer que a conclusão de que a Constituição pode utilizar-se de *tipos* nas regras de competência, e não necessariamente apenas de *conceitos*, confere maior poder ao intérprete, o que pode ser perigoso e colocar em risco a segurança jurídica trazida pela *previsibilidade* de suas conclusões, a qual depende, por certo, de sua fidelidade aos significados prévios atribuídos pelos demais às palavras e expressões interpretadas. Maior poder ao intérprete pode significar menor prestígio aos princípios democrático e da separação dos poderes, intimamente relacionados com o da segurança jurídica.[93] Sua atuação, portanto, deve ser controlada, ao máximo, por meio da Hermenêutica, das técnicas da argumentação e da exigência de fundamentação racional, da qual cuidará o último item do Capítulo 4.

É o caso, porém, de indagar se tal poder não já existe, independentemente de se admitir, ou não, o uso de tipos, em vez de conceitos, na construção das regras de competência. Ele, a rigor, é naturalmente fruto da própria abertura das palavras e da forma com que a evolução histórica dos tributos, e as características da realidade são realçadas ou abandonadas em determinados momentos. Talvez seja o caso de se considerar, na verdade, que o reconhecimento desse poder é não um retrocesso rumo à insegurança (já instalada), mas um importante passo para que se faça viável um controle racional e intersubjetivo dessa atividade.[94] Em vez de promover a insegurança, essa admissão seria um passo importante para, na teorização de instrumentos de controle, reduzi-la.

Realmente, considerando a constatação de Ricardo Lobo Torres, antes referida, de que "a formação dos tipos e a concretização dos princípios jurídicos conduzem a uma forma específica de pensamento orientado pelos valores e pelo sistema",[95] tendo em vista ao mesmo tempo comparativamente a atenção que se deve ter com o uso de princípios e com sua proliferação, que dá ao legislador e ao intérprete demasiado poder e eleva a insegurança, o manejo de tipos requer delicado e cuidadoso esforço. A propósito, não de *tipos*, mas de princípios – sendo também possível sua invocação aqui, porque pertinente –, Paulo Ayres observa que

---

93. Humberto Ávila, *Segurança Jurídica. Entre Permanência, Mudança e Realização no Direito Tributário*, 2ª ed., São Paulo, Malheiros Editores, 2012.

94. É o caso de recordar, aqui, o "quadro ou moldura" a que alude Hans Kelsen, conferido pela ciência do Direito (Hans Kelsen, *Teoria Pura do Direito*, trad. João Baptista Machado, 6ª ed., São Paulo, Martins Fontes, 2000, p. 390).

95. Ricardo Lobo Torres, "O princípio da tipicidade no direito tributário". *Revista Eletrônica de Direito Administrativo Econômico – REDAE*, n. 5, cit., p. 3.

ficar a mercê de um certo nível de arbítrio ou discricionariedade na seleção de valores a serem mais enfaticamente considerados implica excessiva abertura à exegese jurídica. Fixar limites estreitos a este processo seletivo não é tarefa fácil. Seria, todavia, um erro não buscar alternativas que reduzam as possibilidades interpretativas.[96]

Muitos princípios que são inegavelmente representativos de boa--fé podem, de fato, ser invocados para os fins mais perversos. É o caso, por exemplo, dos princípios da supremacia do interesse público[97] e da solidariedade. Como alerta, com razão, Humberto Ávila,

> a opção pela atribuição de poder por meio de regras implica a proibição de livre ponderação do legislador a respeito dos fatos que ele gostaria de tributar, mas que a Constituição deixou de prever. Ampliar a competência tributária com base nos princípios da dignidade humana ou da solidariedade social é contrariar a dimensão normativa escolhida pela Constituição.[98]

Assim, o uso dos tipos não pode significar uma elasticidade sem parâmetros, nem o abandono da ideia de que as competências são traçadas por meio de regras. Em outros termos, a afirmação de Humberto Ávila de que o legislador não pode livremente e sem limites ponderar os fatos que a Constituição prevê ou deixa de prever permanece válida mesmo admitindo o uso de tipos, que, assim, deve ser acompanhado da identificação de limites interpretativos, sobretudo para afastar a invocação de princípios genéricos como forma de ampliar indiscriminadamente os âmbitos de incidência constitucionalmente previstos.

Tais limites, contudo, decorrem não de uma inexistente unicidade no sentido das palavras, ou de uma utópica clareza dos textos normativos, mas da necessidade de uma fundamentação racional e explícita nas decisões correspondentes, compatível com uma ponderada consideração dos princípios constitucionais relativos ao problema, da história das regras de competência e do cotejo destas umas em relação às outras no âmbito da Constituição vigente.[99]

---

96. Paulo Ayres Barreto, *Contribuições: Regime Jurídico, Destinação e Controle*, São Paulo, Noeses, 2006, p. 12.

97. A propósito, confira-se Raquel Cavalcanti Ramos Machado, *Interesse Público e Direitos do Contribuinte*, São Paulo, Dialética, 2007, *passim*.

98. Humberto Ávila, *Sistema Constitucional Tributário*, cit., p. 159.

99. É nesse ponto, aliás, que residem os maiores avanços dos doutrinadores posteriores a Kelsen, que reconheceu a inexistência de um único sentido correto para os textos normativos, mas abriu mão, a partir daí, de construir ou teorizar qualquer critério destinado ao controle dessa atividade interpretativa, que seria, simplesmente, política. Confira-se, a respeito: Robert Alexy, *A Theory of Legal Argumentation: the Theory of Rational Discourse as Theory of Legal Justification*, trad. Ruth Adler e Neil MacCormick, Oxford, Clarendon Press, 1989, *passim*.

Além disso, ao contrário do que ocorre com os princípios que podem ser aplicados em todo o processo argumentativo diretamente pelos diversos operadores do direito, os tipos, presentes no texto constitucional que veicula regras de competência, devem ser *densificados* através de conceitos, o que é feito pelo legislador complementar, nos termos do art. 146 da CF/1988. Quanto a esse último aspecto, cumpre insistir em um ponto. A densificação se há de verificar dentro dos significados possíveis da palavra empregada pela Constituição, da evolução histórica do tributo e, sobretudo, da análise das características da realidade alcançáveis por um ou outro tipo, cabendo ao legislador complementar apenas delinear-lhe os limites para evitar sobreposições.[100] Algo muito diferente, frise-se, da chamada "teoria legalista", segundo a qual o legislador *ordinário* poderia definir *livremente* o significado das palavras e expressões utilizadas pela Constituição (*v.g.*, renda, mercadoria, serviços etc.), não raro presente em alguns julgados do Supremo Tribunal Federal.[101-102] A teoria legalista, cuja defesa é erradamente atribuída no Brasil a Rubens Gomes de Sousa,[103] é incompatível com a supremacia constitucional, somente sendo admissível se se tratasse da atuação do poder constituinte originário, na própria delimitação das competências,[104] e ainda assim somente sob um paradigma positivista. Não é evidentemente o caso de uma densificação levada a efeito pelo legislador complementar em obediência aos aludidos limites.

100. Sobre a relação entre tipo e natureza das coisas, um dos aspectos a ser levado em conta nesse processo de densificação, confira-se Fernando Aurélio Zilveti, *Obrigação Tributária: Fato Gerador e Tipo*, cit., p. 233.

101. STF, Pleno, RE 201.465-MG, Rel. Ministro Marco Aurélio, Rel. p/o acórdão Ministro Nelson Jobim, j. 2.5.2002, m.v., *DJ* de 17.10.2003, p. 14.

102. Esse é um aspecto que deve ser levado em conta quando se examinam, por exemplo, ordens jurídicas (e o que se escreve em torno delas) que não repartem de forma rígida as competências impositivas. Trata-se de algo claramente incompatível com o ordenamento brasileiro, sob pena de perderem inteiramente o sentido as regras atributivas de competência constantes do texto constitucional brasileiro. Ainda que o sentido não seja expresso na Constituição, cabendo ao legislador complementar definir-lhe os contornos com maior clareza, isso não autoriza, em absoluto, falar-se em *livre definição* pelo legislador ordinário.

103. Sobre a impropriedade de dizer-se *Rubens Gomes de Sousa um defensor da teoria legalista*, confira-se: Hugo de Brito Machado, "A doutrina de Gomes de Sousa e o conceito legalista de renda", *Revista Interesse Público* 62/229-240, 2010; Luís Eduardo Schoueri, "O mito do lucro real na passagem da disponibilidade jurídica para a disponibilidade econômica", in Luís Eduardo Schoueri, Roberto Quiroga Mosquera e Alexsandro Broedel Lopes (coords.), *Controvérsias Jurídico-Contábeis: Aproximações e Distanciamentos*, São Paulo, Dialética, 2010, p. 244.

104. Luís Eduardo Schoueri, "O mito do lucro real na passagem da disponibilidade jurídica para a disponibilidade econômica", in Luís Eduardo Schoueri, Roberto Quiroga Mosquera e Alexsandro Broedel Lopes (coords.), *Controvérsias Jurídico-Contábeis: Aproximações e Distanciamentos*, p. 245.

Poder-se-ia dizer, é certo, que, diante da possibilidade de acolher ou abandonar características na descrição de realidades designáveis com o uso de *tipos*, estes não possuiriam um "núcleo", o que, no caso do Direito, traria bastante insegurança. Tal conclusão quanto à insegurança, porém, não é correta.

Na verdade, nenhuma realidade ou palavra tem, em seu significado, um núcleo atribuído pela natureza, de forma *a priori*, que não possa ser modificado pela criatura humana, no seu uso. Se as próprias palavras são criações humanas, é evidente que nelas não há nada que a criatura humana não possa, em absoluto, alterar.

Mesmo correndo o risco de cansar o leitor, pede-se a ele que recorde o exemplo ligado à evolução das espécies, ao antepassado do coelho, e ao coelho contemporâneo. Com as palavras se dá o mesmo, não só no espaço (na distinção entre as línguas atualmente existentes no mundo, conforme explicado em item anterior), mas também no tempo, tal como em relação às espécies vivas, só que em um espaço temporal naturalmente menor. Palavras nascem, evoluem e morrem. Uma palavra que possuía um significado no ano 1300 pode possuir outro no ano 1500, e outro diferente em 2012, se não se extinguir nesse período. Tais significados podem ter alguma semelhança, ou não. É gradativamente que se opera a modificação, que não é arbitrária, nem decorre da vontade de um único falante. Recorde-se, mais uma vez, do diálogo entre Crátilo, Sócrates e Hermógenes, mencionado no início deste Capítulo. E essa distinção, muitas vezes, não decorre em mera mudança na convenção quanto ao uso da palavra, mas na própria modificação – que é igualmente gradativa – da realidade a ela subjacente.

Recorde-se que as palavras possuem significados que cada interlocutor não pode alterar arbitrariamente, ao seu talante, sob pena de tornar-se inviável a comunicação e o diálogo. Pode-se dizer, portanto, que têm um "núcleo", embora esse núcleo não seja um dado, de forma apriorística, encontrado na natureza, mas um construído que, nessa condição, não é "imodificável".[105] No caso das regras de competência, como já explicado, soma-se a isso o "contexto" em que foram enunciadas (com o propósito de limitar o poder de tributar), assim como a necessidade de se respeitarem as demais disposições constitucionais que com elas se relacionam.

2.5 Tipos e regras de tributação

Até aqui, a distinção entre tipo e conceito foi feita para permitir a invocação do tipo na interpretação das regras de competência. Importa,

---

105. É o caso de recordar, ainda, a advertência de Searle, segundo a qual nenhuma palavra tem sentido literal único e desvinculado de qualquer contexto (John Searle, *Expressão*

porém, considerar que, no Direito Tributário, mesmo os doutrinadores que admitem o tipo do modo como aqui acolhido, ou seja, marcado pela graduabilidade e totalidade, geralmente o fazem diante das regras de tributação, veiculadas por leis editadas pelos entes tributantes, no exercício daquela competência. Recordando aqui a diferença entre *regras sobre tributação* e *regras de tributação*,[106] é relevante notar que o exame da validade ou não do uso de tipos na *regra de tributação* ajuda a compreender em que sentido o tipo pode ser invocado nas *regras sobre tributação*.

Assim, embora a análise da regra de tributação não seja o objetivo central do presente trabalho, dedicado à interpretação das regras de competência, considerar o possível uso do tipo em sua estrutura auxilia a compreensão do tipo no regra de competência. Tem-se aqui desdobramento das premissas acima traçadas, pelo que é relevante, desde logo, deixar clara uma distinção.

Tipos e conceitos são, já se disse, duas formas de referir a realidade. E, embora os primeiros sejam mais adequados na alusão a parcelas concretas desta, e os segundos a parcelas abstratas, ambos podem ser utilizados pelo legislador, em princípio. É preciso, porém, avaliar qual uso é mais adequado, considerando-se as outras normas que disciplinam a matéria, e, sobretudo, a atividade do legislador e do Poder Judiciário.

No caso das regras de competência, o uso de tipos parece aceitável, como já explicado várias vezes, diante da evolução histórica dos tributos, da interpenetração, e do próprio art. 146, I e III, "a", da CF/1988, que do contrário seria desnecessário, pois se poderia extrair diretamente dos conceitos previstos nos arts. 153 a 156 as regras de competência delineadas, sem conflito ou interpenetração. Se há espaço para uma atuação legítima do legislador complementar, isso decorre da consideração de que os referidos artigos do texto constitucional veiculam tipos e não conceitos.

Como se disse, porém, não é propriamente nesse sentido que o tipo é invocado no Direito Tributário pela doutrina que o acolhe. Ricardo Lobo Torres, por exemplo, trata do tipo como implicação da simplificação fiscal, e otimização da realidade. Refere assim a tipificação como "atividade legislativa de formação do tipo".[107] Haveria, portanto, a deliberação

---

e Significado: Estudos da Teoria dos Atos da Fala, trad. Ana Cecília G. A. de Camargo e Ana Luiza Marcondes Garcia, São Paulo, Martins Fontes, 2002, pp. 183-184). No mesmo sentido, apontando a inexistência de características intrínsecas de um texto, que independam de seu uso: Humberto Ávila, *Sistema Constitucional Tributário*, cit., p. 186.

106. A propósito da distinção entre regra de tributação e regra sobre regra de tributação, confira-se: Francisco Cavalcanti Pontes de Miranda, *Comentários à Constituição de 1967, com a Emenda n. 1, de 1969*, 2ª ed., vol. 2, São Paulo, Ed. RT, 1970, p. 361.

107. Ricardo Lobo Torres, "O princípio da tipicidade no Direito Tributário", *Revista Eletrônica de Direito Administrativo Econômico – REDAE*, n. 5, cit., p. 9.

do legislador pela escolha da inserção do que seriam tipos na regra de tributação, tais como "empresário", "valor venal do imóvel", "risco de acidente do trabalho".

Na regra de competência, a aproximação tipológica não necessariamente decorre da "atividade legislativa de formação do tipo", mas sim da agregação de características aos típicos tributos preexistentes ou à mera mudança em sua nomenclatura. A par disso, é certo, pode-se também considerar o tipo no texto da regra de competência, não como alusivo à figura tributária de cuja instituição se cogita, mas à realidade que compõe o seu âmbito constitucional de incidência. Cogita-se, então, de "típico serviço" ou de "típica mercadoria", em vez de apenas "típico imposto sobre serviço" ou "típico imposto sobre operações relativas à circulação de mercadorias".

Embora o resultado prático possa, em muitos casos, ser o mesmo, é inegável que, quando se cogita do típico tributo, a história da figura subjacente assume maior relevo, enquanto a análise do tipo no que tange às palavras, isoladamente consideradas, que compõem o texto normativo possibilita uma maior atenção à mudança na realidade factual tributável. Em ambos, há graduabilidade e agregação de características. É o que se verifica, por exemplo, na análise da não abrangência do IPVA sobre embarcações e aeronaves, e da tributação do *download* pelo ICMS, exemplos que denotam ora a consideração do tipo enquanto figura tributária e enquanto realidade fática a ser pelo tributo alcançada, respectivamente.

Neste trabalho, considera-se possível o uso de tipos nas regras de competência tributária, mas não nas regras de tributação, veiculadas nas leis editadas pelos entes tributantes no exercício dessa competência. Com efeito, respeitando-se os demais princípios constitucionais pertinentes, como o federativo, e o que impõe o respeito à capacidade contributiva, nenhum prejuízo há, para a efetividade de outras normas constitucionais, que o legislador complementar faça essa melhor delimitação, podendo atualizá-la, dentro de certos limites, com o tempo. A permissão ao legislador complementar, dentro dos limites constitucionais, de atualizar o sentido dos tipos previstos nas regras de competência, pode ser recurso promotor de mais, e não de menos segurança jurídica. Exigir emendas constitucionais para cada atualização seria, seguramente, mais instável e inseguro, pois as alterações poderiam ir além da mera atualização. A lei complementar é de alteração mais difícil que a lei ordinária, o que confere segurança, e, ao mesmo tempo, está subordinada às limitações impostas pela Constituição, tornando seu âmbito de atuação reduzido.

O mesmo não ocorre, porém, em relação à lei, usualmente ordinária, que prevê as hipóteses de incidência da norma tributária, veiculando a chamada regra de tributação. Nela, o uso de tipos, e não de conceitos, na delimitação das hipóteses de incidência da norma de tributação, conduziria a situação incompatível com diversas disposições constitucionais, não podendo, por isso, ser admitido.

Primeiro, o uso de tipos na construção da regra de tributação conferiria à autoridade administrativa, sua principal intérprete, campo de liberdade inconciliável com a legalidade tributária prevista no art. 150, I, da CF/1988, com o princípio da separação de Poderes, e com a ideia, contida no art. 3º do CTN, de que a atividade administrativa tributária é plenamente vinculada. Uma coisa, realmente, é a própria Constituição atribuir a uma espécie normativa, elaborada com quórum qualificado pelo Poder Legislativo, o papel de melhor lhe delimitar o sentido de algumas palavras, atualizando-as, se for o caso, ao longo do tempo. Outra, bem diferente, é o legislador ordinário fazê-lo, em relação à autoridade administrativa. Haveria, aí, inadmissível delegação de competência, a qual não se poderia, como dito, admitir.

De rigor, o que ocorre, seguindo-se a ideia de pirâmide normativa kelseniana, é que a Constituição pode veicular as regras de competência por meio de tipos, os quais são transformados em conceitos, vale dizer, são conceituados, pelo legislador complementar. A esses conceitos, por força do art. 146, I e III, "a", da CF/1988, o legislador ordinário está, nesse ponto, vinculado.

Os conceitos que poderão integrar a hipótese de incidência das regras de tributação, portanto, devem ser definidos na lei complementar (a partir dos tipos constitucionais), sendo, em seguida, apenas observados pela lei ordinária, que deles não se pode afastar na criação do tributo correspondente. As hipóteses de incidência da norma tributária até se podem situar *aquém* dos sentidos permitidos pela conceituação levada a cabo pelo legislador complementar, mas nunca *além*. E, *a fortiori*, tampouco podem ser passíveis de ampliação por parte das autoridades do Poder Executivo.

Note-se o quanto a situação é diferente, aqui, daquela verificada no âmbito do Direito Privado, em que prevalece a autonomia da vontade. Tipos, no Direito Privado, são admissíveis, pois não há exigência de reserva de lei, nem a separação dos Poderes assume a significação que tem nas questões de Direito Público, notadamente Penal e Tributário. Se no Direito Privado prevalece a autonomia da vontade, o fato de a lei se expressar por meio de tipos *prestigia* essa autonomia. No Direito Público, em que o fundamento das obrigações é a lei, o uso de tipos amesquinha a legalidade, conferindo maior poder a quem não deveria tê-lo, que é justamente a autoridade administrativa.[108]

É conveniente lembrar, ainda, que no Brasil, diversamente do que ocorre em países da Europa com tradição parlamentarista, a legalidade

---

108. Humberto Ávila, *Sistema Constitucional Tributário*, cit., pp. 155 e ss.

tem a função de conter o Executivo, que tende à hipertrofia no âmbito presidencialista, não sendo possível admitir seu afrouxamento por meio do uso de tipos na própria regra de tributação. Aliás, segundo o art. 97 do CTN, a lei deve *definir* os fatos geradores das obrigações tributárias, o que indica a utilização de *conceitos*, e não de tipos.[109]

Vale registrar, finalmente, que se está falando, aqui, do antecedente da norma de tributação, ou seja, das hipóteses nas quais se opera a incidência da norma que afirma ser devido o tributo. São essas hipóteses que não podem ser enunciadas pela lei, com o uso de tipos. O legislador há que recorrer a conceitos fechados, delimitados, nos quais a realidade fenomênica ou se enquadra, ou não se enquadra, até porque não há, do plano da lei para o dos atos infralegais, delegação análoga à feita pelo art. 146 da CF/1988, no que tange à relação entre o plano da Constituição e o da lei complementar.

Tampouco podem os tipos estar presentes no consequente da norma de tributação, sendo igualmente intolerável que haja reconhecida indeterminação, a ser suprida pela autoridade administrativa com razoável grau de liberdade, no que tange ao dimensionamento do *quantum* devido, ou à determinação dos sujeitos ativo e passivo. Até porque entre antecedente e consequente da norma de tributação deve haver correlação lógica estreita.[110]

Pode haver, porém, o uso de tipos em normas tributárias que não sejam de tributação, a exemplo daquelas que estabelecem o cumprimento de obrigações acessórias, ou cuidam de aspectos processuais administrativos, apenas para citar dois casos. Afinal, o próprio CTN admite o uso da analogia como meio de integração da legislação tributária, vedando o seu uso apenas no que tange à exigência de tributo não previsto em lei (art. 108, § 1º).

Um exemplo pode ilustrar o que se está a dizer. E ele é útil, principalmente para demonstrar que o uso de tipos não conduz, necessariamente, à atribuição de maior "poder" ao fisco, nem é necessariamente prejudicial ao contribuinte, apenas tornando as discussões em torno da interpretação e da aplicação do direito mais *substanciais*, ligadas à finalidade das normas, e menos *formais*, preocupadas apenas com a subsunção cega destas aos fatos abstratamente previstos.

A legislação tributária relativa ao ICMS, no diversos Estados, ao definir infrações, faz referência a prática de operações realizadas sem a emissão do respectivo documento fiscal, ou acobertadas por documentação *inidônea*.

Fixe-se o leitor na palavra *inidônea*.

---

109. Luís Eduardo Schoueri, *Direito Tributário*, 2ª ed., cit., pp. 637-639.

110. Cf. Paulo de Barros Carvalho, "A definição da base de cálculo como proteção constitucional do contribuinte", in Rubén O. Asorey (dir.), *Protección Constitucional de los Contribuyentes*, Madri/Barcelona, Marcial Pons, 2000, p. 69.

Ela pode ser vista de forma típica. Existe aquele exemplar "típico" de documento inidôneo: a nota fiscal "calçada", que contém informações inteiramente falsas a respeito da operação que pretende acobertar, com a finalidade de ludibriar o fiscal e suprimir o tributo devido. Mas existem diversas "variações" de documentos "inidôneos". O importante, para identificá-los, não é a presença deste ou daquele elemento (nesta nota fiscal faltou o preço correto, naquela outra foram as quantidades que o contribuinte registrou de forma imprecisa etc.), mas que, novamente nas palavras de Larenz, as notas características tidas como típicas estejam presentes em tamanho grau e intensidade que a situação de fato, "no seu todo", corresponda à imagem fenomênica do tipo.[111] Tal como em relação à doença, e à família, para voltar a dois exemplos já utilizados itens acima.

Note-se que, da mesma forma como não se exige a presença de todas as características do documento fiscal inidôneo "típico" para que uma nota fiscal seja assim considerada, não será a mera presença de um ou alguns desses elementos que, por si só, terá o condão de assim caracterizar o documento.

Pois bem. A legislação da maior parte dos Estados procura definir o que se deve entender por um "documento fiscal inidôneo", indicando que devem ser assim considerados aqueles que possuem "informações inexatas", "forma diversa da prevista em lei", etc. Nesse contexto, não é raro que agentes fiscais, vendo tais definições como *conceitos fechados*, subsumam de forma mecânica e automática qualquer realidade que neles se encaixe, sem nenhuma preocupação com o propósito pelo qual se pune o uso de documento inidôneo, ou com a própria ideia de idoneidade da documentação, indissociável da finalidade para a qual essa documentação se presta.[112]

Assim, há casos em que o contribuinte emite a documentação exigida pela legislação, na qual registra com precisão a quantidade e o valor das mercadorias comercializadas, mas comete equívoco na indicação de seu CNPJ, no qual um dígito é grafado de maneira errada. Essa não é uma nota inidônea, embora tenha uma das características de uma nota que poderia ser assim considerada. Mas, como o fiscal interpreta a definição legal como um "conceito fechado", e não como um "tipo", ele aplica pesada multa ao contribuinte, equiparando-o àquele que emite nota inteiramente falsa, ou mesmo não emite nota alguma, com o deliberado propósito de suprimir o ICMS devido.

O equívoco, que ocorre com grande frequência, é análogo ao que ocorre quando, diante do "exemplo típico de família" (marido, mulher e três

---

111. Karl Larenz, *Metodologia da Ciência do Direito*, 3ª ed., cit., p. 307.

112. Confira-se, a propósito: Hugo de Brito Machado (coord.), *Aspectos Fundamentais do ICMS*, 2ª ed., São Paulo, Dialética, 1999, p. 148.

filhos havidos em seu casamento), se nega esse *status* à família composta por uma viúva e seus filhos, por exemplo, ou se atribui o *status* de família ao episódico grupo de pessoas reunido para uma competição esportiva. Da mesma forma como uma das características típicas não confere nem retira, por si só, o *status* de família a um grupo de pessoas, um dos requisitos formais a serem atendidos por um documento fiscal não deve ser suficiente, por si só, para conferir, ou negar, idoneidade a esse documento. É preciso verificar se, no conjunto, tais notas estão presentes, ou ausentes, de forma a comprometer a ideia subjacente ao todo, indissociável de sua finalidade.

No caso da nota fiscal, aquela que, conquanto não seja uma típica nota inidônea, não permitir a identificação da operação, das partes que a celebram, de sua natureza, da quantidade e do valor das mercadorias, enfim, dos elementos necessários à determinação do tributo devido, e que de resto justificam a própria existência da nota e de seus requisitos, será inidônea. Pela mesma razão, *não* poderá ser considerada inidônea aquela que, embora carente de uma ou outra formalidade, permita a identificação perfeita de tais elementos, ainda que com descumprimento de exigências formais não essenciais ao atendimento da finalidade a que ela se destina.

Embora não o admitam, ou sequer tenham parado para pensar a respeito, os autores que defendem uma visão finalística ou teleológica dessa questão, pugnando por uma maior razoabilidade na consideração do que seja uma nota "inidônea", recorrem a um raciocínio tipológico, pois não se trata apenas de dosar proporcionalmente a penalidade a ser aplicada, mas de sequer considerar inidôneo o documento que espelha com fidelidade a operação e apenas não cumpre requisito formal de diminuta importância (*v.g.*, dígito do CNPJ trocado), não só para o efeito de excluir a aplicação de penalidades (por se considerar não incidente a norma respectiva), mas, até, para assegurar-se ao adquirente das mercadorias o direito ao crédito correspondente, no âmbito da sistemática da não cumulatividade. Não é o propósito deste trabalho aprofundar esse assunto, que não guarda relação direta com o tema da interpretação das normas de competência. Ele, contudo, foi ainda assim mencionado, apenas para que se perceba que o raciocínio tipológico está relacionado a uma visão teleológica ou finalística do Direito, orientada a valores, afastada, portanto, de uma lógica formal subsuntiva e mecânica, despreocupada com fins ou consequências. E isso não necessariamente conduz a um incremento dos poderes da Fazenda Pública, com o indevido afrouxamento dos limites a ela impostos.

Firmadas essas premissas, coloca-se a questão de saber como se pode interpretar as normas de competência tributária, positivadas na Constituição, à luz de um raciocínio tipológico, especialmente à luz do que dispõe o art. 110 do CTN. É do que cuida o próximo Capítulo.

3

INTERPRETAÇÃO CONSTITUCIONAL E NORMA DE COMPETÊNCIA TRIBUTÁRIA

São muitos os ângulos através dos quais se pode examinar um mesmo objeto. O estudo das regras de competência foi iniciado, neste trabalho, considerando-se a lógica da repartição desta nas várias Constituições brasileiras e seu nominalismo, a inevitável evolução das palavras, bem como as mudanças na realidade tributável com eventual fluidez em suas características, e ainda a interpenetração de competências. Em face disso, se concluiu ser possível, em tese, o uso de *tipos*, abertos e graduáveis, na enunciação de tais normas, ou mesmo que tais normas façam alusão a figuras típicas preexistentes, ainda que as batizando com outros nomes. Ponderou-se, ao mesmo tempo, sobre a necessidade de limites à atuação do intérprete, a fim de que a abertura e a assimilação da transformação dos fatos venham cercadas de segurança.

Em seus julgados, o Supremo Tribunal Federal não tem examinado a questão sob essa ótica, pelo menos não direta e explicitamente, confrontando *tipos* e *conceitos*. Na maioria das decisões sobre o tema, as preocupações que parecem permear a mente dos julgadores dizem respeito aos limites a serem observados pelo legislador na atribuição de sentido a palavras já utilizadas no texto constitucional, à sua significação à época em que a Constituição foi promulgada, e às fronteiras à evolução no significado da palavra no texto constitucional, em abordagens hermenêuticas mais simples.

O debate é travado como se de um lado estivessem técnicas de interpretação clássicas aplicáveis às normas jurídicas em geral e, de outro, a ideia de abertura e evolução da Constituição, tendo em vista métodos de hermenêutica próprios de uma carta política. Apenas eventualmente surgem argumentos que poderiam ser vistos como uma sinalização da utilização de raciocínio tipológico. Observa-se, porém, certa mudança de rumo em seus julgados, caso se faça um cotejo de julgamentos referentes a temas semelhantes ao longo dos últimos vinte anos.

Ao longo deste Capítulo e do próximo, alguns acórdãos paradigmáticos na interpretação das regras de competência serão examinados, na tentativa de se evidenciar a falta de consenso quanto à fonte de significação das palavras empregadas no texto constitucional, buscando-se fazer um contraponto crítico. Em relação a alguns desses julgados, a remissão a votos dos Ministros é feita mais de uma vez, ora para realçar certos pontos importantes, ora para analisar a posição de cada julgador sob aspecto mais aprofundado ou distinto.

3.1 Notas sobre alguns julgados do STF e dos problemas hermenêuticos que suscitam

Apenas para exemplificar a tensão metodológica referida acima, e esse progressivo câmbio da jurisprudência, em maio de 1994, no julgamento do Recurso Extraordinário 166.772-9-RS, em que o Supremo Tribunal Federal examinou a significação da expressão *folha de salários*, no contexto do art. 195 da CF/1988, terminou a Corte por entender necessário adotar a acepção de *relação de trabalho* e, consequentemente, de *salário*, acolhida pela Consolidação das Leis do Trabalho. Decidiu que

> o conteúdo político de uma Constituição não é conducente ao desprezo do sentido vernacular das palavras, muito menos ao do técnico, considerados institutos consagrados pelo Direito. Toda ciência pressupõe a adoção de escorreita linguagem, possuindo os institutos, as expressões e os vocábulos que a revelam conceito estabelecido com a passagem do tempo, quer por força de estudos acadêmicos quer, no caso do Direito, pela atuação dos Pretórios.[1]

O entendimento acolhido pela maioria foi o de que *folha de salários* tinha sentido já determinado na legislação trabalhista, e na própria Constituição, na parte dedicada aos direitos sociais e à competência da Justiça do Trabalho, tendo a Constituição se referido, ao tratar da competência para instituir a contribuição, a *folha de salários*, e não a *folha de pagamentos*.

Mas não só. Como realçou o Ministro Marco Aurélio, ainda que outros significados fossem, em tese, possíveis, dar interpretação extensiva à expressão tornaria sem sentido a previsão constitucional referente à competência residual, prevista no § 4º do art. 195 da CF/1988. Como um reforço em seu argumento, mas claramente, nesse ponto, interpretando a Constituição à luz do Código Tributário Nacional, o Ministro afirmou,

---

1. STF, Tribunal Pleno, Rel. Ministro Marco Aurélio, RE 166.772, j. 12.5.1994, *DJ* 16.12.1994, p. 34.896, *RTJ* 156-2/666.

ainda, que seria preciso atribuir à expressão "folha de salários" o sentido técnico, haurido da Consolidação das Leis do Trabalho, e não o vulgar, *porque assim determina* o art. 110 do CTN.[2]

No mesmo julgado, porém, o Ministro Carlos Velloso afirmou que a competência residual deveria ser reservada a contribuições inteiramente diferentes e novas, destinadas a expandir a seguridade social, não sendo razoável exigir o seu exercício para que se tributem pagamentos feitos a segurados comuns, o que deveria ser uma fonte ordinária e atual da seguridade. Quanto à expressão "folha de salários", ponderou sobre a necessidade de consideração do significado comum das palavras, e não apenas técnico, tendo em vista que a Constituição, diante de sua natureza política, e sendo fundamento de validade das demais normas do Ordenamento, deve estar ao alcance da compreensão do povo e submeter-se à interpretação mais ampla possível. Na mesma linha, o Ministro Rezek lembrou que "o legislador não escapa a determinados vícios como a plasticidade com que o cidadão comum pode empregar vocábulos que a doutrina utiliza de modo mais rigoroso".

Os Ministros autores de votos vencidos, aliás, não se calcaram apenas na plasticidade das palavras, de resto de todos sabida, para sustentar interpretação mais ampla para as palavras "folha de salários". Afinal, se os significados podem ser diversos, com alcance mais amplo ou menos amplo, argumentos adicionais devem ser empregados na defesa da adoção de um deles.

Para tanto, na defesa de uma compreensão mais ampla, valeram-se de argumento sistêmico, a exigir alguma coerência: para eles, se o autônomo, o administrador e o avulso são também segurados, e a contribuição é devida por segurados e pelos que pagam a segurados, não haveria razão para onerar os que pagam empregados, e não onerar os que pagam autônomos, já que, sob o prisma do segurado, ambos são tributados. Haveria uma distorção caso se concedessem benefícios a todo tipo de segurado, mas só se exigissem contribuições daqueles que pagassem a uma modalidade deles, que seria a dos empregados.

Esse último argumento, utilizado precipuamente pelo Ministro Ilmar Galvão, foi rebatido pelo Ministro Moreira Alves sob a consideração de que, sob a ordem constitucional instaurada a partir de 1988, empresas passaram a contribuir também em função do faturamento e do lucro, pelo que o ônus a que estão sujeitas não se atrela necessariamente aos pagamentos que

---

2. Voto do Ministro Marco Aurélio, Relator, no julgamento do RE 166.772-9-RS. Inteiro teor em STF, Recurso Extraordinário 166.772-9-RS, disponível em *http://redir.stf.jus.br/paginadorpub/paginador.jsp?docTP=AC&docID=216095*, acesso 4.9.2012.

fazem a segurados, sejam eles empregados ou não. Ou seja, o argumento dos Ministros Rezek e Galvão teria um peso maior, para o Ministro Moreira Alves, se, reconhecida a impossibilidade de se tributarem os pagamentos feitos a autônomos e administradores, aqueles que fazem pagamentos a segurados em geral ficassem inteiramente desobrigados de contribuir, o que contrariaria a cláusula geral, contida no *caput* do art. 195 da CF, segundo a qual toda a sociedade deverá financiar a seguridade social.[3]

Outro argumento usado pela corrente minoritária, notadamente pelo Ministro Velloso, foi o de que a legislação infraconstitucional *anterior* à Constituição de 1988 já previa essa contribuição, e a Constituição anterior já conteria a alusão à competência para instituir a exação sobre empregados e empregadores (CF 1967, art. 165, XVI). Assim, em 1988, teria sido apenas recepcionada, ou mesmo constitucionalizada, aquela figura típica preexistente, cuja invalidade não havia sido anteriormente decretada.

Aliás, como anotou o Ministro Velloso, sob a legislação previdenciária anterior, o conceito de *salário-contribuição* envolveria inclusive a remuneração paga aos autônomos, avulsos e administradores, servindo de base de cálculo à contribuição devida individualmente por eles. Essa tese foi rebatida pela corrente majoritária, que ponderou com a mudança levada a efeito pela CF/1988 em todo o sistema de financiamento da seguridade, e, especialmente, com o fato de o próprio art. 195 fazer referência, em um inciso, a "trabalhadores", e, em outro, a "empregadores", em oposição à Constituição de 1967, que se reportava a "empregados e empregadores", o que seria uma clara demonstração de que a distinção técnica entre as palavras seria conhecida pelo constituinte, que teria deliberadamente utilizado a expressão em seu sentido técnico e mais restrito. A expressa alteração no texto atual prestou-se a afastar o argumento ligado ao aspecto histórico-evolutivo do tributo.

De uma forma ou de outra, ainda que a posição dos Ministros Velloso, Rezek e Galvão não tenha prevalecido, o fato de a questão haver sido suscitada mostra que as palavras empregadas nas regras de competência não são unívocas, e é problemática a determinação de seu sentido, em cada caso. Não basta afirmar que o legislador infraconstitucional não pode alterar o significado das palavras usadas pela Constituição, o que de resto é evidente. A grande questão, em verdade, está em como determiná-lo.

---

3. Vale registrar, aqui, que o dever de "toda a sociedade" financiar a seguridade é atendido quando esta recebe a injeção de recursos oriundos dos orçamentos fiscais de União, Estados e Municípios, alimentados com os impostos pagos pela população em geral. Não pode a expressão ser entendida como uma determinação de que as contribuições de seguridade incidam sobre tudo e sobre todos, pois isso tornaria sem sentido as regras contidas nos incisos e parágrafos do referido artigo.

Percebe-se que, de um modo geral, a Corte parte, explícita ou implicitamente, do preceituado no art. 110 do CTN, e, então, passa a investigar a significação da palavra na legislação infraconstitucional. Invoca, assim, em muitos julgados, conceitos consagrados no Direito Privado à época em que a Constituição fora elaborada, levando implicitamente a crer que acolhem interpretação mais fechada e estática.

Além da decisão acima referida, relativa à análise da significação de "folha de salários", discussão semelhante se deu, cerca de seis anos depois, em outubro de 2000, no julgamento do Recurso Extraordinário 116.121-3-SP, no qual se declarou inconstitucional a legislação que permitia a exigência de ISS sobre locação de bens móveis. Nesse julgado, prevaleceu o voto do Ministro Marco Aurélio, Relator para o acórdão, que, invocando o art. 110 do CTN, alertou para a necessidade de a realidade jurídica conceitual e a organicidade do Direito sobreporem-se ao aspecto simplesmente econômico. Invocou o conceito privatístico de serviço e desconsiderou o fato de que o próprio Código Tributário Nacional, em seu art. 71, § 1º, incluía a locação de bens móveis como hipótese sujeita à tributação pelo ISS, aspecto lembrado pelo Ministro Octávio Gallotti.

Aliás, registre-se que, nesse julgamento relativo à incidência do ISS sobre locação de bens móveis, o Supremo Tribunal Federal retificou entendimento já pacífico em sua jurisprudência, apoiando-se, para tanto, no art. 110 do CTN, e na definição de serviço no âmbito do Direito Civil. O Ministro Moreira Alves chegou a fundamentar seu voto apenas no aludido artigo do Código Tributário, dizendo que, porque este foi violado, a Constituição necessariamente também o foi.

Mas é interessante examinar, por igual, os argumentos invocados pela corrente minoritária, não só porque interessa aqui mais a discussão do que propriamente o seu resultado na ocasião, mas porque a maioria, desta vez, foi muito apertada, diferentemente do que se deu no caso referente à expressão "folha de salários" e à instituição de contribuição patronal sobre o pagamento a autônomos e administradores. Do voto do Ministro Gallotti,[4] por exemplo, afere-se que ele considerou relevante o fato de o ISS ser oriundo do antigo imposto sobre indústrias e profissões, o qual onerava toda atividade não sujeita à competência Estadual ou Municipal. A palavra "serviço", portanto, deveria ser entendida à luz da realidade pretérita, pois o constituinte a havia utilizado para nominar um típico imposto, preexistente, que onerava realidades outras que não aqueles negócios que envolvessem obrigações de fazer. O Ministro Gallotti argumentou, ainda, que a expressão

---

4. Inteiro teor em STF, Recurso Extraordinário 116.121-3-SP, disponível em *http://redir.stf.jus.br/paginadorpub/paginador.jsp?docTP=AC&docID=206139*, acesso 4.9.2012.

"de qualquer natureza" deveria servir de orientação para se dar sentido mais abrangente à palavra que a antecede, "serviço", sob pena de não ter ela sentido algum.[5]

Aliás, o Ministro Gallotti recordou a lição de seu pai, segundo a qual o legislador não pode alterar o sentido das palavras contidas na Constituição,[6] mas reconheceu que o problema, no caso, está em determiná-lo, não havendo motivos para que essa tarefa siga sempre os parâmetros mais restritivos de uma legislação infraconstitucional.

Mais uma vez, vê-se que não se discute a supremacia constitucional ou a vinculação do legislador ordinário – e mesmo complementar – à Constituição. Todo o problema, sempre, é determinar qual sentido atribuir às palavras e expressões usadas no texto constitucional.

Também no julgamento dos Recursos Extraordinários 357.950, 390.840, 358.273 e 346.084, em 2005, a Corte debateu a significação de termos empregados nas regras de competência, ao examinar o alcance da palavra *faturamento*, para fins de compreensão dos limites para a instituição da COFINS e do PIS. Nessa ocasião, porém, já se começa a verificar debate mais acirrado sobre a abertura das regras de competência, uma vez que a acepção de faturamento foi buscada não propriamente no Direito Privado, mas na terminologia empregada pelas normas de Direito Tributário desde a instituição do Finsocial, a qual é um pouco distinta da do Direito Privado. De fato, no âmbito tributário, já se admitia a tributação da receita da prestação de serviços e não apenas da venda de mercadorias, o que significa dizer que, no âmbito do Direito Tributário, faturamento já envolvia operações outras que não aquelas nas quais havia a emissão de faturas.

Já mais recentemente, em dezembro de 2009, no julgamento do RE 547.245-SC,[7] que examinou a validade da exigência de Imposto sobre Serviços – ISS sobre operações de *leasing*, o Supremo Tribunal Federal terminou por admitir significativa abertura na palavra empregada na construção da regra de competência. Isso, aparentemente, poderia se encaixar ao que se afirmou no Capítulo 2, quanto ao uso de *tipos*, apesar

---

5. Mesmo sem entrar no mérito da discussão, o argumento, nesse ponto, parece equivocado, pois a expressão se refere às espécies de serviços, e a discussão no caso girava em torno do próprio gênero serviço. Pela mesma lógica, se alguém se reportasse a "mamíferos de qualquer natureza", o argumento serviria para dizer que a remissão abrangeria também aves, répteis, etc., absurdo que dispensa comentários adicionais.

6. A frase de Luiz Gallotti é a seguinte: "Se a lei pudesse chamar de compra o que não é compra, de importação o que não é importação, de exportação o que não é exportação, de renda o que não é renda, ruiria todo o sistema tributário inscrito na Constituição" (*RTJ* 66/65).

7. STF, Pleno, j. 2.12.2009. Inteiro teor em STF, Recurso Extraordinário 547.245-SC, disponível em *http://redir.stf.jus.br/paginadorpub/paginador.jsp?docTP=AC&do cID=609062*, acesso 4.10.2012.

de a Corte não haver feito menção expressa nesse sentido. Nesse julgado, percebe-se claramente terem prevalecido os mesmos argumentos usados pelos Ministros que, no caso do ISS sobre locação (RE 116.121-3-SP), ficaram vencidos, como o de que a expressão "de qualquer natureza" autorizaria o intérprete não apenas a colher todas as espécies do gênero "serviço", mas a alargar a própria compreensão desse gênero, o que, pelo menos do ponto de vista lógico, não parece acertado.

Voltou à discussão, só que desta vez de forma vitoriosa, também o argumento de que, se não incide ICMS, o ISS *tem que ser* devido, pois seria absurdo não haver imposto devido, argumento que, bem examinado, transforma em letra morta as disposições referentes à competência residual, as quais pressupõem justamente essas situações tidas como "absurdas" e por isso obrigatoriamente não subsumíveis a algum dos impostos preexistentes. Relativamente ao *leasing*, porém, há agravante que não apenas torna essa tese mais inaplicável, mas cria problemas ainda maiores: trata-se de atividade que o próprio Supremo Tribunal Federal reconheceu ser essencialmente um "financiamento", o que cria a possibilidade de insolúveis conflitos de competência, relativamente ao IOF.

O Ministro Toffoli chegou a fazer constar, em seu voto, que teria consultado os procuradores do Banco Central a respeito da incidência do ISS sobre *leasing*, e estes lhe teriam dito que não haveria qualquer ato normativo do Conselho Monetário Nacional em sentido contrário, razão pela qual, na sua ótica, a incidência do ISS seria perfeitamente possível. Não se fez qualquer remissão aos arts. 146, I, e 154, I, da CF/1988, aparentemente considerados menos importantes que a afirmação de procuradores do BACEN de que não haveria atos infralegais dizendo ser vedada a pretensão fiscal dos Municípios.

Há argumentos mais razoáveis – o que não significa serem procedentes – no voto do Ministro Cezar Peluso, o qual se limitou a afirmar que a complexidade do mundo moderno não pode ser aprisionada em modelos construídos à luz da realidade do Império Romano, de mais de dois mil anos atrás. Nesse ponto ele está correto. A questão que deveria ser suscitada, conforme será examinado mais adiante, é se essa complexidade do mundo moderno poderia ser reenquadrada de forma a gerar conflitos entre as competências impositivas de União e Municípios.

De uma forma ou de outra, sem ainda entrar no mérito da conclusão a que chegaram, o fato é que os Ministros sinalizaram, neste julgado, de forma ainda mais incisiva, estarem mudando sensivelmente a forma como interpretam as disposições constitucionais referentes à competência tributária.

Também na decisão proferida no julgamento da Medida Cautelar na ADI 1.945, concluído em maio de 2010, em que a Corte analisou liminarmente a possibilidade da incidência de ICMS sobre o comércio de *softwares* por meio de *downloads* feitos através da *internet*, percebe-se essa tendência à abertura na jurisprudência do Supremo Tribunal Federal. Na ocasião, o Ministro Jobim comparou a compra de programas por meio da aquisição de disquetes ou CDs em lojas varejistas, sujeita, no entendimento do Supremo Tribunal Federal, ao ICMS, e a atual compra de programas – ou, a rigor, da licença para usar a cópia respectiva – por meio de *download*, e afirmou que, para ele, substancialmente, não há diferença alguma a justificar que o ICMS não seja exigido em ambas.[8] Comparou ainda o Ministro Jobim os programas transmitidos via *download* à energia elétrica, sendo a última submetida normalmente ao ICMS e igualmente passível de transmissão.[9]

Naturalmente, é preciso ter cuidado para não se fazer uma *superinterpretação*[10] desses dois últimos julgados, e nos votos vencidos dos julgados anteriormente mencionados, imaginando neles teorias que não acolheram, apenas por conta de uma diminuta (e meramente eventual) similaridade no uso de algumas palavras, como, por exemplo, quando o Ministro Eros Grau referiu "típica" prestação de serviços ao proferir voto no RE 547.245-SC. As verdadeiras razões que levaram às decisões correspondentes podem ter sido outras, de cunho político, ou ideológico,[11] e o uso de uma ou outra palavra, meramente ocasional, nos votos, termina por despertar nos que tentam entender tais decisões a impressão de que certas teorias – que talvez os julgadores nem abracem ou mesmo conheçam – teriam influenciado seus posicionamentos.

São decisões referentes apenas a algumas questões específicas, mas, pelo menos no que diz respeito à incidência do ISS sobre *leasing*, refletem a posição já pacificada pelo Tribunal. E que, além disso, de uma forma ou de outra, representam gradual mudança de entendimento do Tribunal quanto à forma de interpretar as regras de competência.

---

8. STF, Pleno, ADI/MC 1.945, inteiro teor em STF, Medida Cautelar na Ação Direta de Inconstitucionalidade 1.945-MT, disponível em *http://redir.stf.jus.br/paginadorpub/paginador.jsp?docTP=AC&docID=620411*, acesso 28.9.2012.

9. O Ministro Jobim observou, em tom cômico, que a energia não tem um *corpus mechanicum*, assim como o programa de computador, e que sempre que tentou pegá-la "teve problemas".

10. Termo utilizado por Umberto Eco quando critica interpretações que, diante de símbolos até mesmo ocultos em alguns textos, passam a desenvolver teorias complexas com associações infindáveis e descabidas. No âmbito do Direito Tributário brasileiro, não é raro que se faça isso, diante de mínimas (e às vezes irrelevantes) remissões feitas, de forma superficial, em votos de Ministros. Cf. Umberto Eco, *Interpretação e Superinterpretação*, trad. MF, São Paulo, Martins Fontes, 2005, p. 55.

11. Em relação à incidência do ISS sobre *leasing*, por exemplo, pode ter sido decisiva a ideia, presente no imaginário popular, em torno da capacidade contributiva das instituições financeiras, que estariam a travar embate contra pequenos Municípios do interior brasileiro.

Como observa Marciano Seabra de Godoi, no julgamento do ISS sobre *leasing*, o Supremo abandonou "uma postura conceitualista mais rígida"[12] e passou a uma postura "de cunho programático",[13] tendo considerado que "os contratos engendrados na economia contemporânea não se ajustam às classificações do Direito Civil".[14] Tanto houve essa mudança na interpretação que o Ministro Aurélio alertou, vencido no julgamento relativo à incidência do ISS sobre *leasing*, que se estavam alterando as premissas de raciocínio fincadas em julgados anteriores, sem que houvesse qualquer mudança substancial na Constituição – ou na realidade, passados apenas 9 anos do precedente relativo à locação de bens móveis – que o justificasse.

Embora a jurisprudência não seja sempre coerente e constante, tendo, ao revés, caráter tópico e incorrendo em certa pendularidade,[15] esse rápido apanhado revela serem cada vez mais frequentes as alusões à evolução dos fatos e ao necessário reflexo disso na interpretação Constitucional.

Assim, agora, no presente trabalho, cumpre adentrar o exame da estrutura da norma de competência e das técnicas de interpretação que lhe são aplicáveis, a fim de considerar os diversos argumentos que, paralelamente àquele ligado ao possível uso de tipos na construção das normas constitucionais, integram o discurso hermenêutico. Vários são os pontos a considerar.

Os estudos desenvolvidos em torno da interpretação constitucional, principalmente a partir da segunda metade do século XX, vão além das escolas hermenêuticas tradicionais.[16] E assim ocorre, certamente, diante da natureza política da Constituição, e da peculiaridade de muitas das normas que podem ser extraídas de seu texto, consagradoras de princípios. Além disso, o giro-linguístico, com o consequente reconhecimento do papel construtor do intérprete, alterou, no Direito como um todo, a ideia de que há uma significação prévia e exata para os termos jurídicos, "pronta e acabada", "cristalizada" nos textos. De forma aparentemente contraditória, porém, quando se examinam questões relacionadas ao Direito Tributário, a

---

12. Marciano Godoi, *Crítica à Jurisprudência do Supremo Tribunal Federal*, São Paulo, Dialética, 2011, p. 166.
13. Id., ibid., p. 166.
14. Id., ibid., p. 167.
15. Essa pendularidade se percebe aqui. Inicialmente se admitia a incidência do ISS sobre locação, por exemplo. A partir de 2000, tal incidência passou a ser considerada inconstitucional para, cerca de 10 anos depois, com argumentos frontalmente contrários àqueles prevalecentes em 2000, reconhecer-se a possibilidade dessa incidência, em relação ao *leasing* – o que criou um problema até maior, pois criou possível conflito entre ISS e IOF na medida em que se viu no *leasing* também um "financiamento".
16. A propósito, confira-se Paulo Bonavides, *Curso de Direito Constitucional*, 29ª ed., São Paulo, Malheiros Editores, 2014, pp. 491 e ss.

análise das escolas hermenêuticas tradicionais parece ser considerada mais relevante pela doutrina. Importa, assim, conciliá-las, tendo em vista que, por mais rígidas que sejam as regras de competência, elas se inserem no mesmo texto constitucional.

Seja qual for a posição que se adote, o debate é em si fascinante por revelar a inquietação do ser humano ante a abrangência da vida e do novo, assim como revela a busca de assimilação equilibrada e dialética do vasto e cambiante universo ao redor. Serão pinçadas as ideias centrais, a fim de que se possa compreender a prática preponderante no discurso atual. De toda forma, é preciso ter em mente que, apesar de em determinado momento o Supremo Tribunal Federal e a doutrina já terem posicionamento firmado sobre o assunto, o paradigma pode mudar. Mesmo diante de inúmeros mecanismos de consolidação da jurisprudência, o premir dos fatos e o debate na sociedade sobre determinados assuntos podem fazer com que uma mesma questão seja examinada com olhar diverso. O importante é que isso aconteça de forma transparente e motivada.

Nesse contexto, surgem os seguintes questionamentos: os métodos de interpretação constitucional são aplicáveis às normas constitucionais como um todo, mesmo tendo em vista as peculiaridades da Constituição brasileira, extensa e detalhada? Seria possível admitir que a realidade interpenetrável e mutante é mais facilmente absorvida por determinada parte da Constituição do que por outras e, em caso afirmativo, até que ponto um conjunto do texto constitucional pode se manter fechado? Fechar o sistema constitucional tributário ao fluxo da alteração dos fatos e das palavras não seria o mesmo que criar uma reserva de realidade artificial ao Direito Tributário? Por outro lado, a abertura da norma de competência não implicaria um desprezo à *ratio* da Constituição em matéria tributária, surgida para limitar o poder? Admitir interpretação mais aberta e evolutiva para as regras de competência acarreta necessariamente possível aumento do poder de tributar?[17]

Pretende-se cotejar, portanto, a interpretação que não raro se preconiza, sobretudo no plano doutrinário, às disposições constitucionais pertinentes ao Direito Tributário, apegada ao sentido que a tais palavras ou expressões se atribuía no passado, e a interpretação que a Hermenêutica e o constitucionalismo contemporâneo têm defendido como necessária à preservação da perenidade do texto constitucional, a qual, como visto, parece estar influenciando os mais recentes julgados do Supremo Tribunal Federal sobre o tema. Em outros termos, intenta-se examinar os limites de

---

17. Sabe-se que as Constituições surgiram, em regra, para limitar o poder do governante na instituição de tributos. Análise das revoluções burguesas em geral o demonstra. Essa finalidade, assim, pode ser de consideração decisiva na compreensão de suas normas, nesse particular.

uma interpretação "constitucional tributária", e não de uma interpretação meramente "tributária", ou meramente "constitucional", apartada do contexto das normas que se pretendem visualizar. Evidentemente, é aceitável acolher ideias de escolas e pensadores distintos e até antagônicos para a formação da própria verdade, mas importa trilhar esse caminho com cuidado, para que não haja um indevido sincretismo metodológico sem a compreensão das ideias que justificam cada metodologia.

3.2 Escolas hermenêuticas e a interpretação constitucional contemporânea

Apesar de haverem, de certa forma, se sucedido no tempo,[18] percebe-se, até hoje, influência de algumas escolas hermenêuticas clássicas na interpretação das normas tributárias, sobretudo da *Jurisprudência dos Conceitos* e da *Jurisprudência dos Interesses*.[19] José Maria Arruda de Andrade destaca a influência da Escola da Exegese e da Jurisprudência dos Conceitos na própria formação do Direito Tributário.[20] Compreender a evolução das Escolas, portanto, ajuda a analisar a adequação ou não da interpretação preconizada às normas de competência tributária, próprias do texto constitucional. Através do exame histórico, por aceitação ou exclusão de ideias já desenvolvidas, assenta-se melhor a própria.[21]

As escolas hermenêuticas que mais influenciaram o Direito brasileiro em sua formação foram principalmente as de origem francesa e alemã. Atualmente, diante do desenvolvimento da hermenêutica constitucional, vê-se clara influência da doutrina americana, como, por exemplo, a de Ronald Dworkin.

Apesar de ultrapassada, a Escola da Exegese, de origem francesa, é referida nos estudos sobre a análise histórica da Hermenêutica, tanto por

---

18. Afinal, com as escolas, assim como com as espécies vivas e muitas outras parcelas da realidade, as divisões são criações de quem as procura entender, não existindo, a rigor, divisões estanques e claras entre elas.

19. Essas expressões referem-se a nomes de paradigmas de Ciência Jurídica observados, sobretudo, na Alemanha, mas que foram, de alguma forma, vivenciados em diversas localidades, ainda que com nomes diferentes. É o caso, por exemplo, da *Jurisprudência dos Interesses*, cuja manifestação no Brasil se deu por intermédio do que ficou conhecido como positivismo sociológico, tendo como representantes autores como Tobias Barreto, Sylvio Romero e, em um primeiro momento de sua produção, Pontes de Miranda.

20. José Maria Arruda de Andrade, *Interpretação da Norma Tributária*, São Paulo, MP Ed., 2006, p. 35.

21. Rubens Gomes de Sousa, "Curso de introdução ao estudo do direito: interpretação do direito tributário", *Revista de Estudos Fiscais* 11/460, São Paulo, Centro de Estudos dos Agentes Fiscais do Imposto de Consumo de São Paulo, 1948.

ser seu marco inicial, considerando o Estado de Direito e a separação dos Poderes, como porque foi da reação a essa Escola que se desenvolveram as demais técnicas de interpretação. Entre suas características, podem-se destacar: a) identificação do Direito com a lei,[22] b) exclusividade da lei como critério jurídico,[23] c) crença na suficiência da lei.[24] A Escola da Exegese teve êxito durante o tempo em que o Código pretensamente abarcava a complexidade da vida de então.

Diante da constatação da insuficiência dos textos legais para disciplinar situações imprevistas, e do aumento da complexidade e da mutação da realidade, as críticas à Escola ganharam força a ponto de formar novos movimentos hermenêuticos.[25] Na França, a contracorrente veio com François Geny,[26] através da Livre Investigação Científica, e na Alemanha com a Escola Histórica do Direito de Savigny.[27] Neste último caso, além da crítica à insuficiência da lei como fonte normativa das relações sociais, havia o desejo de insurgência à imposição de um código supostamente universal em toda a Europa sob a ótica francesa, o Código Civil de Napoleão, em desprezo à organização e à história própria do povo alemão.[28] Para Savigny, a Ciência poderia, através da apreensão do direito vivo que se desenvolve com o povo, manifestar o Direito a ser aplicado sobre uma dada sociedade, tendo em vista seus valores e suas mutações. Sua preocupação, portanto, era não com a elaboração de um texto de lei específico, mas com métodos de interpretação que possibilitassem apreender a realidade, ou o que chama de "espírito do povo", em "recusa de uma concepção estatal do Direito"[29] produzida no texto legal. Tais métodos são exatamente os apontados pelo que se denomina atualmente Hermenêutica clássica e até hoje encontram aplicação corrente no Direito. Trata-se dos métodos gramatical, lógico, histórico e sistemático, que, segundo o próprio Savigny, deveriam ser empregados conjuntamente.

Desenvolvida com o propósito de dar continuidade à cientificidade e sistematização apontadas por Savigny, mas com mais formalismo, discípulos

---

22. A. Castanheira Neves, *Digesta: Escritos acerca do Direito, do Pensamento Jurídico, de sua Metodologia, e outros*, vol. 2, reimpr., Coimbra, Coimbra Ed., 2010, p. 183.

23. Id., ibid., p. 184.

24. Id., ibid., p. 185.

25. Margarida Maria Lacombe Camargo, *Hermenêutica e Argumentação: uma Contribuição ao Estudo do Direito*, 3ª ed., Rio de Janeiro, Renovar, 2003, p. 67.

26. François Geny, *Méthode d'Interprétation et Sources en Droit Privé Positif – Essai Critique*, 2ª ed., Paris, LGDJ, 1954, *passim*.

27. F. K. von Savigny, *Sistema del Derecho Romano Actual*, trad. Jacinto Mesía e Manuel Poley, ts. 1 e 2, Madri, F. Góngora y Cia., 1878.

28. Id., ibid., p. 73.

29. A. Castanheira Neves, *Digesta: Escritos acerca do Direito, do Pensamento Jurídico, de sua Metodologia, e outros*, vol. 2, cit., p. 207.

da Escola Histórica, dentre os quais se destacaram Puchta e Jhering,[30] apontaram que, apesar da referência ao histórico e ao nacional destacados na obra de Savigny, o Direito tem vocação universal. Tal vocação seria realizada através da formulação de conceitos. Exatamente diante do objeto central de estudo da nova corrente hermenêutica, ela passou a ser conhecida como Jurisprudência dos Conceitos. Referida escola procurou extrair das normas jurídicas os conceitos necessários à sua aplicação, organizando o sistema com base na lógica indutiva e dedutiva. Se, por um lado, possibilitou grande avanço da Ciência Jurídica, evidenciando o uso de uma metodologia precisa em sua investigação, por outro, trouxe formalismo excessivo, fechando novamente o sistema em seus próprios termos, no caso, não mais apenas ao texto das normas jurídicas, como na Escola da Exegese, mas a esse e aos conceitos jurídicos deles extraídos, mantendo-o divorciado da realidade social.[31]

Não se pode negar, porém, que a racionalidade da Jurisprudência dos Conceitos traz aparente segurança para o Direito, motivo pelo qual o apego a sua doutrina parece tão simpático e mais fácil. Tanto é assim que, por sua influência, apesar de correntes contrárias que lhe seguiram, como da Livre Interpretação do Direito, o formalismo jurídico e a técnica da subsunção prevaleceram no século XX.[32]

É certo que a própria Escola Histórica de Savigny é criticada diante da valorização da doutrina, o que terminou por transferir para a academia, através dos métodos de interpretação, a apreensão do que seria o espírito do povo, daí a referência ao *Professorenrecht*,[33] e de um historicismo acrítico que não possibilitava sua atualização valorativa, o que, de acordo com Castanheira Neves, somente foi possível pelo neokantismo jurídico com Stammler e Radbruch.[34] Seja como for, não se pode negar que ela tinha preocupação com a vontade do povo concretamente manifestada, o que não se verifica na Jurisprudência dos Conceitos, que dela se originou.

30. Registre-se que Jhering possui dois momentos ou fases, estando o texto, aqui, a fazer alusão ao primeiro deles, que apoiou e contribuiu no aprimoramento da jurisprudência dos conceitos. Em sua segunda fase, seu pensamento passa a identificar-se com a Jurisprudência dos Interesses (cf. Karl Larenz, *Metodologia da Ciência do Direito*, trad. José Lamego, 3ª ed., Lisboa, Fundação Calouste Gulbenkian, 1997, p. 43).
31. Karl Larenz, *Metodologia da Ciência do Direito*, 3ª ed., cit., p. 29.
32. Margarida Maria Lacombe Camargo, *Hermenêutica e Argumentação: uma Contribuição ao Estudo do Direito*, 3ª ed., cit., p. 85.
33. A. Castanheira Neves, *Digesta: Escritos acerca do Direito, do Pensamento Jurídico, de sua Metodologia, e outros*, vol. 2, cit., p. 213. Sobre a influência da doutrina no Direito alemão daí decorrente – em oposição à lei, que seria a fonte predominante na tradição francesa, e ao precedente, no âmbito inglês, confira-se: Vicente Ráo, *O Direito e a Vida dos Direitos*, 5ª ed., São Paulo, Ed. RT, 1999, pp. 69-70.
34. Id., ibid., p. 214.

Diante desse cenário formalista, a fim de viabilizar a aplicação do Direito à realidade, partindo da indagação da própria valoração dos fatos, a Jurisprudência dos Interesses desenvolveu-se em contraposição à Jurisprudência dos Conceitos, como que em um retorno pendular da forma à substância. Preconiza a consideração não apenas dos interesses expressos no texto da lei, a partir dos quais se podem formular conceitos, mas também daqueles que justificaram sua elaboração, de modo que os fatos da vida passam a integrar a metodologia do Direito.[35] A atenção é voltada, portanto, não exclusivamente à letra da lei, tampouco à vontade psicológica do legislador, mas aos interesses sociais que justificaram a elaboração da norma.[36]

Apesar de o termo *interesse* poder referir-se a questões ideais, a corrente em análise revela, ainda, preocupação com fatos economicamente mensuráveis, como os interesses econômicos amparados na norma.[37] Desde Savigny, o Direito já ensaiava o emprego da analogia,[38] mas foi a Jurisprudência dos Interesses que trouxe a analogia para o centro do debate, através da doutrina de Heck,[39] por entendê-la como produto de uma consideração crítica dos interesses que deveriam ser protegidos pelo Ordenamento. Diante de uma lacuna, constatada já a partir de uma valoração dos interesses em jogo, quando se vislumbrasse que o legislador *deveria* ter disciplinado a situação, o intérprete e o aplicador da lei deveriam tentar supri-la, aplicando a mesma lógica utilizada a outras situações semelhantes.[40]

Em matéria tributária, a Jurisprudência dos Interesses serviu de fundamento para a teoria da Consideração Econômica.[41] Segundo esta, seria necessário tomar em consideração, na interpretação da lei tributária, e dos fatos que a ela se subsumem, a realidade econômica subjacentes aos negócios ou operações a serem tributados, e não a forma jurídica de que se revestem. Daí a sua utilização por parte dos que pretendiam a desconsideração de planejamentos tributários.[42]

Por mais voltada que fosse aos interesses que justificaram a elaboração da norma, e, portanto, aberta às necessidades da sociedade, não se pode

---

35. Friedrich Karl von Savigny, *Metodologia Jurídica*, trad. J. J. Santa-Pinter, Buenos Aires, Depalma, 1994, p. 44; Karl Larenz, *Metodologia da Ciência do Direito*, 3ª ed., cit., p. 66.
36. Philipp Heck, *Interpretação da Lei e Jurisprudência dos Interesses*, trad. José Osório, São Paulo, Saraiva, 1947, p. 10.
37. Karl Larenz, *Metodologia da Ciência do Direito*, 3ª ed., cit., p. 68.
38. Id., ibid., p. 12.
39. Philipp Heck, *Interpretação da Lei e Jurisprudência dos Interesses*, cit., p. 10.
40. Karl Larenz, *Metodologia da Ciência do Direito*, 3ª ed., cit., p. 71.
41. Luís Eduardo Schoueri, *Direito Tributário*, São Paulo, Saraiva, 2011, p. 636.
42. Para uma crítica a essa utilização, confira-se: Alfredo Augusto Becker, *Teoria Geral do Direito Tributário*, 3ª ed., São Paulo, Lejus, 1998, pp. 126-131.

deixar de observar que os interesses que justificaram a elaboração da norma não necessariamente representavam todos os interesses merecedores de tutela pelo Direito.[43] Por outro lado, a consideração desses interesses, em detrimento de outros aspectos, poderia retirar a juridicidade do Direito, pois os próprios interesses em jogo seriam diretamente invocados na disciplina dos conflitos.[44]

Nesse cenário surgiu um novo positivismo, normativista, em que a atenção do estudioso seguia voltada ao dado posto (e não a elementos metafísicos ou suprassensíveis), mas esse dado, em vez de ser representado pela realidade factual, seria corporificado pelas normas. É o caso da *Teoria Pura do Direito*, de Hans Kelsen, que teve importante contribuição para a sistematicidade e a precisão no estudo do ordenamento jurídico, sob um prisma lógico formal. Alguns de seus contributos, no plano da intepretação, serão aproveitados neste trabalho, conforme será explicado no Capítulo 4, *infra*.

As arbitrariedades cometidas no âmbito da Segunda Grande Guerra, porém, e a incapacidade dessa visão normativista de lidar com elas,[45] levou à necessidade de se recorrer a valores e à ideia de Justiça, na busca de Ordenamentos mais adequados à sociedade cada vez mais plural e dotada de falhas na distribuição de riqueza.

Assim, diante do que Larenz chama de "aplicação equívoca da expressão interesse",[46] a escola ou corrente conhecida como Jurisprudência dos Valores, como que em uma forma de síntese dialética da Jurisprudência dos Conceitos e da Jurisprudência dos Interesses, surgiu para deixar claro que os "interesses" são, na verdade, os valores jurídicos a serem considerados na aplicação da norma, assim entendidos aqueles que podem ser induzidos do próprio sistema jurídico, no que se percebe ter essa nova corrente se aproveitado de contribuições de Kelsen, em relação ao qual sua principal divergência talvez seja epistemológica e metodológica, dizendo respeito ao que o estudioso do Direito pode ou não fazer.

---

43. A. Castanheira Neves, *Digesta: Escritos acerca do Direito, do Pensamento Jurídico, de sua Metodologia, e outros*, vol. 2, cit., p. 237.

44. Criando-se o que Alfredo Augusto Becker disse ser, no âmbito da tributação, a própria extinção do Direito Tributário, do qual se tiraria o "Direito" para ficar-se apenas com o "Tributário" (cf. Alfredo Augusto Becker, *Teoria Geral do Direito Tributário*, 3ª ed., cit., p. 130).

45. Não se está defendendo que o positivismo tenha sido o responsável por tais problemas. Absolutamente. Mas tampouco é possível negar que o positivismo normativista, se poderia oferecer ferramentas para a resistência à tomada do poder pelos nazistas e às violações por eles praticadas à Constituição de Weimar, tornou-se inerte depois que essa tomada de poder se tornou efetiva e irreversível. Confira-se, a propósito: Hugo de Brito Machado Segundo, *Fundamentos do Direito*, São Paulo, Atlas, 2010, pp. 52 e ss.; Gustav Radbruch, *Filosofia do Direito*, trad. Cabral de Moncada, 6ª ed., Coimbra, Armênio Amado, 1997, p. 415.

46. Karl Larenz, *Metodologia da Ciência do Direito*, 3ª ed., cit., p. 163.

Para a Jurisprudência dos Valores, como as normas são o produto de uma valoração de fatos (que são tornados, por meio delas, proibidos, obrigatórios ou permitidos), é possível, a partir delas, induzir quais valores são protegidos ou prestigiados pelo Ordenamento. Das normas que criminalizam condutas, suprimem ou põem em risco a vida de outras pessoas, por exemplo, é possível induzir, como valor objetivamente consagrado no ordenamento, a proteção à vida.

O desenvolvimento da Jurisprudência dos Valores deu margem a que a Ciência do Direito passasse a laborar ainda mais aprofundadamente "em base de pensamentos como analogia, comparação de casos, conformação de tipos e concretização de critérios abertos de valoração".[47] Apesar de fundada numa visão um tanto jusnaturalista, apegada à ideia de justiça como fim do Direito, semeou o surgimento do que tem chamado atualmente, de forma um tanto imprecisa, de pós-positivismo,[48] culminando, já nos últimos tempos, em teorias sobre o peso dos valores na argumentação e suas técnicas de ponderação, o que possibilitou o desenvolvimento das teorias de interpretação constitucional.

Essa Escola, assim, preparou o cenário de maior prestígio das normas constitucionais, e talvez por isso, o uso das figuras e técnicas então vislumbradas deva ser feito com cautela em outro âmbito.[49] Pela mesma razão, deve-se considerar também que sua doutrina tinha em mente, sobretudo, normas principiológicas, em relação às quais é mais acentuada a determinação da realização de valores ou fins, e não diretamente de condutas.

Após esse período, diante do reconhecimento da complexidade da vida, e da pluralidade de pensamentos, próprios da chamada era "pós--moderna", os diversos campos do conhecimento foram marcados pela falta de hegemonia ideológica, ainda que dialética (com polos antagônicos). Atualmente, de fato, é difícil identificar uma Escola interpretativa como sendo a dominante, e uma que a rivalize.

---

47. Id., ibid., p. 167.
48. Margarida Maria Lacombe Camargo, *Hermenêutica e Argumentação: uma Contribuição ao Estudo do Direito*, 3ª ed., cit., p. 136; Luís Roberto Barroso, "Fundamentos teóricos e filosóficos do novo direito constitucional brasileiro (pós-modernidade, teoria crítica e pós-positivismo)", in Luís Roberto Barroso (org.), *A Nova Interpretação Constitucional: Ponderação, Direitos Fundamentais e Relações Privadas*, Rio de Janeiro, Renovar, 2006, pp. 2-47.
49. É o caso, por exemplo, do uso de *tipos* nas leis tributárias, e não apenas na Constituição Federal. O fato de essa abertura ser admissível ou mesmo desejável no âmbito das normas constitucionais e das normas de Direito Privado, não faz com que assim também seja no âmbito do Direito Público, especialmente do Direito Penal e do Direito Tributário. Confira-se, a propósito: Humberto Ávila, *Sistema Constitucional Tributário*, São Paulo, Saraiva, 2004, p. 187.

Apenas influenciado pelas ideias da Jurisprudência dos Valores, o constitucionalismo contemporâneo tem preconizado a necessidade de métodos hermenêuticos especiais para a interpretação do texto constitucional, sem que haja, porém, uma organização clara. Seja como for, embora por caminhos diferentes, com o uso de métodos próprios, nem sempre convergentes nos fundamentos ou nos resultados, é praticamente lugar comum, entre os que se ocupam do Direito Constitucional ou da Hermenêutica Jurídica, a afirmação de que a Constituição deve ser interpretada de forma peculiar, vale dizer, por métodos distintos dos aplicáveis aos demais atos normativos. Além do caráter principiológico de muitas das normas extraídas de seu texto, isso se deve ao seu caráter político e, especialmente, à necessidade de se atribuir maior perenidade ao texto, que, dada a dificuldade (e a inconveniência) de constantes alterações, deve ser posto em dia, tanto quanto possível, mais pelo intérprete que pelo Congresso reformador.[50]

Uma Constituição rígida, como a brasileira, é escrita em texto que, em princípio, somente deve ser alterado em situações especiais, de forma que se possa, na máxima medida possível, estabilizar o disciplinamento das relações, no que tange aos seus aspectos mais importantes ou fundamentais. Tal estática do texto, porém, não significa impossibilidade de evolução na interpretação das palavras nele empregadas, assim como das realidades que representam. Pelo contrário, como a evolução social é inevitável, deixar de conhecer a possibilidade de alteração da significação do texto, assim como a assimilação de novas características da realidade tributável, ou admitir que tais características sejam valoradas dentro de certa margem pelo legislador infraconstitucional, mesmo quando a sociedade já a utiliza em outra acepção, ou quando se percebe na palavra ampla abrangência, levaria a seu abandono, com eventual ruptura do sistema.[51] Em suma, a Constituição contém normas com estrutura diferenciada que requerem metodologia de interpretação e aplicação própria, como é o caso dos princípios.[52]

---

50. Jane Reis Gonçalves Pereira, *Interpretação Constitucional e Direitos Fundamentais*, Rio de Janeiro, Renovar, 2006, p. 49.

51. Nesse sentido, Konrad Hesse, *Da Força Normativa da Constituição*, trad. Gilmar Ferreira Mendes, Porto Alegre, Sérgio Antonio Fabris Editor, 1991, p. 23. Conferir ainda: Gilmar Ferreira Mendes, Inocêncio Mártires Coelho e Paulo Gustavo Gonet Branco, *Curso de Direito Constitucional*, São Paulo, Saraiva, 2007, p. 123; Paulo Bonavides, *Curso de Direito Constitucional*, 29ª ed., cit., pp. 530-531.

52. Não que a consagração de princípios seja algo privativo da Constituição. Absolutamente. Eles, os princípios, são normas que se caracterizam por sua estrutura, ou pela forma como veiculam a prescrição jurídica de condutas, e podem ser veiculados na Constituição, em leis, decretos ou em qualquer outro ato normativo. Entretanto, não se pode negar que, na Constituição, estão presentes em maior número e têm conteúdo que lhes outorga maior fundamentalidade, colocando-se, em razão de sua superioridade hierárquica em relação às regras veiculadas em leis, os problemas relacionados à sua aplicação.

Por outro lado, ainda, os termos empregados na Constituição, independentemente de se referirem ao sistema constitucional tributário, aos direitos individuais, aos direitos políticos ou a qualquer outro assunto, não vêm com legendas de sua significação inicial.[53] Essa é uma investigação que cabe ao intérprete e aplicador do Direito, considerando a razão de ser da disposição, o contexto histórico que levou à sua inserção no texto constitucional, sua relação com as demais normas constantes do sistema e, ainda, as particularidades do caso concreto no qual será aplicada, peculiaridades a serem aferidas, por igual, à luz dos valores albergados pelo sistema, hauridos das demais normas dele constantes.[54] Aliás, não há como interpretar uma norma senão diante de um caso concreto – ainda que imaginário – ao qual ela seria possivelmente aplicada, dizendo-se, por isso, que os processos de interpretação e de aplicação são indissociáveis.[55]

Nesse ponto, em que se cogita da construção das normas constitucionais, não se pode deixar de considerar debate travado na Hermenêutica atual que, paralelamente às lições sobre a abertura do ordenamento jurídico, principalmente no âmbito constitucional, reflete acerca do papel do intérprete e de seu objeto de estudo. A esse debate já se fez referência ao longo do trabalho, ao tratar da interpretação como atividade criadora e não de mera descoberta do intérprete, o que se tem chamado de "viragem linguística" ou "giro-linguístico".[56]

É preciso procurar considerar conjuntamente esses dois fenômenos pelo qual passa a Hermenêutica Jurídica, vale dizer, valorização e atualização das normas constitucionais e giro-linguístico, pois ambos têm reflexo na interpretação jurídica, apesar de muitas vezes serem tratados de forma apartada. Associá-los talvez deixe mais evidente a inadequação de se pretender atribuir a palavras empregadas nas regras de competência um ou outro significado *a priori* imutável, "pronto e acabado".

---

53. Isso não seria mesmo possível, por conduzir a um regresso *ad infinitum*. Para definir os termos empregados na Constituição seriam utilizadas definições compostas de palavras que, por sua vez, também exigiriam definição, em processo que nunca teria fim.

54. E isso para não referir a "pré-compreensão" do intérprete a respeito da questão, a qual inevitavelmente interfere na forma como ele percebe a realidade. Não apenas nas ciências jurídicas (cf. Carl Gustav Jung, *Cartas: 1956-1961*, vol. 3, Petrópolis, Vozes, 2003, p. 231).

55. Cf. Hans-Georg Gadamer, *Verdade e Método: Traços Fundamentais de uma Hermenêutica Filosófica*, trad. Flávio Paulo Meurer, vol. 1, Petrópolis, Vozes, 2008, pp. 406 e ss.; Eros Roberto Grau, *Ensaio e Discurso sobre a Interpretação/Aplicação do Direito*, 5ª ed., São Paulo, Malheiros Editores, 2009, pp. 90 e ss. (hoje publicado com o título *Por Que Tenho Medo dos Juízes. A Interpretação/Aplicação dos Direitos e os Princípios*, 6ª ed., São Paulo, Malheiros Editores, 2013, p. 47).

56. Há quem aponte, como seu marco inicial, a publicação da obra do *Tractatus Logico-Philosophicus*, de Wittgenstein (cf., *v.g.*, Aurora Tomazini de Carvalho, *Curso de Teoria Geral do Direito*, 2ª ed., São Paulo, Noeses, 2010, p. 13).

Anteriormente, fez-se referência apenas às lições de Wittgenstein quanto aos chamados "jogos de linguagem" que consideram a compreensão da linguagem em um jogo de regras entre os participantes do diálogo. Importa, todavia, considerar também que sob a influência da fenomenologia de Husserl,[57] Heiddeger, seguido de Gadamer, desenvolvem teoria hermenêutica reconhecedora de que o processo de interpretação e, portanto, o de compreensão, parte do horizonte de conhecimento e de valores do intérprete, que, ao anunciar a significação do objeto está, na verdade, revelando o próprio ser.[58] Não existe, portanto, um objeto separado do sujeito, o que implica, no âmbito jurídico, que não existe norma jurídica antes que o intérprete a anuncie. A relação deixa de ser sujeito-objeto, para ser sujeito-sujeito, de forma intersubjetiva.

Não se quer dizer, com isso, que não exista uma realidade objetiva, independente de quem a observa, mas que essa realidade só ingressa no mundo da cultura, ou no mundo "humano", quando compreendida (e nos moldes em que compreendida) por alguém, razão pela qual se diz que os objetos, sendo necessariamente revelados por sujeitos dotados de uma pré--compreensão que interfere nessa revelação, não são revelados "em si", mas com parcela do próprio sujeito que os compreende e anuncia.

Tal relação diferenciada com o objeto fez surgirem, no Direito, teorias distintas. Ao mesmo tempo em que se sustenta a ausência de um sentido mínimo e *a priori* do texto,[59] afirma-se ser necessário levar o texto a sério, sem que se reconheça ampla discricionariedade a qualquer aplicador do Direito.[60]

A propósito do vasto campo interpretativo desenvolvido ao longo do século XX e que tem relação direta com a aplicação das normas constitucionais, Lenio Streck contrapõe a Jurisprudência dos Valores e a Teoria da Argumentação às lições da Hermenêutica Jurídica, por entender que aquelas, por vislumbrarem nos princípios **mandamentos de otimização**,

---

57. Husserl sistematizou a teoria segundo a qual a compreensão se dá através de fenômenos da consciência, não sendo possível separar dessa compreensão objeto e sujeito. Em suas palavras, "as significações sobre as coisas não residem nessas últimas (casas, cavalos, etc.), mas nos juízos que fazemos interiormente sobre elas ou nas representações que ajudam a construir esses juízos" (Edmund Husserl, *Investigações Lógicas. Sexta Investigação. Elementos de uma Elucidação Fenomenológica do Conhecimento*, São Paulo, Nova Cultural, Coleção "Os Pensadores", p. 33).

58. Richard Palmer, *Hermenêutica*, trad. Maria Luísa Ribeiro Ferreira, Lisboa, Edições 70, 1989, p. 51. Richard Palmer ressalta que a viragem "no desenvolvimento e na definição quer da palavra, quer do campo da Hermenêutica" ocorreu com a obra *Ser e Tempo* de Heiddeger, publicado pela primeira vez em 1927.

59. Aurora Tomazini de Carvalho, *Curso de Teoria Geral do Direito*, 2ª ed., cit., p. 235.

60. Lenio Luiz Streck, *Verdade e Consenso: Constituição, Hermenêutica e Teorias Discursivas*, 4ª ed., São Paulo, Saraiva, 2012, p. 222.

dão demasiada abertura ao sistema; enquanto que a Hermenêutica, por visualizar nos princípios possibilidade de introdução ao mundo prático (valores vivenciados pela sociedade que são elevados ao *status* de constitucionalidade, e, logo, devem ser aplicados[61]) fecham a interpretação.[62]

Na verdade, a própria interpretação constitucional no Brasil, como observa Virgílio Afonso da Silva,[63] parece ser marcada pelo sincretismo metodológico. Muitas vezes, ignora-se tanto ser possível a aplicação dos cânones preconizados por Savigny, como se invocam métodos de interpretação incompatíveis entre si.[64] Os cânones clássicos são, não raro, apenas batizados com outros nomes, sendo então equivocadamente tratados como algo "especificamente constitucional". Por outro lado, sobretudo diante do giro-linguístico, a possibilidade de atualização da norma pelo intérprete é reconhecidamente verificável em relação às demais normas do ordenamento.[65] Apenas, no âmbito constitucional e diante de sua feição política, essa atualização se torna mais premente.

De fato, apesar de haver uma sucessão no tempo quanto às ideias predominantes, isso não necessariamente significa um abandono completo das antes desenvolvidas. Há algo de "tipológico", também, na relação entre tais formas de pensamento. A aparente evolução hermenêutica requer reflexão não só sobre o que cada escola sucedeu a outra em vantagens, mas o que havia de elogiável na escola anterior, não devendo, portanto, ser abandonado. O que se percebe, ao fim, com o avanço de cada uma delas, é a busca pela atualização do sistema, em atenção às novas necessidades sociais e o reconhecimento de uma relação diferenciada do intérprete com o objeto.

Alguns pontos, porém, devem ser ponderados, quando se procura interpretar a Constituição.

Deve-se, primeiro, respeitar a própria história do Direito Constitucional brasileiro, o que não necessariamente impõe o recurso a conceitos empregados pelo Direito Privado à época da sua entrada em vigor, até porque o Direito não pode se fechar em si mesmo. Respeitar a história pode significar, por exemplo, levar em conta as características típicas de determinada figura jurídica sob ordens constitucionais passadas, ainda que seu nome fosse outro.

---

61. Id., ibid., p. 57.
62. Id., ibid., p. 235.
63. Luís Virgílio Afonso da Silva, "Interpretação constitucional e sincretismo metodológico", in Virgílio Afonso da Silva (org.), *Interpretação Constitucional*, 1ª ed., 3ª tir., São Paulo, Malheiros Editores, 2010, pp. 115-144.
64. Id., ibid., p. 142.
65. Cf. Arthur Kaufmann, *Filosofia do Direito*, trad. Antonio Ulisses Cortés, Lisboa, Fundação Calouste Gulbenkian, 2004, p. 181.

Além disso, é preciso considerar que um mesmo texto pode ser repensado, ou seja, é possível que a um mesmo texto se atribuam significados diferentes ao longo do tempo. Isso é impositivo, sob pena de "sequestro da temporalidade",[66] e de se negar o poder criativo do intérprete.

Por outro lado, por maior que seja a busca por atualização do texto, e a possibilidade de reconstrução de seu significado, tal intento não pode trazer prejuízo tão profundo à segurança, que impeça a programação de atividades ou um diálogo razoável, com determinada comunidade às quais se dirigem as normas jurídicas.[67]

Considerando especificamente o objeto deste trabalho, como se afirmou logo no início deste tópico, apesar da apontada evolução, a Jurisprudência dos Conceitos exerce marcante influência até os dias de hoje no estudo do Direito Tributário, que parece ter restado, em alguns pontos, mais ou menos refratário às escolas que se seguiram. Realmente, os que se ocupam da interpretação das disposições constitucionais em matéria tributária,[68] notadamente de demarcação de competências, não raro advogam a necessidade de se utilizarem interpretações bastante literais, presas ao sentido gramatical mais estrito que cada palavra poderia ter. E geralmente isso é feito com apego a conceitos utilizados pelo Direito Privado infraconstitucional vigente quando da entrada em vigor da Constituição Federal, ou mesmo antes disso.

É o que se percebe a partir do art. 110 do CTN que, para Ricardo Lobo Torres, sofre a influência da Jurisprudência dos Conceitos, com apego a interpretações mais literais, precipuamente voltadas a questões formais decorrentes da legalidade, do que voltadas a valorações atreladas à justiça.[69] Por exemplo, ao interpretar as regras de competência, parte considerável da doutrina, como já referido, não busca sua significação nem na evolução histórica do tributo em questão, no que tipicamente representa, nem na acepção do termo conforme empregado de forma evolutiva pela

---

66. Expressão utilizada por Lenio Luiz Streck, *Verdade e Consenso: Constituição, Hermenêutica e Teorias Discursivas*, 4ª ed., cit., p. 620.

67. Cf. Eros Roberto Grau, *Direito, Conceitos e Normas Jurídicas*, São Paulo, Ed. RT, 1988, p. 66.

68. Como, por exemplo, e já referidos no presente trabalho, Geraldo Ataliba e Cléber Giardino, "Imposto sobre circulação de mercadorias e imposto sobre serviços", in Ives Gandra da Silva Martins e Edvaldo Brito (coords.), *Doutrinas Essenciais do Direito Tributário*, vol. 4, São Paulo, Ed. RT, 2011, p. 517; Paulo de Barros Carvalho, *Curso de Direito Tributário*, 12ª ed., São Paulo, Saraiva, 1999, p. 229; Roque Antonio Carrazza, *Curso de Direito Constitucional Tributário*, 29ª ed., São Paulo, Malheiros Editores, 2013, p. 1.077.

69. Ricardo Lobo Torres, "Considerações sobre o futuro da hermenêutica tributária à luz dos princípios da liberdade e justiça tributária", *Revista de Direito Tributário* 88/25, São Paulo, 2004.

sociedade, ou mesmo sistematicamente, em outras partes da Constituição; busca, de rigor, dentro de outra norma ou conceito jurídico, que previamente delimitaria o sentido a ser atribuído. O sistema, portanto, visto dessa forma, fecha-se em seus termos. É claro que isso pode ser visto como uma imposição linguística, de se recorrer à significação já aceita e conhecida das palavras empregadas no diálogo, mas não deixa de revelar desprezo a toda e qualquer evolução havida na realidade externa ao sistema jurídico, a qual pode conter outras fontes de significação para a palavra.

Ou seja, em matéria tributária, a interpretação constitucional não foi alcançada pela Jurisprudência dos Valores, nem pela Hermenêutica em suas lições "pós-giro-linguístico".[70] Apesar de se reconhecer o papel criador do intérprete, é ainda recorrente na doutrina a ideia de que as normas de competência empregam palavras com significação previamente estabelecida, "pronta e acabada",[71] a ser descoberta por meio de um trabalho arqueológico em Códigos e Dicionários. Preconiza-se a adoção de métodos interpretativos e de aplicação do Direito decorrentes de escolas contemporâneas em alguns momentos, mas, em outros, defende-se a utilização de métodos já bastante antigos, inerentes à Jurisprudência dos Conceitos ou mesmo à Escola da Exegese.

Por outras palavras, no âmbito do Direito Tributário, a evolução no estudo e na aplicação do Direito em geral não parece ser recepcionada de forma coerente, mas aos pedaços, sendo o caso de se verificar por que isso acontece, e se há uma justificativa plausível para tanto.

3.3 Aplicação de critérios diferenciados na interpretação do texto constitucional, quando pertinente ao Direito Tributário

A forte influência da Jurisprudência dos Conceitos na interpretação das disposições constitucionais referentes ao Sistema Tributário possui argumentos a seu favor. De início, porém, deve-se ponderar que dificilmente o intérprete leva em consideração a evolução das escolas hermenêuticas, ao construir o sentido que entende adequado para o texto. Ou seja, ele não vislumbra: "já existiram tais e tais escolas na História do Direito e na interpretação, optarei por uma já ultrapassada". O raciocínio ou a

---

70. Paulo de Barros Carvalho, por exemplo, apesar de ser grande defensor do giro--linguístico, acolhendo o papel criador do intérprete, sustenta, como anunciado em frase já referida no presente trabalho, que a competência "uma vez cristalizada a limitação do poder legiferante, pelo seu legítimo agente (o constituinte), a matéria se dá pronta e acabada, carecente de sentido sua reabertura em nível infraconstitucional" (Paulo de Barros Carvalho, *Curso de Direito Tributário*, 12ª ed., cit., p. 229).

71. Cf. José Maria Arruda de Andrade, *Interpretação da Norma Tributária*, cit., p. 78.

interpretação que leva à compreensão, muitas vezes, ocorre de forma difusa e é conduzida por uma preocupação ou valor.

No caso do Direito Tributário, tal preocupação ou valor deve ser a segurança jurídica e a proteção do contribuinte, já que o Estado, dotado da *tríplice função* de elaborar a regra, aplicá-la e julgar os conflitos daí decorrentes,[72] pode alterar a Constituição e a legislação como um todo, enquanto o contribuinte não, apenas a ela se sujeita.[73] Embora o tributo seja importante para assegurar a manutenção do Estado e o atendimento de suas finalidades, as quais devem estar ligadas à promoção dos direitos fundamentais dos seus cidadãos, não se pode negar que ele, o tributo, é inerente à própria existência do Estado, que historicamente nunca precisou do Direito para cobrá-lo. As revoluções burguesas que conduziram ao surgimento de Constituições rígidas mostram, na verdade, que o Direito Tributário surgiu como forma de disciplinar a cobrança de tributos, colocando limites a ela. Isso não pode ser esquecido pelo intérprete do texto constitucional, ainda que se saiba que, hoje, existem limitações adicionais, de cunho positivo, à atuação estatal, que não está apenas condicionada por normas que lhe dizem o que não fazer, mas por outras que lhe impõem algumas finalidades.

Além disso, ainda que se considere que o intérprete pondera sobre a evolução das escolas hermenêuticas, e opta por uma que não é mais predominante, deve-se reconhecer que não há necessariamente um sequenciamento estanque entre tais escolas, no sentido de que uma ultrapassa ou suprime inteiramente a outra, tanto que as técnicas desenvolvidas por Savigny são utilizadas até a atualidade.

Importa também ter em mente que o excessivo detalhamento da Constituição brasileira faz com que nela estejam presentes normas não consideradas materialmente constitucionais, e que talvez não mereçam a aplicação de métodos interpretativos diferenciados, desenvolvidos diante da necessidade de atualização da Carta Política e de efetivação dos direitos fundamentais. Exemplo evidente é o dispositivo do § 2º do art. 242 da CF/1988, segundo o qual "O Colégio Pedro II, localizado na cidade do Rio de Janeiro, será mantido na órbita federal". Nessa ordem de ideias, poder-se-ia objetar o caráter materialmente constitucional da minudência das disposições normativas alusivas à competência tributária.

É invocável ainda a ideia de que, apesar de esse não ser o único motivo, a grande revolução interpretativa pela qual passou a Constituição, nos

---

72. James Marins, *Defesa e Vulnerabilidade do Contribuinte*, São Paulo, Dialética, 2009, pp. 23 e ss.; Ramon Valdes Costa, *Instituciones de Derecho Tributario*, Buenos Aires, Depalma, 1992, p. 279.

73. James Marins, *Defesa e Vulnerabilidade do Contribuinte*, cit., p. 24.

últimos tempos, deve-se, sobretudo (mas não só), às técnicas desenvolvidas para a interpretação e a aplicação de princípios, sendo assim de menor pertinência no que tange a regras, gênero do qual as de competência são espécie. Com efeito, a reestruturação do Direito, em seus diversos ramos, como se afirmou no item anterior, deve-se à necessidade de adequação à chamada primazia dos princípios.

Historicamente, a exaltação dos princípios tem justificativas nobres, atreladas à possibilidade de sustentar a invalidade de condutas aparentemente toleradas por regras infraconstitucionais, mas atentatórias de princípios jurídicos reconhecidos ou imanentes, explícitos ou tido como implícitos na Constituição. Nessa linha de evolução, o impropriamente chamado pós-positivismo surge como doutrina capaz de conciliar a positivação das normas com estrutura de princípio, com a abertura do sistema para o emprego direto de valores.

Lembre-se que a justificativa para uma interpretação mais ampla e aberta da Constituição deve-se, não apenas à sua necessidade de atualização, pelo simples transcurso do tempo e alteração da realidade, mas ao caráter evolutivo dos direitos fundamentais. A finalidade da interpretação dinâmica, nesse caso, é manter o respeito à dignidade humana, que ganha distinta significação em cada novo contexto social. Em matéria tributária, porém, o núcleo da relação ainda depende muito da contenção do poder de tributar. Recorde-se, a propósito, que, como afirmado no Capítulo 1, a vedação à bitributação é destinada não só a garantir maior autonomia aos entes federativos, mas também ao respeito da capacidade econômica dos contribuintes.

Deve-se ponderar, ainda, que mesmo o frenesi inicial com a exaltação principiológica vem perdendo parte de sua força, diante da percepção da grande instabilidade por ela gerada. Os princípios, realmente, passaram a ser invocados para os mais diversos fins. Um mesmo princípio, aliás, passou a ser invocado por ambas as partes do diálogo, para sustentar teses jurídicas opostas, num jogo que mais parece política. Essa "politização" do processo hermenêutico, conforme denuncia Paulo de Barros Carvalho, além de enfraquecer o teor da mensagem, faz com que a interpretação seja submetida com ainda maior intensidade a "tendências emocionais" do intérprete.

Como objeto cultural, ao Direito se agregam valores, mas, ainda nas palavras de Paulo de Barros, a "presença axiológica" não pode assumir "dimensões incontroláveis", pois com isso não atingiria "aquele *minimum* de segurança ínsito à existência do dever ser".[74]

---

74. Paulo de Barros Carvalho, "Prefácio", in Humberto Ávila, *Teoria da Igualdade*, 2ª ed., São Paulo, Malheiros Editores, 2009, p. 10.

Nesse cenário, alguns reparos têm sido de grande relevância, como, por exemplo, a indicação de que se a própria Constituição, por seu constituinte originário, sopesando valores ou interesses, elabora uma regra, tal regra não pode ser afastada diante da invocação de princípios.[75] Por outro lado, as regras de competência constam do texto constitucional de 1988 desde sua promulgação. Assim, ainda que, dentro de certos limites, seja possível reformar o texto, através de emenda, as escolhas feitas pelo legislador constituinte não podem ser ignoradas pelo legislador ordinário, também intérprete da Constituição. Daí por que resta claro que a lei infraconstitucional não tem espaço para referir, como integrantes da hipótese de incidência da regra de tributação, o que não está explícita ou implicitamente na materialidade de cada regra de competência, mesmo que busque em princípios constitucionais possíveis justificativas para tanto.

Ou seja, se o texto constitucional, não obstante possa ter significado "A", "B" ou "C", claramente não ostenta significado "X", "Y" ou "Z", a legislação tributária infraconstitucional não lhe pode atribuir um destes últimos significados, ainda que, ao fazê-lo, afirme estar realizando princípios veiculados em outros dispositivos da Constituição (isonomia, livre concorrência, neutralidade etc.). Cuida-se de consequência que decorre, necessariamente, do fato de serem as normas de competência *regras*, e não princípios.

Não se trata, portanto, nesse ponto, de decidir entre aplicar ou não aplicar ao Direito Tributário as técnicas de ponderação de princípios próprias do constitucionalismo contemporâneo, mas de respeitar a primazia de uma regra sobre um princípio de igual hierarquia constitucional, algo que decorre até mesmo da aplicação ao caso dos tradicionais métodos de solução de antinomias, que levam a norma específica a prevalecer sobre a geral.

Poder-se-ia questionar, diante disso, se, tendo as normas de competência estrutura de regra, e não sendo elas, de rigor, materialmente constitucionais, seria possível aplicar em sua interpretação as técnicas desenvolvidas a partir da Jurisprudência dos Valores. Aliás, poder-se-ia até mesmo pôr em dúvida a afirmação de que as normas de competência têm estrutura de regra jurídica.

Na verdade, conforme explicado no Capítulo anterior, as normas de competência têm a estrutura de *regras*, mas isso, por si só, não faz com que seus âmbitos de incidência não se possam logicamente sobrepor. Diversamente do que se dá com normas proibitivas e permissivas, que evidentemente não podem dizer respeito à mesma conduta, normas de competência podem, em tese, conferir faculdades concorrentes a pessoas

---

75. Como mostra Humberto Ávila, "se as normas forem do mesmo nível hierárquico, e ocorrer um autêntico conflito, deve ser dada primazia à regra" (Humberto Ávila, *Teoria dos Princípios*, 15ª ed., São Paulo, Malheiros Editores, 2014, p. 113).

diversas. No Direito brasileiro tal sobreposição não se faz possível, como já examinado; mas isso não se dá em face de características ostentadas *a priori* por tais normas, por sua "natureza" ou estrutura lógica, mas por outras disposições constantes do ordenamento jurídico, a exemplo daquelas referentes ao exercício da competência residual e à necessidade de se equacionarem, por lei complementar, os conflitos de competência.

Diante de tudo isso, pode parecer estranho, mesmo no âmbito da ideia de que o sentido do texto constitucional é determinado pelos "jogos de linguagem", ou talvez justamente por isso, interpretá-las de uma forma concessiva de maior poder de tributar. Seria desprezar mais uma vez a lógica de expansão dos direitos fundamentais, justificadora da interpretação evolutiva da Constituição, que não teve como finalidade amesquinhar direitos de primeira dimensão, como a legalidade e a segurança jurídica, mas exigir uma postura mais ativa do Estado perante os cidadãos quanto aos direitos sociais. Esse é um dado a se considerar na compreensão dos textos que as veiculam.

Realmente, mesmo diante de uma maior significação da solidariedade no Estado Social, não se pode admitir que se despreze a existência de uma delimitação das hipóteses de incidência de uma determinada regra, a fim de exigir o cumprimento de seu consequente em outras situações não previstas, apenas para assim realizar princípios, por mais fundamentais que sejam.[76]

Ou seja, tanto o fundamento que justifica a interpretação mais ampla da Constituição não se aplica inteiramente às regras de competência, como a própria interpretação aberta dos princípios começa a ser restringida ou, pelo menos, repensada. E isso deve ocorrer, aliás, como forma de prestígio aos próprios princípios, que, de algum modo, sugerem essa moderação, a exemplo dos princípios democrático, da legalidade e da separação dos poderes, que teriam sua eficácia amesquinhada se aos restantes se atribuísse demasiada primazia, notadamente em face de regras. De fato, isso implicaria conferir desmedido poder ao intérprete dos textos normativos, em detrimento daqueles encarregados de sua elaboração.

Tais constatações conduzem à conclusão segundo a qual é inadequado pretender dar interpretação mais aberta ao texto que veicula normas de competência. O raciocínio é correto, mas apenas em parte. Análise mais profunda do tema revela que não há uma completa contradição entre as

---

76. Até porque isso conduziria a um ordenamento composto apenas por princípios, extremo cuja impossibilidade decorre da natureza escrita e rígida da própria Constituição. Confira-se, nesse sentido: Robert Alexy, *Teoría de los Derechos Fundamentales*, cit., pp. 115-118 (na edição em português, traduzida por Virgílio Afonso da Silva, 2ª ed., 3ª tir., São Paulo, Malheiros Editores, 2014, pp. 123 a 125).

premissas referidas acima e a admissão de que, também quanto às regras que delimitam as competências tributárias, a interpretação da Constituição não deve ficar presa aos conceitos de Direito Privado da época de sua entrada em vigor, ou mesmo apenas aos conceitos de Direito Privado, ainda que de forma evolutiva.

Com efeito, uma coisa é a admissão de que as competências para a instituição de tributos são veiculadas por meio de regras, e não de princípios. Outra, diferente, é a defesa de que, na construção de tais regras, o texto normativo deve ser entendido, sempre e necessariamente, no sentido que é próprio às palavras que o integram no âmbito do Direito Privado pré (e infra) constitucional.[77]

É preciso não confundir segurança jurídica com artificialismo, a partir do estabelecimento de dogmas. Para que o debate seja legítimo, ganhe adesão e solidez por tempo mais prolongado, deve estar fundado na crença da honestidade e da boa-fé dos partícipes.[78]

Não se defende, naturalmente, que Fazenda Pública e contribuintes sempre argumentem, no plano ôntico, quer na defesa de projetos de lei, quer na fundamentação de teses jurídicas perante o Poder Judiciário, de forma honesta e com boa-fé. Isso seria ingênuo, tendo em vista os crescentes interesses arrecadatórios da primeira, e os propósitos elisivos, ou mesmo evasivos, às vezes presentes na conduta dos segundos. Mas a Fazenda, os contribuintes, os estudiosos do assunto e os membros do Judiciário *devem* argumentar com honestidade e boa-fé, na discussão das aludidas teses. Estas podem ora ser mais favoráveis a um ou ao outro polo da relação tributária, não devendo o benefício ou o prejuízo advindo da tese a este ou àquele polo da relação tributária servir, por si só, para que se adote ou abandone uma ideia.

Por outro lado, é preciso notar que a defesa de um necessário apego a significados que estariam presentes, de forma *a priori* e *objetiva* nas palavras, a serem "descobertos" pelo intérprete, tal como se este estivesse a investigar as propriedades de um novo mineral, encontrado na natureza, contradiz a ideia de que a interpretação é uma *construção*, nos termos em que propalado pelos autores que se dizem partidários do chamado "giro--linguístico".

---

77. É o que parecem defender Antônio Carlos Garcia de Souza, Gilberto de Ulhoa Canto e Ian de Porto Alegre Muniz, "O fato gerador do imposto sobre a renda e proventos de qualquer natureza", in Ives Gandra da Silva Martins, *Caderno de Pesquisas Tributárias* 11, São Paulo, Resenha Tributária/CEU, 1986, p. 4.

78. Robert Alexy, *A Theory of Legal Argumentation: the Theory of Rational Discourse as Theory of Legal Justification*, trad. Ruth Adler e Neil MacCormick, Oxford, Clarendon Press, 1989, p. 189.

Essa contradição é denunciada por Marciano Seabra de Godoi,[79] que considera – com acerto – incoerente defender-se um único sentido para o texto normativo, a ser "descoberto" pelo intérprete independentemente do contexto em que a norma deve ser aplicada, e a própria premissa positivista utilizada, que admite uma "construção"[80] por parte do intérprete.

Aliás, tal postura é incoerente com a própria admissão de que *texto* e *norma* são figuras distintas, sendo a segunda o sentido do primeiro. Sabe-se, a propósito, que a liberdade do intérprete é nota característica das várias correntes positivistas, que têm em comum não apenas o seu reconhecimento, mas a recusa em estudar os critérios e parâmetros a serem utilizados na escolha do sentido da norma.

No caso, apesar dessa estrutura rígida da regra de competência, ela, a regra, é veiculada, ou construída, a partir de textos que empregam palavras inevitavelmente imprecisas,[81] e que não revelam desde logo todas as características da realidade que designam, as quais não raro se interpenetram e possuem zonas de interseção. Assim, dependendo de como forem entendidas, podem ensejar certa interpenetração entre as competências, o que, como já ressaltado, é antevisto, mas repelido pelo texto constitucional, que atribui ao legislador complementar o papel de solucioná-la.

Além disso, apesar da dicção do já mencionado art. 110 do CTN, da simples leitura do texto, em tese, não é possível saber em quais hipóteses o texto constitucional emprega palavras na acepção jusprivatista ou técnica, distinguindo-as daquelas em que acolheu significado coloquial, ou econômico, bem como daquelas compostas de expressão usada para batizar figura preexistente, não havendo inteira convergência entre o significado dos termos isolados e as materialidades alcançadas por tal figura. E isso para não referir a circunstância, evidente, mas não percebida pela maioria da doutrina, de que não se pode interpretar a Constituição à luz da legislação infraconstitucional, o que às vezes é feito quando se invoca o disposto no art. 110 do CTN para se defender interpretação do texto constitucional desta ou daquela maneira.

---

79. Marciano Godoi, "O quê e o porquê da tipicidade tributária", in Ricardo Lodi Ribeiro e Sérgio André Rocha (coords.), *Legalidade e Tipicidade no Direito Tributário*, São Paulo, Quartier Latin, 2008, p. 77.

80. Herbert L. A. Hart, *O Conceito de Direito*, trad. A. Ribeiro Mendes, 3ª ed., Lisboa, Fundação Calouste Gulbenkian, 2001, p. 17.

81. Confira-se, a propósito: Kees van Deemter, *Not Exactly: in Praise of Vagueness*, Oxford, Oxford University Press, 2010, *passim*. Sobre a polêmica a respeito de saber se a imprecisão é inerente à linguagem, ou à realidade por ela referida, sendo a conclusão do autor no sentido de que ela está presente em ambas, veja-se: Stewart Shapiro, *Vagueness in Context*, Oxford, Clarendon Press, 2006, pp. 196 e ss.

A afirmação de que a norma de competência tem estrutura de regra, e não de princípio, não elimina as dúvidas quanto à sua aplicação. De fato, conquanto sua aplicação se dê à base de um tudo ou nada, afastando, na maioria das vezes, a dificuldade inerente à ponderação, própria dos princípios, subsiste a dificuldade, em relação às regras, no que toca à determinação de seu sentido. Por outras palavras, aplicar uma regra pode parecer simples, mas isso só *depois* que ela é determinada, vale dizer, que o texto que a veicula tem seu sentido identificado.[82]

Em suma, mesmo não se podendo aplicar às regras de competência a metodologia da interpretação constitucional em sua inteireza, não se deve comparar a interpretação de texto que inicia o delineamento da regra-matriz de incidência, definindo o "âmbito constitucional" do tributo, com a interpretação de disposições de lei complementar ou de lei ordinária que condensam essa competência através de conceitos, ou exercem-na em obediência a estes. Essas últimas, das quais não se espera tanta longevidade, podem comportar menor grau de atualização interpretativa.

Finalmente, deve-se lembrar que o reconhecimento de um papel mais importante ao intérprete da regra constitucional não implica, necessariamente, um amesquinhamento dos direitos do contribuinte, cuja proteção, historicamente, levou ao próprio surgimento de Constituições rígidas com limitações ao poder de tributar. Primeiro porque, como já explicado, esse papel existe, decorrendo da natureza do processo interpretativo, e não do seu reconhecimento por parte de quem o estuda, que apenas o atesta, de forma declaratória. Reconhecê-lo e teorizá-lo, nessa ordem de ideias, é importante passo para se lhe limitar o exercício, e não o contrário. Segundo, porque a adequada (re)construção de uma norma de competência, à luz dos valores que inspiram sua existência, não deve levar a um agigantamento ou a um amesquinhamento da proteção representada por essa norma, mas apenas e tão somente uma adequada e racional compreensão dela, à luz de sua razão de ser.

3.4 Entre a cristalização e a atualização do texto

Preocupação evidente ao se refletir sobre as possíveis acepções das palavras empregadas nas regras de competência relaciona-se à segurança

---

82. Como aponta Perelman, a lógica formal torna simples o processo de "subsunção", tendo-se na norma a premissa maior, no fato a premissa menor, e no direito subjetivo a conclusão. Todo o problema, porém, antecede o raciocínio formal, pois reside na definição de suas premissas, vale dizer, na determinação da norma aplicável e na identificação dos fatos, resvalando-se, neste último caso, para o dificílimo problema da prova e da verdade (Chaïm Perelman, *Lógica Jurídica*, trad. Vergínia K. Pupi, São Paulo, Martins Fontes, 2000, p. 242). Em termos semelhantes: Humberto Ávila, *Teoria dos Princípios*, 14ª ed., cit., p. 176.

jurídica, em decorrência da desejada certeza quanto ao uso dos termos no debate. Como se afirmou, afinal, o emprego que se faz de uma palavra é critério para sua compreensão. Além disso, seria próprio das regras, em oposição aos princípios, maior busca por segurança.[83]

Parece natural, portanto, que, no debate jurídico, de cunho científico, as palavras sejam consideradas na acepção técnica determinada à luz da época da entrada em vigor da Constituição, o que representaria maior segurança jurídica. A questão, porém, é que mesmo do ponto de vista técnico, as palavras costumam ter várias significações, e podem evoluir ao longo do tempo. Renda, por exemplo, do ponto de vista econômico-contábil pode ter abrangência maior que a acepção atualmente acolhida no art. 43 do Código Tributário Nacional.[84] Por outro lado, seu significado pode evoluir no tempo, tanto que, em textos constitucionais anteriores, o termo já foi empregado com acepção mais ampla, conforme visto no item 1.4.3.

A inevitável evolução de algumas palavras e realidades também pode acarretar reflexos tributários, como é o caso das compras realizadas por meio da *internet*, notadamente aquelas em que os bens ou os serviços adquiridos, tendo natureza intangível, são entregues ou prestados ao consumidor por meio da própria rede.

Tratar-se-á do problema da atualização de textos pela via interpretativa mais adiante (4.5, *infra*), mas não se pode deixar de referi-lo aqui, notadamente porque está diretamente ligado à compreensão do art. 110 do CTN, invocado pelo Supremo Tribunal Federal em muitos de seus julgados em torno das regras de competência. Veja-se, por exemplo, que esse foi um dos argumentos usados para justificar a incidência do ISS sobre *leasing*. O Ministro Peluso afirmou que os contratos complexos do mundo contemporâneo não poderiam seguir sendo examinados à luz de categorias surgidas no âmbito do Direito Romano.[85]

A esse respeito, reconheça-se que a questão, nesse caso, não se resume a atualizar a compreensão da palavra "serviço", até porque existem limites impostos à regra de competência, aplicáveis, por igual, àquele que a pretende "atualizar". Realmente, as operações de *leasing*, enquanto "modernidade" inexistente no âmbito do Direito Romano, até poderiam ser entendidas como situadas na competência impositiva do IOF, pois de algum modo implicam ou configuram financiamento (operação de crédito). Mas não,

---

83. Ana Paula de Barcellos, *Ponderação, Racionalidade e Atividade Jurisdicional*, Rio de Janeiro, Renovar, 2005, p. 186.
84. Gisele Lemke, *Imposto de Renda: os Conceitos de Renda e de Disponibilidade Econômica ou Jurídica*, São Paulo, Dialética, 1998, pp. 29 e ss.
85. STF, Pleno, Recurso Extraordinário 547.245-SC, julgado em 2.12.2009. Inteiro teor em STF, cit.

com todo o respeito ao entendimento do Supremo Tribunal Federal, como um "serviço". De fato, embora a palavra "serviço" comporte significação bastante ampla, eventualmente empregada de sorte a abranger, inclusive, as operações bancárias (o que encontra amparo no Direito Privado, à luz do Código de Defesa do Consumidor), entendê-las como situadas no âmbito da competência municipal cria insolúvel conflito de competência entre União e Município, sendo necessário encontrar para a palavra "serviço" sentido que não abarque operações, fatos ou negócios situados na competência impositiva de outros entes federativos. Trata-se de limite a ser observado na determinação do conteúdo e do alcance das regras de competência. Não se pode, assim, por maior que tenha sido a evolução na compreensão das palavras utilizadas no texto respectivo, interpretá-las de modo a *criar* ou *incrementar* os conflitos que a Constituição assevera deverem ser dirimidos.

Seja como for, o exemplo do ISS incidente sobre operações de *leasing* mostra o quão difícil é a compreensão do sentido e do alcance do art. 110 do CTN, pois, embora o legislador ordinário não possa alterar o significado de conceitos de Direito Privado empregados pela Constituição nas regras de competência tributária, quando estes sejam oriundos do Direito Privado, coloca-se a questão de saber como proceder quando o próprio Direito Privado oferta mais de uma significação.

3.5 Termos empregados no texto constitucional e o art. 110 do CTN

Como se afirmou acima, em praticamente todos os debates sobre a interpretação das regras de competência, parte-se do art. 110 do CTN como tentativa de justificar o uso de conceitos de Direito Privado ou a interpretação estática dos termos empregados na Constituição. Talvez se vislumbre no art. 110 do CTN mais do que nele está escrito, que, a propósito, é o seguinte:

> Art. 110. A lei tributária não pode alterar a definição, o conteúdo e o alcance de institutos, conceitos e formas de Direito Privado, utilizados, expressa ou implicitamente, pela Constituição Federal, pelas Constituições dos Estados, ou pelas Leis Orgânicas do Distrito Federal ou dos Municípios, para definir ou limitar competências tributárias.

De seu texto apreende-se, em um primeiro momento, algo óbvio, que decorre da própria hierarquia normativa. Afinal, a lei não pode alterar a Constituição, logo não é admissível, *a fortiori*, que modifique o sentido das palavras utilizadas na Carta Magna. Foi o que observou o Ministro Luiz Gallotti, em frase já célebre: "se a lei pudesse chamar de compra o que não é compra, de importação o que não é importação, de exportação o que não é exportação, de renda o que não é renda, ruiria todo o sistema tributário inscrito na Constituição" (*RTJ* 66/65). E isso é verdade. Mas o problema vai além, e consiste no seguinte: como saber o que é uma compra, uma importação, uma exportação, ou renda? Todos esses termos somente podem ser compreendidos como conceituados pelo Direito Privado? Será que a significação dessas palavras separadamente importa mais do que os traços históricos do tributo cuja instituição é permitida pela regra veiculada com o uso delas? E mais: *a contrario sensu*, uma expressão ou palavra utilizada pela Constituição somente não poderá ser alterada pelo legislador infraconstitucional tributário quando empregada na delimitação de competências tributárias?

Exatamente fundada no art. 110 do CTN, e na tentativa de dirimir dúvidas quanto a onde e como se deve buscar a significação dos termos empregados na Constituição, parte da doutrina informa que essa expedição deve ser feita através de uma viagem até a acepção que a palavra tinha no momento prévio à sua promulgação.[86] Ademais, afirma-se que, no discurso jurídico, porque realizado no âmbito da Ciência Jurídica, seria necessário considerar os termos em sua acepção técnica. Assim, por exemplo, o termo "faturamento" empregado no art. 195 da CF/1988 deveria ser entendido como o empregara a Ciência Contábil, e não o leigo. Foi o argumento que, como visto anteriormente, fundamentou, no Plenário do Supremo Tribunal Federal, os votos vencedores no julgamento dos RREE 166.772-9-RS e 116.121-SP, mas que parece estar perdendo, gradativamente, sua importância no âmbito da jurisprudência do Supremo Tribunal Federal.

Partidários dessa forma de pensar, Ricardo Mariz de Oliveira, Gustavo Martini de Matos e Fábio Piovesan Boza afirmam:

> Não existindo uma definição constitucional, ou sendo esta insuficiente para fixar a abrangência da expressão, o intérprete deve buscar a noção desses termos na legislação infraconstitucional editada previamente à promulgação da Constituição Federal e que tenha sido recepcionada pela nova ordem constitucional, dando preferência às normas gerais de Direito Tributário constantes do CTN (é o caso das noções de propriedade rural, propriedade predial e territorial urbana, renda, produto industrializado).
>
> Isso ocorre porque a Constituição Federal de 1988, ao mesmo tempo em que inaugura uma nova ordem constitucional, revoga tácita ou expressamente a parte do ordenamento jurídico previamente existente que se mostre incompatível como novos valores jurídicos, políticos e ideológicos, e recepciona a parte compatível.[87]

---

86. Cf., *v.g.*, Paulo de Barros Carvalho, "Não incidência do ISS sobre atividades de franquia", *Revista Direito Tributário Atual* 20/212-213, São Paulo, Dialética/IBDT, 2006.

87. Ricardo Mariz de Oliveira, Gustavo Martini de Matos e Fábio Piovesan Boza, "Interpretação e integração da lei tributária", in Hugo de Brito Machado (coord.), *Interpretação e*

O ponto inicial que talvez mereça reflexão é o de que não é papel da Constituição veicular definições. A Constituição brasileira, na parte do sistema constitucional tributário, já é fartamente minuciosa. Se ainda se dedicasse a definir o significado das palavras que emprega na delimitação dos âmbitos de incidência dos mais variados tributos, seria de detalhamento inaceitável. Desse modo, raciocínio como o anunciado acima, de que "não existindo definição constitucional ou sendo esta insuficiente para fixar a abrangência da expressão o intérprete talvez deva buscar..." talvez deva ser posto com mais cautela. Até porque a significação dos termos empregados na Constituição é encontrada na evolução do seio social, de forma mais dinâmica.

A questão, realmente, é bem mais complexa do que parece, e, para investigá-la, se deve indagar se realmente as palavras utilizadas pela Constituição o foram de modo a que sejam vistas como conceitos, e, além disso, se estes teriam necessariamente o significado que lhes dá o Direito Privado.

Importa observar que o art. 110 do CTN não afirma que as palavras usadas pela Constituição, sempre que tiverem correspondente no Direito Privado, devem ser entendidas à luz do Direito Privado. De rigor, apenas afirma que, *quando* a Constituição utilizar conceito próprio do Direito Privado, este não poderá ser pelo legislador modificado, como, de resto, nenhuma norma constitucional pode ser modificada pelo legislador infraconstitucional, tenha ela a significação que lhe dá o Direito Privado ou não. Esse "quando", porém, não está indicado. É tarefa do intérprete identificá-lo.

A legislação portuguesa, dando mais segurança jurídica ao debate, contém expresso dispositivo fazendo remissão aos conceitos do Direito Privado.[88] Realmente, segundo o art. 11º, 2, da Lei Geral Tributária portuguesa, "sempre que, nas normas fiscais, se empreguem termos próprios de outros ramos de direito, devem os mesmo ser interpretados no mesmo sentido daquele que aí têm, salvo se outro decorrer directamente da lei".

Aplicação da Lei Tributária, São Paulo/Fortaleza, Dialética/ICET, 2010, pp. 380-381. Conferir também: Paulo Ayres Barreto, *Elisão Tributária: Limites Normativos*, Tese (Livre-Docência do Departamento de Direito Econômico e Financeiro), São Paulo, Faculdade de Direito da Universidade de São Paulo, 2008, pp. 76-77.

88. Como observam Diogo Leite de Campos e Mônica Horta Neves Campos "os diplomas estrangeiros semelhantes à Lei Geral Tributária têm sido apresentados como leis de certezas e seguranças jurídicas. Embora se lhes aponte o terem ficado aquém do necessário. A Lei Geral portuguesa deu e era essa uma de suas intenções, passos significativos no sentido da certeza. (...) Depois, introduzindo formalmente no Direito Tributário normas que se encontravam em ramos do Direito (...)" (Diogo Leite Campos e Mônica Horta Neves Campos, *Direito Tributário*, 2ª ed., Coimbra, Almedina, 2000, p. 198).

Note-se, porém, que apesar de a Lei portuguesa afirmar que, na ausência de conceituação direta, deve-se acolher a significação própria do Direito Privado, ela admite conceituação apegada à substância econômica dos fatos tributários. É o que se anuncia no art. 11º, 3 da mesma lei, segundo o qual "persistindo a dúvida sobre o sentido das normas de incidência a aplicar, deve atender-se à substância econômica dos fatos".

Aplicando raciocínio semelhante ao Ordenamento Jurídico brasileiro, sendo as competências traçadas na Constituição, com a mera utilização de palavras, a significação destas deveria ser colhida no ramo do direito que as houvesse utilizado previamente, a não ser que a própria Constituição contivesse disposição em sentido contrário. Não se pode deixar de apontar, porém, que, se por um lado a legislação portuguesa se assemelha à brasileira, por outro, é distinta: além da ausência do uso do termo "sempre", lá se trata de norma informando como disposições de *mesma hierarquia* devem ser interpretadas. Aqui se trata de norma *infra*constitucional (o art. 110 do CTN) dando balizamentos de interpretação constitucional. Mesmo considerando que normas infraconstitucionais podem, por didática, orientar a interpretação constitucional, deve-se ponderar que o art. 110 do CTN foi elaborado em período em que a própria interpretação constitucional tinha outros contornos, tanto que, como observa Ricardo Lobo Torres, o art. 110 do CTN sofre ainda influência da Jurisprudência dos Conceitos, enquanto a interpretação constitucional é atualmente guiada pela Jurisprudência dos Valores.[89]

Na verdade, o debate histórico por trás da elaboração do art. 110 do CTN envolve a análise sobre a autonomia do Direito Tributário para alcançar fatos em sua significação econômica, independentemente do enquadramento jurídico que tenham em outro ramo do Direito. Assim entende a doutrina, resumindo a questão como se se tratasse de dois polos antagônicos no discurso, pondo de um lado a realidade econômica e de outro, a forma jurídica.[90]

Esse debate foi mais fortemente travado através da corrente que se intitula "Consideração Econômica do Direito".[91] No caso do art. 110, porém, não se trata propriamente de "Consideração Econômica" porque,

---

89. Ricardo Lobo Torres, "Considerações sobre o futuro da hermenêutica tributária à luz dos princípios da liberdade e justiça tributária", *Revista de Direito Tributário* 88/25, cit.

90. Antonio J. Franco de Campos, "Direito tributário", in Hamilton Dias de Souza, Henry Tilbery e Ives Gandra da Silva Martins (coords.), *Comentários ao Código Tributário Nacional*, vol. 1, São Paulo, José Bushatsky, 1975, p. 217.

91. A propósito da consideração econômica, confira-se: Wilhelm Hartz, *Interpretação da Lei Tributária: Conteúdo e Limites do Critério Econômico*, trad. Brandão Machado, São Paulo, Resenha Universitária, 1993, *passim*; Johnson Barbosa Nogueira, *A Interpretação Econômica no Direito Tributário*, São Paulo, Resenha Universitária, 1982, *passim*.

historicamente, esta se dá em nível legal,[92] e, às vezes já em uma feição exacerbada e deturpada, na passagem do nível legal para o infralegal, vale dizer, no âmbito da atividade de aplicação da regra de tributação pela Administração Tributária, e não no plano constitucional, próprio da delimitação do poder de tributar. De qualquer sorte, importa acolher a ideia de que se trata de debate quanto à independência das normas de Direito Tributário.

Se por um lado é certo que não é possível admitir a invocação indevida de uma visão deturpada da "consideração econômica", para possibilitar a desconsideração indiscriminada de planejamentos tributários por parte do Fisco,[93] mediante o desprezo de termos que têm significação própria no âmbito do Direito Civil, utilizados na lei tributária,[94] por outro, não se pode negar que a própria lei tributária pode acolher o fato não em sua juridicidade, mas em sua feição econômica.

Como se sabe, uma norma jurídica, ao descrever sua hipótese de incidência, pode fazê-lo com alusão a fatos tomados em sua pura facticidade, sem consideração ao tratamento que recebem por parte de outras normas jurídicas. Mas pode descrever tais hipóteses reportando-se a fatos já juridicizados por outras normas jurídicas. Essa possibilidade reflete-se, de forma clara, nos dois incisos do art. 116 do CTN, que se referem a hipóteses de incidência que podem ser "situações de fato" ou "situações jurídicas", explicitando quando se devem considerar consumadas, em cada caso. E essa liberdade é tanto maior quando se trata de norma constitucional, que não tem âmbito de competência previamente delimitado por norma de superior hierarquia.

Veja-se, por exemplo, o termo "propriedade", que no âmbito do Direito Privado pré e infraconstitucional tem uma significação bastante estrita, mas, no que tange à competência para a instituição de impostos patrimoniais (IPTU e ITR), foi pelo CTN tratado de forma um pouco mais ampla, de sorte a envolver o domínio útil e a posse, o que tem sido entendido pela doutrina como indicativos de que tais impostos oneram a propriedade em seu aspecto mais econômico do que estritamente jurídico, pelo menos se dado à palavra o sentido que lhe é próprio no âmbito jusprivatístico.[95] A

---

92. Luís Eduardo Schoueri, *Direito Tributário*, 2ª ed., São Paulo, Saraiva, 2012, p. 661.

93. A esse respeito, veja-se Fernando Aurélio Zilveti, "O ISS, a Lei Complementar 116/2003 e a interpretação econômica", *Revista Dialética de Direito Tributário* 104/35-43, São Paulo, Dialética, maio de 2004.

94. Até porque isso implicaria a possibilidade de tributação por meio de analogia, algo incompatível com o princípio da legalidade e vedado, de forma expressa, pelo art. 108, § 1º, do CTN.

95. Luís Eduardo Schoueri, "O mito do lucro real na passagem da disponibilidade jurídica para a disponibilidade econômica", in Luís Eduardo Schoueri, Roberto Quiroga

norma de Direito Privado, portanto, talvez possa ser um indicador, mas não é decisiva na determinação do sentido das palavras empregadas pelo legislador constitucional.

Poder-se-ia, porém, argumentar, como no raciocínio acima transcrito desenvolvido por Ricardo Mariz de Oliveira, Gustavo Martini de Matos e Fábio Piovesan Bozza, que só seria admissível acepção no sentido econômico nesse caso, porque se trata de norma anterior à Constituição, de amplo emprego. A questão, portanto, seria equacionada da seguinte maneira: não havendo ressalva na Constituição, a acepção a ser acolhida será aquela que vinha sendo empregada, preferencialmente pela própria legislação tributária, ainda que não se trate da acepção mais técnica. Caso, porém, na legislação tributária anterior à Constituição não exista menção ao significado da palavra ou expressão, a acepção a ser acolhida deverá ser a mais técnica possível, à luz do Direito Privado, ou do outro ramo do direito pertinente (*v.g.*, administrativo, trabalhista etc.). Isso porque, seguindo os chamados "jogos de linguagem", presume-se que o texto constitucional empregou palavras no sentido já assente no âmbito jurídico-tributário, e caso se pretendesse atribuir sentido diverso, tal alteração decorreria de remissão expressa feita pelo próprio constituinte.

Tal raciocínio, todavia, não toma em conta que, desde sua elaboração, o Código Tributário Nacional foi considerado válido, inclusive em suas disposições relativas à tributação da propriedade imobiliária, e que fazem alusão ao domínio útil e à posse, apesar de na Constituição de então não haver autorização expressa para o uso de expressão em sentido amplo, referindo-se, como se refere a atual, apenas à propriedade predial e territorial urbana (CF/1946, art. 29, I).

A propósito do art. 32 do CTN, aliás, Aires Barreto não apenas reconhece que o vocábulo *propriedade* "não foi utilizado pela Constituição em seu sentido técnico", e sim o vulgar, como observa que o CTN, apesar de criticado, apenas "captara adequadamente, o espírito das Constituições anteriores".[96] Ou seja, não necessariamente as Constituições utilizam os conceitos técnicos, até porque mesmo a definição de tais "conceitos técnicos" pode também ser dúbia.

Talvez seja relevante, aqui, fazer uma distinção que nem sempre é observada pelos que tratam dos arts. 109 e 110 do CTN, da autonomia do Direito Tributário, de suas relações com o Direito Privado e da questão da "consideração econômica". Trata-se de diferenciar uma *criação jurídica*,

---

Mosquera e Alexsandro Broedel Lopes (coords.), *Controvérsias Jurídico-Contábeis: Aproximações e Distanciamentos*, São Paulo, Dialética, 2010, p. 249.

96. Aires F. Barreto, *Curso de Direito Tributário Municipal*, São Paulo, Saraiva, 2009, p. 180.

que pode ser colhida como realidade tributável, de uma *definição, contida em normas jurídicas*, de realidades que existem independentemente delas, as quais também podem ser objeto de tributação.

Tratando, de algum modo, dessa mesma distinção, Ruy Barbosa Nogueira, antes mesmo da elaboração do CTN, referia-se a "instituto de pura estrutura para o Direito Privado", "de estrutura mista, isto é alterado pelo Direito Tributário", e de exclusiva estrutura de Direito Tributário.[97] Entendia que "obedecidos os preceitos constitucionais, tem o legislador liberdade para escolher os fatos sobre que deva incidir o tributo".[98] Rubens Gomes de Sousa chegou inclusive a afirmar que o Direito Tributário "considera as categorias do Direito Privado, não como categorias jurídicas mas como fatos econômicos".[99] Em seguida completou, ao tratar da interpretação, "com exceção dos casos em que o Direito Tributário expressamente se refira a categorias jurídicos formais, a missão do intérprete do Direito Tributário estará em pesquisar o elemento econômico dos fatos, atos ou negócios jurídicos".[100]

Se, por exemplo, normas de Direito Privado (ou de qualquer outro ramo do Direito) preveem a criação de uma figura jurídica, que só existe nos termos em que previstos por tais normas, caso a lei tributária eleja essa figura como parte integrante da hipótese de incidência da norma tributária, não será possível ao intérprete alterar-lhe os contornos. O mesmo vale para o legislador, quando a eleição da figura tiver sido obra do constituinte, a teor do art. 110 CTN.

Situação diversa será aquela na qual as normas de Direito Privado (ou de qualquer outro ramo do Direito) se limitarem a *definir* determinada realidade, que, não obstante, existe independentemente delas. Apenas a título ilustrativo, caricaturesco até, imagine-se que em uma lei (um "Código Florestal") se resolva incluir a definição de "floresta", ou de "árvore". Tais figuras não se transformarão, só por isso, em "criações jurídicas". Nesse caso, o *intérprete* da lei tributária que eleja essa realidade como hipótese de incidência até pode vincular-se à definição contida na norma de outro ramo do direito, a teor do que dispõe o art. 109 do CTN, mas o *legislador* tributário não necessariamente, ainda que a Constituição tenha usado essa palavra na atribuição de competência. Isso porque, aí sim, colocar-se-á o problema relacionado a saber se a Constituição acolheu a palavra na significação dada

---

97. Ruy Barbosa Nogueira, *Da Interpretação e da Aplicação das Leis Tributárias*, 2ª ed., São Paulo, Ed. RT, 1965, p. 55.

98. Id., ibid., p. 60.

99. Rubens Gomes de Sousa, "Curso de introdução ao estudo do direito: interpretação do direito tributário", *Revista de Estudos Fiscais* 11, cit., p. 467.

100. Id., ibid.

pela norma *pré* e *infra*constitucional, ou em outra significação possível, haurida da Biologia, da Ecologia ou da linguagem comum.

Para ilustrar a distinção apontada, imagine-se, de forma igualmente caricaturesca, que a Constituição conferisse à União competência para instituir um "imposto sobre a procedência de pedidos formulados em processos judiciais de conhecimento". Processo de conhecimento é realidade institucional *criada* por normas de Direito Processual Civil. A legislação tributária, ao instituir esse imposto, não poderia incluir entre as suas hipóteses de incidência o êxito em processos administrativos, sob o argumento de que "há semelhança" entre eles. Tampouco poderia fazê-lo em relação aos processos judiciais de natureza executiva. E, o mais relevante, eventuais divergências quanto ao que configuraria um processo de conhecimento, ou de execução, deveriam ser resolvidas à luz dos conceitos, institutos e formas de Direito Processual Civil.

Se tal imposto estivesse originalmente previsto no art. 153 da CF/1988, a lei tributária não poderia alterar a definição de "processo de conhecimento", a qual deveria ser obtida no âmbito do direito processual civil. Trata-se, de resto, da ideia subjacente ao art. 110 do CTN. E, uma vez criado, referindo-se a lei apenas a processos de conhecimento, a autoridade administrativa não poderia alargar-lhe as hipóteses de incidência, pretendendo aplicá-la a processos administrativos, ou mesmo judiciais, mas de natureza diversa, como os executivos, por exemplo. O limite que o art. 110 do CTN representa ao legislador, os arts. 108, § 1º e 109 do mesmo Código representam para a autoridade administrativa. Veja-se que não haveria dificuldade em aplicar os arts. 108, 109 e 110 do CTN, pois "processo de conhecimento" é uma figura que somente existe nos termos em que *constituída* pelas normas de direito processual.

Muito diferente é a situação na qual a competência diz respeito à criação de imposto sobre realidade que existe independentemente do Direito (*v.g.*, receita, serviço), mas que é por este *disciplinada* e, nessa condição, *definida*, como no exemplo antes mencionado da "árvore" e da "floresta". Há, não raro, disposições jurídicas que se preocupam em definir certos conceitos, construídos a partir da realidade não jurídica, definição esta dedicada à interpretação das disposições que empregam a referida palavra. Nesse caso, em que a realidade existe independentemente do direito, que apenas lhe atribui um significado, coloca-se a questão de saber se, quando o legislador tributário decide tributá-la, ele, ao simplesmente empregar a palavra, está utilizando a palavra no significado definido por outras normas jurídicas, ou em outro. Seria o caso, por exemplo, de um "imposto sobre domicílios". Seria domicílio, nesse contexto, palavra empregada no sentido em que utilizada no âmbito do Direito Civil? Internacional? Jusfundamental? É desnecessário dizer que há marcante diferença entre eles.

Em tal hipótese, se o aludido "imposto sobre domicílio" estivesse arrolado nos arts. 153, 155 ou 156 da CF/1988, o legislador ordinário da União, dos Estados, do Distrito Federal ou dos Municípios deveria pautar-se por qual dos possíveis significados da palavra? Esse é o problema que se coloca, de forma profunda, quando se cogita da aplicação do art. 110 do CTN, notadamente em relação a realidades tributáveis que têm um significado à luz de determinada norma jurídica, mas podem ter outros significados à luz de outras normas, ou mesmo obtido com o recurso ao vocabulário oriundo de outros ramos do conhecimento. Se *renda*, por exemplo, pode ter um sentido no âmbito da legislação societária, mas outro(s) no plano da Economia, ou das Finanças Públicas, qual se deve considerar acolhido pelo legislador constituinte?

O Supremo Tribunal Federal, como se observou acima, em algumas decisões, acolheu o entendimento que vislumbra no art. 110 do CTN uma determinação ao uso de conceitos de Direito Privado. As decisões do ISS sobre *leasing* e a que examina a incidência do ICMS sobre *download*,[101] porém, apontam em sentido diverso, e merecem análise mais detida. Nelas, o Supremo Tribunal Federal teve de se manifestar sobre a evolução na abrangência do termo ou na acepção das palavras empregadas pela Constituição em virtude da própria evolução na semântica das palavras no meio social, ou de alteração nas características da realidade, em face do decurso do tempo.

É certo que, tendo em vista, como se disse, a falta de coerência entre os pronunciamentos do Supremo Tribunal Federal vistos em conjunto, não necessariamente isso significa, por si, uma mudança definitiva de rumo. O próprio Supremo Tribunal Federal tem decisões, referentes ao imposto de renda, nas quais defende a chamada *teoria legalista*, dando total poder ao legislador infraconstitucional, e outras nas quais interpreta o art. 153, III, da CF/1988 à luz do art. 43 do CTN.[102] Além disso, o papel dos estudiosos do Direito não é apenas o de descrever os pronunciamentos do Supremo Tribunal Federal, mas o de eventualmente os submeter a uma análise crítica, até para que, a partir de uma objeção bem fundamentada e responsável da comunidade acadêmica, a Corte possa, se for o caso, repensar sua posição.[103] Afinal, essa é uma das razões pelas quais se exige que as decisões da Corte,

---

101. ADI/MC 1.945-MT.

102. "O conceito de *lucro real tributável* é puramente legal e decorre exclusivamente da lei, que adota a técnica da enumeração taxativa" (STF, Pleno, RE 201.465-MG, j. 2.5.2002, m.v., *DJ* de 17.10.2003, p. 14, transcrição de trecho do voto do Ministro Nélson Jobim, Relator p/o acórdão).

103. Como lembra Dworkin, "(...) ainda que os juízes devam sempre ter a última palavra, sua palavra não será a melhor por essa razão" (Ronald Dworkin, *O Império do Direito*, trad. Jefferson Luiz Camargo, São Paulo, Martins Fontes, 1999, p. 492).

como as judiciais em geral, sejam sempre fundamentadas e, em regra, públicas.[104] Mas não se pode ignorar que a pressão da evolução dos fatos tem levado os operadores do Direito a refletir sobre novos argumentos, ou reavivar algumas teses que pareciam ter sido abandonadas.

Os dois entendimentos mencionados requerem análises distintas. No julgamento do ISS sobre *leasing* (RE 547.245-SC), o Supremo se deparou com questão antiga – tanto que já no acórdão do RE 116.121-SP, em 2001, em que se declarou a inconstitucionalidade da exigência do ISS sobre locação de bens móveis, vários dos Ministros fizeram referência à controvérsia do ISS sobre *leasing*.

Julgando o aludido RE 547.245-SC, apesar de o Ministro Joaquim Barbosa ter observado que "a rápida evolução social tem levado à obsolescência de certos conceitos", a atualização da Constituição a novas realidades não foi a preocupação maior dos Ministros, que foi, propriamente, a fonte de compreensão dos termos empregados nas regras de competência. Houve, claramente, *modificação* da jurisprudência anterior, partindo-se para tanto de fundamentos cujas consequências talvez não tenham sido adequadamente ponderadas na ocasião. Até porque o *leasing* e a locação já existiam desde muito antes, não tendo sido a mudança na realidade referida por meio de tais palavras que levou a Corte a alterar seu pronunciamento em torno da locação, cerca de dez anos antes.

Já em relação à decisão referente ao ICMS sobre *download*, cuida-se da interpretação de regras de competência diante do exame de realidade factual nova, aspecto do qual os julgadores estavam plenamente conscientes, como se depreende de seus votos.

Trata-se de questões, como se disse, distintas, mas complementares.

O mais marcante na decisão relacionada ao ISS sobre *leasing* foi o abandono do conceito privatista como fonte única de busca da significação dos termos empregados na Constituição, o que pode ser bem percebido diante de algumas frases dos Ministros Eros Grau e Joaquim Barbosa, e do próprio alerta do Ministro Marco Aurélio de que a Corte estava se desviando de entendimento antes firmado.

Em seu voto proferido no RE 547.245, o Ministro Eros Grau, como já mencionado antes, fez inclusive referência ao termo *típico*. Afirmou que

> há serviços, para os efeitos do inciso III do artigo 156 da Constituição, que, por serem de qualquer natureza, não consubstanciam típicas obrigações de fazer. Raciocínio adverso a este conduziria a afirmação de que haveria serviço apenas nas prestações de fazer, nos termos que o define o Direito Privado.

---

104. CF/1988, art. 93, IX.

A assertiva pode ser criticada, pois parece sugerir que a expressão "de qualquer natureza" estaria se referindo não apenas a todas as espécies do gênero serviço (obrigações de fazer), mas a espécies que pertenceriam a outros gêneros, como se houvesse "serviços", de um lado, e as operações "de qualquer natureza", de outro.

Não parece, porém, ter sido assim tão desprovida de lógica a fundamentação empregada pelo Ministro. Em nossa compreensão, ele parece ter visto na expressão "de qualquer natureza" uma indicação de que toda realidade que pudesse de alguma forma ser considerada "serviço", ainda que não sob a ótica do Direito Civil, seria passível de tributação, vale dizer, não apenas os serviços sob o prisma civilístico, mas também serviços "de outras naturezas", como aqueles assim considerados à luz do Direito do Consumidor, ou mesmo da Economia. Apesar de não haver distinguido *tipo* e *conceito*, e talvez nem ter considerado essa distinção, parece ter acolhido a ideia do padrão/modelo gerado pelo *tipo* e colhido pelo Direito.

O Ministro Joaquim Barbosa, por seu turno, ao mesmo tempo em que alertou para a necessidade de se considerarem acepções prévias, já que um dado texto não pode significar "qualquer coisa que deseje seu intérprete", apontou a insuficiência do Direito Privado como fonte da busca dessa acepção, uma vez que este, por si, não assegura qual interpretação deve ser acolhida, exatamente por comportar mais de uma significação. Além disso, o Ministro ponderou que a interpretação deve ser feita nos limites da própria Constituição, e não daqueles impostos pela legislação ordinária. Em suas palavras:

> Ainda que a legislação ordinária contivesse um conceito universal e inequívoco para a prestação de serviços de qualquer natureza, o alcance do texto constitucional não é condicionado de forma imutável por ele. De outra forma, seria necessário concluir pela possibilidade de estabilização com força constitucional da legislação infraconstitucional, de modo que haveria confusão entre os planos normativos.

Fica bem clara aqui a preocupação com a interpretação constitucional, a partir de seus próprios termos. Disse-se acima que o art. 110 foi elaborado em momento anterior ao da relevância da interpretação constitucional, mas poucos são os que se atentam para esse ponto. Nesse julgado, as peculiaridades da interpretação constitucional se tornam mais evidentes. Se técnicos ou de acepção mais ampla, a busca para a compreensão dos termos empregados pela Constituição há de ser realizada também dentro de sua própria estrutura, a partir dos princípios constitucionais tributários e do confronto com outras regras de competência, e não apenas de forma atrelada às normas infraconstitucionais, em uma inversão da pirâmide normativa.

O ponto de vista levantado pelo Ministro Joaquim Barbosa, aliás, é distinto, por exemplo, do sustentado pelo Ministro Carlos Velloso, quando no julgamento do RE 166.772-9-RS, em que se examinava a significação da expressão "folha de salário", afirmou a necessidade de se acolher o significado comum das palavras, e não técnico, tendo em vista que a Constituição é Carta Política.

Apesar de a interpretação constitucional ter sido considerada pelo Ministro Carlos Velloso, o foi para pôr de um lado a significação técnica e de outro a mais ampla, oriunda do senso comum, que seria também compatível com a terminologia constitucional.

Para o Ministro Joaquim Barbosa, porém, a significação, na verdade, pode ser uma ou outra (técnica ou ampla, jusprivatista ou com significação econômica), apenas não se podendo afirmar *a priori* qual deve ser considerada, porque outros elementos integram o discurso. Ele não defendeu que os significados das palavras empregadas pela Constituição devam ser sempre vistos sob um prisma técnico, ou sempre considerados a partir da linguagem comum, ou por qualquer outro prisma. Limitou-se a dizer que isso não pode ser definido previamente, de forma independente de um *contexto*. Além disso, não é admissível que a essa significação inicial, se colhida na legislação infraconstitucional, o intérprete se prenda irreversivelmente ao longo do tempo, sob pena de condicionar o texto constitucional de forma imutável por normas inferiores e trazer "estabilização com força constitucional da legislação infraconstitucional". Faz-se necessário levar em conta todas as significações possíveis.

É curioso, nesse ponto, observar que ainda em 1948, Rubens Gomes de Sousa já tecia consideração semelhante ao tratar da interpretação da lei tributária e da necessidade de se empregar todos os métodos de interpretação à disposição do intérprete, bem como do papel deste de "vivificar o direito". Segundo ele, na investigação sobre o fato gerador, sendo o Direito Tributário comum e não excepcional, devem ser aplicadas os mesmo métodos de interpretação do direito comum "ressalvadas somente as hipóteses em que princípios constitucionais imponham ou excluam a aplicabilidade de determinados métodos".[105] Tratando-se da interpretação da própria Constituição, a aplicação desse raciocínio tem muito mais sentido.

Não se pode deixar de ponderar, porém, que se por um lado o julgamento do RE 547.245 é elogiável, por trazer mais elementos ao debate quanto à interpretação das regras de competência, por outro, é repleto de pontos criticáveis, mesmo que tais premissas quanto à abertura das palavras sejam aceitas. Um deles reside no fato de que o Ministro Eros Grau admitiu a incidência do ISS sobre *leasing*, mesmo tendo afirmado que "financiamento

---

105. Rubens Gomes de Sousa, *Curso de Introdução ao Direito Tributário (Parte Especial)*, Escola Livre de Sociologia e Política de São Paulo, 3º Termo Letivo, setembro-novembro 1948, p. 467.

é serviço sobre o qual o ISS pode incidir", o que possibilitaria bitributação. Afinal, se se trata de financiamento, se está diante de operação de crédito, realizada por instituição financeira (como o são as que operam com *leasing*), passível de tributação pelo IOF, e não pelo ISS.

O Ministro Joaquim Barbosa, por sua vez, invocou a neutralidade na tributação como fundamento para justificar sua interpretação, dando a entender que toda realidade deve obrigatoriamente ser tributada de algum modo, para que não haja "desequilíbrio" na concorrência. Esse entendimento, com todo o respeito, parte de premissas corretas (de que o tributo deve ser neutro e não deve gerar desequilíbrios), mas sua aplicação ao presente caso não é pertinente, sendo feita de forma distorcida e a partir de uma visão equivocada de parcela isolada do texto constitucional. Distorcida, primeiro, porque as instituições que operam com *leasing* concorrem umas com as outras, e todas se devem sujeitar, em tese, à mesma carga tributária, independentemente de o ISS estar incluído nela ou não.

Aliás, a incidência do ISS, essa sim, pode provocar um desequilíbrio, pois outras instituições financeiras, quando realizam outras operações financeiras, inclusive de financiamento, não se sujeitam a esse imposto municipal, que servirá, no caso, de desestímulo a essa atividade específica. Mas o maior equívoco, no caso, decorre de visão distorcida de apenas uma parte do texto constitucional. É que o argumento usado pelo Ministro, segundo o qual, em palavras mais simples, *algum imposto tem que ser devido*, implica tornar sem sentido a competência residual. De fato, se qualquer situação ou atividade, se não for tributável pelo ICMS, ou pelo IPI, tiver que ser tributada pelo ISS, por exclusão, não sobrará âmbito a ser alcançado pela competência prevista no art. 154, I, da CF/1988, que de resto *pressupõe* a possibilidade de existirem realidades não alcançadas por quaisquer dos impostos atualmente existentes.

Mas o mais grave, no caso do ISS *leasing*, relaciona-se ao fato de que o próprio Supremo Tribunal Federal alterou o entendimento que antes vinha mantendo quanto à acepção de uma palavra empregada em regra de competência, sem, contudo, fazer qualquer ressalva quanto aos efeitos retroativos de sua decisão que, apesar de se comportar dentro dos limites constitucionais, fugiu do discurso então empregado, em desprezo ao jogo de linguagem em vigor. Toda a premissa subjacente ao entendimento anterior, o qual motivou alterações legislativas (*vetos* à Lei Complementar 116/2003) e a edição de Súmulas pelo STF, foi alterada, para o sentido radicalmente oposto, o que é nocivo à segurança que deve presidir as relações tributárias.

Já ao apreciar a questão relacionada à validade da exigência de ICMS sobre *download*, na Medida Cautelar na ADI 1.945, o Supremo Tribunal Federal examinou os critérios para interpretação das regras de competência preocupado em garantir a atualização do texto constitucional. Entendeu o STF que:

O Tribunal não pode se furtar a abarcar situações novas, consequências concretas do mundo real, com base em premissas jurídicas que não são mais totalmente corretas. O apego a tais diretrizes jurídicas acaba por enfraquecer o texto constitucional, pois não permite que a abertura dos dispositivos da Constituição possa se adaptar aos novos tempos, antes imprevisíveis.

Do trecho acima citado, retirado da ementa do acórdão, importa atentar para a expressão "abertura dos dispositivos da Constituição", e para a crítica ao apego de diretrizes jurídicas que impede a adaptação do texto constitucional.

Ao longo do julgado, percebe-se que os Ministros revelam sensibilidade à transformação das características da realidade em que ocorre o fato gerador, e, em consequência, à possível modificação da própria hipótese de incidência.

Diante do maior acesso à *internet*, observam que o ambiente de realização de transações econômicas foi alterado, assim como a forma de aquisição de bens, o que justificaria mudança na ideia do que seja uma mercadoria, classicamente considerada como bem corpóreo. Apesar da falta de coesão que eventualmente se verifica nas decisões da Corte, especificamente nesse julgado os Ministros não ignoraram entendimento antes firmado pelo próprio Tribunal, quanto ao ICMS incidente apenas sobre "programas de prateleira". Pelo contrário, partiram dele para afirmar que os programas antes geralmente adquiridos através do suporte físico do *CD*, ou do *DVD*, passaram a ser disponibilizados por simples *download*. Quando a decisão paradigma, da necessidade de um meio físico para a incidência do ICMS, foi firmada, os programas adquiridos diretamente por meio digital eram, em regra, apenas aqueles desenvolvidos como serviço, de forma mais personalizada. Com o maior acesso à *internet*, porém, e o avanço da tecnologia, tal realidade se alterou. O Ministro Nelson Jobim, em voto-vista, invoca o precedente do ICMS sobre "programas de prateleiras" para logo em seguida ponderar:

> tratava-se de forma usual e a mais comum de aquisição de programa de computador. Entretanto, a revolução da *internet* demoliu algumas fronteiras por meio da criação e aprimoramento de um "mundo digital". A época hoje é de realizações de negócios, operações bancárias, compra de mercadorias, acesso a banco de dados de informações, compra de música e vídeos, e aquisições de programa de computador nesse ambiente digital. Não há nessas operações a referência ao corpóreo, ao tateável, mas simplesmente pedidos, entregas e objetos que são, em realidade, linguagem matemática binária.[106]

---

106. Voto proferido em STF, Pleno, ADI/MC 1.945, inteiro teor em STF, Medida Cautelar na Ação Direta de Inconstitucionalidade 1.945-MT, disponível em *http://redir.stf. jus.br/paginadorpub/paginador.jsp?docTP=AC&docID=620411*, acesso 28.9.2012.

O Ministro Gilmar Mendes, por sua vez, inicia seu voto com entusiasmada e relevante manifestação quanto à alteração dos fatos na interpretação, afirmando que "é um caso interessantíssimo, em todas as suas dimensões, porque mostra que a mudança na realidade, afeta ou pode afetar a interpretação". Parte de análise semelhante à realizada pelo Ministro Nelson Jobim e pondera: "a ideia de comercialização ou circulação passa a ocorrer por via eletrônica". Apesar de, na conclusão de seu entendimento pela improcedência da cautelar na ADI, ter pesado o fato de que a liminar fora negada há mais de onze anos, sem que houvesse o julgamento do mérito, mostrou-se forte também exatamente a argumentação da alteração da realidade tributável.

Em vez de se adquirir um bem corpóreo, como um disco de vinil cujas ranhuras fazem um toca-discos reproduzir o som de uma música, faz-se o *download* do arquivo digital que, lido por um dispositivo eletrônico, ensejará a reprodução da mesma música.

Trata-se, portanto, de exemplo em que características menos ou mais ou menos relevantes da realidade economicamente tributária são consideradas para fins de delineamento da competência tributária, o que muito se aproxima da metodologia *tipológica*.

O cenário é delicado porque essa mudança da teoria, feita de forma impensada, talvez não signifique um progresso, trazendo ainda certa insegurança jurídica para o Direito Tributário. Por outro lado, tal premir dos fatos não pode ser ignorado.

Por simplismo, alguém poderia resolver a questão afirmando que, diante de eventual dúvida sobre o enquadramento de uma realidade nas competências tributárias existentes, deve-se reconhecê-la como tributável pela União, através de sua competência residual (CF/1988, art. 154, I). Assim, toda e qualquer situação que não se encaixasse, à perfeição, às situações descritas nos arts. 153, 155 e 156, da CF/1988, dando-se a cada uma das palavras empregadas na sua redação o significado que tinham no âmbito do Direito Privado em 1988, a solução seria tributá-las, se fosse o caso, por meio da competência residual.

Mas seria esse *sempre* o caminho a percorrer, mesmo tendo em vista a enorme similitude entre algumas situações possivelmente não contempladas pelas expressões contidas no texto constitucional, visto de à luz do significado que suas palavras possuíam em 1988, e aquelas por ele inegavelmente desde o início abrangidas? Não deveria ser esta uma escolha a ser feita pela lei complementar, que, sendo de caráter nacional, pode, na zona de características comuns a mais de uma competência, esclarecer que a competência para a instituição do tributo cabe a qualquer um dos entes que nessa zona cinzenta se enquadrem?

Recorde-se que nem sempre será possível interpretar a palavra partindo do significado com que ela é empregada por outros artigos da Constituição, pois há casos em que tais significados, mesmo dentro do texto constitucional, são bem diversos.[107] Para responder a esse questionamento, na verdade, faz-se necessário iniciar o percurso por onde todo o debate jurídico-positivo em matéria tributária principia-se: a análise da significação dos termos na própria Constituição para, então, caminhar-se até o CTN e fazer o cotejo entre o ele e o sistema constitucional tributário. A questão é complexa, e exige de quem lida com ela, ainda mais um cuidado. A interpretação do texto constitucional deve, evidentemente, considerar a acepção para palavra tal como já empregada em dado momento histórico, mas também não se pode negar que a Constituição demanda o uso de uma interpretação que há de ser realizada tendo em vista seus próprios fins, anunciados em seu texto.[108] A propósito, examinando a significação do art. 110 do CTN, Ricardo Lobo Torres observa que

> o dispositivo é insuficiente e lacunoso, porque suas origens, coincidentemente com as preocupações da doutrina e da jurisprudência, teve por objetivo afastar da interpretação teleológica os conceitos utilizados no sistema de discriminação de rendas. Na verdade, a interpretação da Constituição apresenta as suas peculiaridades se comparada com a das leis ordinárias. Isso não significa que tenha métodos próprios, mas apenas que não encontra o seu significado nos conceitos da lei ordinária, mas que depende da compreensão de si própria, podendo ganhar a estatura de um ato materialmente constitucional quando efetivada pelo juiz.[109]

Importa que o debate não tome contorno de luta ideológica, diante de dogmas previamente estabelecidos. Não se pode polarizar a discussão, de modo a ou defender de forma intransigente a acepção técnica dos termos empregados pela Constituição, à luz da legislação infraconstitucional anterior, ou, de outro lado, mas de forma igualmente intransigente, pugnar, como decorrência de ser a Constituição uma "carta aberta de valores", sempre a acepção mais ampla para tais palavras. Na verdade, examinar se se trata de um termo com significação técnica ou não, restrita ou abrangente, depende de uma análise do raio de abrangência da palavra e do âmbito a ser reconhecido às demais normas de competência, numa interpretação constitucional própria, como será demonstrado no Capítulo 4, *infra*. Anteriormente, aliás, já se fez menção a esse fato, havendo uma

---

107. É o que se dá, como será visto mais adiante (item 4.2, *infra*), com a palavra "casa", que pelo texto constitucional é empregada com significados diferentes.
108. Cf. Andrei Pitten Velloso, *Conceitos e Competências Tributárias*, São Paulo, Dialética, 2005, p. 101.
109. Ricardo Lobo Torres, "Interpretação e integração da lei tributária", in Hugo de Brito Machado (coord.), *Interpretação e Aplicação da Lei Tributária*, cit., pp. 351-352.

"tensão intranormativa"[110] a ser observada entre tais regras, que não se devem sobrepor.

Como a Constituição não conceitua os termos que utiliza, é evidente a importância de se estudar sua significação prévia à edição do texto constitucional, e incorporá-la como um argumento forte no debate, mas não, como se disse, definitivo. Não se pode ignorar que se por um lado a busca da compreensão da acepção aceita na época da entrada em vigor pode trazer mais segurança ao debate, por outro poderá confundir-se com uma procura pela "vontade do legislador" da época, quando, o que se tem de considerar é a acepção possível da palavra na época da interpretação e da aplicação da regra correspondente.

O significado que a palavra possuía à época em que editado o texto constitucional, assim como a conceituação privatística, são apenas elementos indicativos dessa acepção, fazendo com que aquele que pugna um sentido diverso tenha o ônus de indicar razões suficientes para tanto, mas é possível sim defendê-lo.

Por outro lado, sustentar que eventuais mudanças na realidade não podem ser consideradas pelo intérprete, sendo sempre um problema do legislador, é ignorar a parcela de criação inerente a todo processo de interpretação e aplicação de normas jurídicas, exigindo que *toda* a solução para os problemas a serem resolvidos pelo Direito já esteja previamente contida no texto normativo, o que é impossível.

Outro dado que deve ser considerado, na compreensão das regras de competência, e no exame do possível uso de tipos em seu âmbito, é a própria referência ao tributo, de cuja instituição se cogita, de forma típica. Assim, além da importância do exame das palavras usadas na construção da regra de competência, assume relevo, também, a análise em torno da própria figura típica por meio delas referida. Afinal, ao lado de uma preocupação com a típica renda, ou o típico serviço, deve o intérprete ter atenção, também, ao fato de o texto constitucional fazer alusão ao típico tributo cobrado por determinado ente federativo em certas circunstâncias, em uma interpretação histórica da regra de competência. Essa forma de análise já foi feita pelo Supremo Tribunal Federal,[111] e demonstra, de resto, que nem sempre o reconhecimento de que as regras de competência contêm ou fazem alusão a tipos leva a um alargamento dos poderes do ente tributante. Trata-se da questão relativa ao Imposto sobre a Propriedade de Veículos Automotores, e à sua cobrança em face da propriedade de embarcações e aeronaves.

---

110. Reinaldo Pizolio, *Competência Tributária e Conceitos Constitucionais*, São Paulo, Quartier Latin, 2006, p. 200.

111. Confira-se, por exemplo: RE 255.111-2-SP.

Caso se recorra à literalidade das palavras "veículo" e "automotor", concluir-se-á que podem abranger tudo aquilo que conduz outras coisas ou pessoas, levando-as de uma parte a outra, por seus próprios meios. Assim entendida a expressão "veículo automotor" abrangeria, claramente, não apenas os meios de transporte que se locomovem por suas próprias forças no ambiente terrestre (carros, motos, caminhões etc.), mas também na água e no ar, o que permitiria a tributação da propriedade de lanchas, barcos, helicópteros, aviões etc., desde que, naturalmente, houvesse previsão na regra de tributação, expressa em lei ordinária estadual.

Os Estados se utilizaram dessa possibilidade interpretativa, e fizeram constar, em suas leis instituidoras do IPVA, a referência de que sua hipótese de incidência incluiria a propriedade de embarcações e aeronaves, passando a cobrar a exação de proprietários de lanchas, iates, jet-skis, helicópteros, aviões e congêneres. Esses proprietários se insurgiram contra a cobrança, e o questionamento, de cunho constitucional porquanto ligado à interpretação do art. 155, I, da CF/1988, chegou ao Supremo Tribunal Federal.

Em um dos casos, relativo a aeronaves, o Tribunal de Apelação – TJSP – havia dado razão à Fazenda. Entendeu que aeronaves são veículos automotores e, nessa condição, sua propriedade está sujeita à incidência do IPVA. Desde que regularmente prevista em lei estadual, a cobrança seria perfeitamente legítima. No âmbito do Supremo Tribunal Federal, o Ministro Marco Aurélio, Relator, seguiu o mesmo entendimento. Para ele, veículo automotor seria todo aquele "que tem motor", abrangendo, assim, embarcações e aeronaves. Fez o Ministro alusão ao texto constitucional pretérito (art. 23, III, da Constituição de 1969, com a redação dada pela Emenda Constitucional 27/1985), que ao se referir ao IPVA proibia a cobrança de taxas sobre a utilização dos tais veículos, para concluir que, se isso sugeria que os veículos ali referidos seriam apenas os terrestres (sujeitos à antiga "taxa rodoviária única"[112]), em 1988 essa semelhança teria desaparecido, pois a ressalva fora retirada.

O Ministro Sepúlveda Pertence, porém, divergiu, referindo-se ao julgamento semelhante, relativo a embarcações, oriundo do Estado do Amazonas. Trata-se do RE 134.509-8-AM, julgado no mesmo período, no qual o Ministro Pertence entendeu, tendo sido acompanhado pela maioria do Plenário do Supremo Tribunal Federal – com exceção do Ministro Marco Aurélio –, que embarcações e aeronaves não se acham contidas no âmbito de incidência do IPVA, por não poderem ser consideradas, para esse fim, "veículos automotores". Lembrou o Ministro que, ainda sob a vigência da

---

112. Que, conquanto assim chamada, curiosamente não era propriamente uma taxa nem era única. Cf. Roberto Ferraz, "Aspectos controvertidos do IPVA", *Revista Dialética de Direito Tributário* 113/110, São Paulo, Dialética, fevereiro de 2005.

Constituição anterior, tão logo iniciada a vigência da Emenda Constitucional 27/1985, que introduziu esse imposto na competência estadual, os Estados- -membros pretenderam exigi-lo de embarcações e aeronaves, tendo a inconstitucionalidade dessa pretensão sido suscitada, mas considerada prejudicada pela superveniência da nova ordem constitucional. De todo modo, registrou o Ministro Pertence, apoiado em parecer do Consultor Jurídico do Ministério da Aeronáutica, Ruy Carlos de Barros Monteiro, que os trabalhos preparatórios da aprovação da Emenda Constitucional 27/1985 sugerem que sua criação visava a substituir a antiga taxa rodoviária única,[113] pelo que uma interpretação histórica revelaria que sua finalidade seria a de alcançar a propriedade de veículos rodoviários, e não embarcações ou aeronaves.[114]

Nesse julgado, o Supremo Tribunal Federal deixou claro não apenas que o sentido das palavras utilizadas na Constituição pode, sim, ser buscado no direto pré-constitucional, mas consignou que, quando um determinado tributo muda de nome, importa, na análise do "novo" tributo, não apenas o sentido, palavra por palavra, do texto da regra de competência anterior, que lhe deu origem; é relevante, também, considerar as características desse típico tributo que, conquanto tenha passado por algumas transformações, pode ainda ostentar traços daquele que lhe originou. Foi exatamente o que se deu, pois o perfil constitucional do IPVA fora definido, pelo Supremo Tribunal Federal, à luz da antiga taxa rodoviária única, que ele procurou substituir.

Vê-se, nessa ordem de ideias, que um típico tributo, colhido e eventualmente modificado por uma nova Constituição, não necessariamente perde as suas características apenas porque batizado com outro nome. Se, por exemplo, uma nova Constituição passasse, inspirada em nomenclatura comum em Portugal, a se referir ao imposto de renda como "imposto sobre sociedades" (em alusão ao IRPJ) e como "imposto sobre pessoas" (em alusão ao IRPF), nem por isso seria admissível cobrá-lo à luz do mero registro de nascimento de uma criança, ou de constituição de uma sociedade comercial. As características de um típico imposto de renda continuariam as mesmas. Foi o que se deu em relação ao IPVA, o que sobreleva a importância de uma interpretação histórica das normas constitucionais, história que, de resto, serve para *contextualizar* o uso da palavra. Não se pode esquecer,

---

113. Essa origem do IPVA deixa marcas, até hoje, em seu perfil. Basta notar que veículos não licenciados – *v.g.*, estacionados no pátio de uma montadora – são propriedade dela, mas não provocam a incidência da norma de tributação, que é atrelada, ainda, ao fato de o veículo ser licenciado para uso.
114. STF, Recurso Extraordinário 134.509-8-AM. Ementa: "IPVA – Imposto sobre Propriedade de Veículos Automotores (CF, art. 155, III; CF/1969, art. 23, III e § 13; Emenda Constitucional 27/1985): campo de incidência que não inclui embarcações e aeronaves" (disponível em *http://redir.stf.jus.br/paginadorpub/paginador.jsp?docTP=AC&docID=207766*, acesso em 11.12.2012).

aqui, que, à luz dos "jogos de linguagem", é o uso que define o significado das palavras e expressões utilizadas.

Note-se, porém, que o elemento histórico, se não deve ser desprezado, por outro lado não é o único a ser considerado, o que ficou claro na própria decisão referente ao IPVA, ora em comento.[115] O(s) significado(s) literal(is) das palavras são importantes, sob pena de a própria ideia de supremacia constitucional perder o sentido, sendo certo que veículos terrestres são, também, automotores.

Mas não só. Decisivo, também, foi o elemento sistêmico, pois tanto a Constituição pretérita, quanto a atual, determina a partilha do IPVA entre o Estado competente para sua instituição *e o Município no qual o veículo for licenciado*, e o licenciamento do veículo, no âmbito do Estado-membro, se dá em relação a automóveis, motocicletas, caminhões etc., mas não em relação a barcos e aviões. Estes últimos, por exemplo, submetidos a licenciamento no âmbito federal, não permitem a identificação do Município no âmbito do qual foram licenciados.

Ainda quanto aos significados literais possíveis, o Ministro Rezek, nesse mesmo julgamento, observou que o sentido do texto não precisa ser – aliás, não pode ser – sempre, o mais abrangente possível dentre eles, devendo essa gama de significados literalmente possíveis ser reduzida à luz dos demais elementos, que, no caso, foram basicamente o histórico e o sistêmico. Para corroborar sua afirmação, o Ministro Rezek afirmou que, em certo sentido, qualquer animal poderia se considerado um veículo. Formigas (se locomovem por si, e conduzem folhas, gravetos...), caracóis etc. "Inúmeras discussões em nosso plenário sobre o que é circulação de mercadorias nos fazem ver que a concepção literal dessa fórmula conduziria ao ridículo", arrematou ele.

Voltar-se-á a essa discussão na última parte deste trabalho, mas desde já é possível concluir que o típico tributo mencionado na Constituição, que conduz a considerações de ordem histórico-evolutivas, é elemento a ser igualmente considerado, ao lado dos significados possíveis das palavras empregadas na construção das regras de competência, e de outros elementos que guiam a atividade do intérprete.

3.5.1 Existência de mais de um significado, à luz do Direito Privado

Um problema que o art. 110, se interpretado literalmente, cria e não equaciona, diz respeito à possibilidade de, no âmbito do Direito Privado,

---

115. Roberto Ferraz, "Aspectos controvertidos do IPVA", *Revista Dialética de Direito Tributário* 113/109, cit.

existir mais de um significado para a mesma palavra ou expressão.[116] Nessa hipótese, qual desses significados deverá ser levado em conta, na interpretação da norma de competência tributária?

Pode ocorrer de, no âmbito do Direito Civil, existir mais de um significado para uma mesma palavra. Essa possibilidade torna-se mais ampla se considerados outros ramos do Direito Privado, como o Direito do Empresarial, ou o Direito Consumidor.

Serviço, por exemplo, é palavra que possui uma acepção à luz do Código Civil de 1916, mais restrita, ligada apenas ao objeto do contrato que envolve obrigação de fazer por parte do contratado (arts. 1.216 e ss.), e outra, mais lata, que pode ser retirada do Código de Defesa do Consumidor (art. 3º, § 2º), a envolver também a atividade bancária e financeira. Nessa hipótese, têm-se duas normas de Direito Privado definindo serviços, o que torna, como referido, ainda mais complexa a aplicação do art. 110 do CTN, visto em sua literalidade. O mesmo ocorre com a palavra *patrimônio*, notadamente depois da edição da Lei 11.638/2007, que passou a impor a adoção de certos procedimentos contábeis que pressupõem a compreensão do patrimônio da empresa por uma perspectiva mais econômica, diversa daquela assente no âmbito civil.[117]

Nessa situação, é certo, pode-se afirmar que o Código de Defesa do Consumidor é posterior à promulgação do CTN e da CF/1988, não servindo como fundamento para uma crítica ao art. 110 do CTN. Tal objeção, porém, não procede.

Na verdade, o art. 110 do CTN não faz remissão à legislação de Direito Privado anterior à Constituição a ser interpretada. Ele simplesmente se reporta a "conceitos de Direito Privado", sem especificar onde tais conceitos devem ser buscados, se na legislação, ou mesmo na doutrina, nem faz remissão ao *tempo* em que teriam sido construídos. E pode ocorrer de existir mais de um significado para uma palavra, mesmo no âmbito do Direito Privado anterior ao CTN e à Constituição.

---

116. Exatamente por conta desse possível questionamento, para o qual nem sempre se atentam os intérpretes da lei tributária, é que José Maria Arruda de Andrade, a propósito do art. 110 do CTN, observa que "a discussão não se resume apenas entre o conceito jurídico de serviço ou o seu conceito econômico, como parece entender a doutrina quando se detém sobre esse ponto" (José Maria Arruda de Andrade, "Interpretação e aplicação da lei tributária: da consideração econômica da norma tributária à análise econômica do direito", in Hugo de Brito Machado (coord.), *Interpretação e Aplicação da Lei Tributária*, São Paulo/Fortaleza, Dialética/ICET, 2010, p. 198).

117. Luís Eduardo Schoueri, "O mito do lucro real na passagem da disponibilidade jurídica para a disponibilidade econômica", in Luís Eduardo Schoueri, Roberto Quiroga Mosquera e Alexsandro Broedel Lopes (coords.), *Controvérsias Jurídico-Contábeis: Aproximações e Distanciamentos*, cit., p. 250.

Por outro lado, o advento do Código de Defesa do Consumidor (e de tantas outras leis posteriores ao Código Civil de 1916) traz à luz outro problema na exegese do art. 110 do CTN, relacionado à possibilidade de os conceitos de Direito Privado serem alterados ao longo do tempo. Com efeito, pode acontecer de determinada palavra ter certo significado, à luz do Direito Privado de determinada época (v.g., anterior à edição do CTN e da CF/1988), e, com o passar das décadas, esse significado ser alterado. Veja-se como se está diante de duas questões diferentes, mas igualmente relacionadas ao artigo em exame: (i) mais de um sentido para a palavra, no Direito Privado; (ii) alteração do sentido da palavra, no Direito Privado.

3.5.2 Alteração do significado, no âmbito do Direito Privado

Como se percebe, a questão não se resume em saber se a Constituição utiliza ou não um termo com a acepção que se lhe atribui no plano do Direito Privado, mas se, mesmo nesse caso, seria imutável essa acepção inicial.

Primeiro, deve-se atentar para o fato de que o art. 110 do CTN não impede que na interpretação tributária seja considerada a evolução da acepção da palavra pelo próprio Direito Privado. O art. 110 do CTN é dirigido para os casos em que a legislação especificamente tributária pretende alterar uma acepção sabidamente de Direito Privado utilizada pela Constituição, de sorte que no âmbito tributário seu significado seja reconhecidamente diverso daquele próprio ao Direito Privado. Realmente, afirma o art. 110 do CTN que a "lei tributária não poderá alterar (...)". Não se diz que a própria lei civil não os possa alterar, tampouco se afirma que tal alteração não haverá de ser considerada pelo Direito Tributário. O propósito do art. 110, nesse ponto, parece ser o de evitar que exista uma ideia de "contrato" para o Direito em geral (Civil, Comercial, Trabalhista etc.), e outra, diferente, apenas para fins tributários,[118] o que não impede que o conceito, alterando-se para o Direito como um todo, seja assim considerado *inclusive* no âmbito Tributário. Daí não se pode concluir, porém, que, havendo uma alteração no conceito de Direito Privado, esta será automaticamente acolhida no âmbito tributário.

Ricardo Mariz, Gustavo Martini de Matos e Fábio Piovesan Bozza advertem para o cuidado que se deve ter no trato dessa questão, a fim de evitar uma interpretação constitucional à luz da legislação infraconstitucional. Para eles,

> os conceitos, institutos e formas de Direito Privado utilizados pela legislação infraconstitucional, editada *posteriormente* à promulgação da

---

118. Essa é a ideia subjacente aos arts. 109 e 110 do CTN, que refletem posições como a de Alfredo Augusto Becker, *Teoria Geral do Direito Tributário*, 3ª ed., cit., pp. 119-120.

Constituição Federal, devem ser tomados com muita reserva. Usá-los como referência pode significar desrespeito ao princípio da supremacia das normas constitucionais sobre as demais do sistema, hipótese em que a Constituição Federal passaria a ser indevidamente interpretada a partir dos ditames da legislação infraconstitucional.[119]

Realmente, a acepção acolhida pelo Direito Tributário nas regras de competência tem peculiaridades que se relacionam com a necessária coerência do sistema e a impossibilidade de invasão de competência. Daí o acerto de José Maria Arruda quando afirma que a relação não é "dinâmica em sentido forte",[120] porque tal dinâmica não é automática, uma vez que deve passar ainda pelo teste da invasão de competência.

Por outro lado, afastar inteiramente essa dinâmica seria fazer do Direito Tributário um direito forçosamente obsoleto. O ordenamento jurídico como um todo passaria a dar significação distinta a determinado termo, menos o Dircito Tributário, porque não era esse o significado imaginado pelo legislador em 1988. Seria o mesmo que instituir uma reserva de realidade diferenciada para o Direito Tributário, uma cápsula dentro da qual a realidade seria preservada contra a passagem do tempo. Isso ainda seria contrário à própria ideia inspiradora do art. 110 do CTN, pois conduziria, pelo caminho inverso, a que uma palavra tivesse um sentido para a generalidade do Direito, e outro, diferente, só para o Direito Tributário, sem que neste houvesse qualquer disposição expressa nesse sentido.

Exemplo que revela claramente a possibilidade de alteração da acepção acolhida pela Constituição, mediante alteração da lei ordinária não tributária, sem risco de invasão de competências, relaciona-se à tributação do direito de superfície, não existente à época da promulgação da Carta Magna. De fato, trata-se de direito real sobre coisa alheio previsto apenas com o advento do Código Civil de 2002, mas que, ainda assim, situa-se no âmbito da competência municipal prevista no art. 156, II, da CF/1988.

Poder-se-ia objetar, nesse caso, que não houve propriamente alteração no sentido "direito real sobre coisa alheia", mas apenas a inclusão de mais um direito nesse rol. Seria como a invenção de um novo tipo de sapato, que, conquanto novo, não deixaria de ser uma mercadoria, passível de tributação pelo ICMS. A objeção não deixa de reconhecer, contudo, que tais palavras, usadas na definição das competências, não têm sentido cristalizado,

---

119. Ricardo Mariz de Oliveira, Gustavo Martini de Matos e Fábio Piovesan Boza, "Interpretação e integração da lei tributária", in Hugo de Brito Machado (coord.), *Interpretação e Aplicação da Lei Tributária*, cit., p. 381.

120. José Maria Arruda de Andrade, "Interpretação e aplicação da lei tributária: da consideração econômica da norma tributária à análise econômica do direito", in Hugo de Brito Machado (coord.), *Interpretação e Aplicação da Lei Tributária*, cit., p. 197.

podendo, ao revés, evoluir ao longo do tempo, até mesmo por conta de alterações na realidade a que aludem. Mas perceba-se que a evolução não é apenas um pretexto para se suplantar a supremacia constitucional e se atribuírem poderes mais amplos ao legislador: trata-se, no caso do direito de superfície, de autêntica evolução na realidade tributável, que passou a ostentar característica ou faceta antes inexistente, mas subsumível à ideia anteriormente anunciada.

Outro exemplo poderá deixar mais claro o que se está tentando explicar aqui.

Imagine-se, por hipótese, que existisse no texto constitucional a previsão de criação de um "imposto sobre famílias", de competência federal. Quando de sua criação, em 1989, o legislador ordinário federal, seguindo disposições de lei complementar (e o próprio art. 110 do CTN), tomaria em consideração a palavra "família" com o significado que lhe atribuía o Código Civil de 1916. Com o passar dos anos, e a modificação na própria significação que a sociedade (e não este ou aquele legislador especificamente) atribui à palavra "família", que passou a abranger a união de pessoas do mesmo sexo, por exemplo, seria necessário editar uma emenda constitucional para que o imposto pudesse ser exigido dessas novas unidades, agora consideradas famílias? Parece claro que não. Afinal, o que se alterou foi a própria realidade designada pela palavra. Se as leis infraconstitucionais, relativamente ao Direito Privado, faziam expressa remissão à família como decorrente da união entre homem e mulher, bastaria a alteração dessas leis. Se não houvesse remissão explícita nesse sentido, nem isso seria preciso.

Esse exemplo pode parecer absurdo, até em razão de não haver manifestação de capacidade contributiva pelo simples fato de se constituir uma família. No âmbito da tributação da renda das pessoas físicas, aliás, o fato de alguém constituir família, com dependentes, não raro implica a presunção de menor capacidade para contribuir, e não maior, ensejando a possibilidade de se deduzirem valores da base tributável. De qualquer modo, abstraída essa questão, o exemplo é útil para designar uma situação na qual se modifica o consenso intersubjetivo a respeito da parcela da realidade designada por uma palavra, que passa a ser usada pelos "falantes", no âmbito dos "jogos de linguagem", com uma significação ligeiramente diversa. Aliás, o exemplo serve, por igual, para lembrar do que ocorreu no que tange precisamente à possibilidade de dedução. Alterado o significado da palavra "companheiro", inclusive para efeito de aplicação do Direito Privado,[121] de sorte que nele se passasse a incluir pessoas do mesmo sexo

---

121. Aliás, a alteração não teve reflexos apenas no Direito Privado, no que tange ao direito a alimentos, filiação, heranças etc., mas em outros ramos também (*v.g.*, previdenciário).

(algo impensável há poucas décadas), essa alteração teve seus efeitos tranquilamente reconhecidos no âmbito do Direito Tributário, para viabilizar as deduções inerentes ao imposto sobre a renda das pessoas físicas.

3.5.3 Como deve ser compreendido o art. 110 do CTN

Do que se explicou nos itens anteriores, pode parecer que o art. 110 do CTN é equivocado e digno de censura. Não é assim, porém, que ele deve ser considerado.

Na verdade, é preciso lembrar que a divisão do ordenamento jurídico em ramos é meramente didática e, nessa condição, artificial. O Direito, enquanto objeto (sistema hierárquico de normas), é uno e indivisível. O estudo que se faz dele é que pode, para fins práticos, ser dividido em departamentos, mas sem perder de vista a unidade do objeto do qual se ocupam. Tal como o corpo humano, conjunto indivisível de sistemas, órgãos, tecidos etc., mas que comporta, em seu estudo pela Medicina, segmentação em ramos ou disciplinas.

Nessa ordem de ideias, não existem palavras que tenham um sentido para o Direito Privado, e outro, completamente diferente, para o Direito Público ou para o Direito Tributário.[122] Existem, de rigor, palavras que podem ser empregadas com um significado por determinadas normas, e com significado diverso por outras normas, sejam elas de Direito Público ou de Direito Privado. Do mesmo modo como podem as palavras ser empregadas em um sentido em determinado contexto, e em sentido diverso em outro contexto, independentemente de se estar cogitando de elaboração, interpretação ou aplicação de normas jurídicas. Aliás, à luz do que foi dito, a própria divisão entre "Direito Público" e "Direito Privado" é problemática, não devendo ser levada às últimas consequências.

Na verdade, o que o art. 110 do CTN procura enunciar, simplesmente, é que as palavras empregadas pela Constituição não podem ter seu significado arbitrariamente alterado pelo legislador infraconstitucional, o que, como salientado anteriormente, é decorrência óbvia da própria hierarquia normativa. Mas algumas obviedades às vezes precisam ser frisadas. A remissão a que essas palavras seriam "conceitos de Direito Privado" decorre, tão somente, do fato de que, até então, as normas de Direito Tributário costumavam se limitar a atribuir novos efeitos jurídicos (*v.g.*, nascimento de deveres tributários) a fatos já juridicizados por outras normas jurídicas, em regra (mas não necessariamente) de Direito Privado (compra e venda, sucessão etc.).

---

122. Alfredo Augusto Becker, *Teoria Geral do Direito Tributário*, 3ª ed., cit., p. 123.

Não parece, porém, que o art. 110 do CTN tenha sido editado com o propósito de determinar que as normas de competências sejam vistas como compostas apenas por conceitos (e não por tipos), e, menos ainda, que esses conceitos sejam sempre definidos à luz de sua prévia significação no plano do Direito Privado anterior, como se esta fosse inequívoca e dispensasse quaisquer referências a significações oriundas da economia ou da Ciência das Finanças, ou mesmo de outros ramos do Direito.

Como já salientado em momentos anteriores deste trabalho, às palavras empregadas pela Constituição se precisa atribuir algum sentido. Esse papel não é realizado de forma automática com a simples busca do conceito de Direito Privado, mas cabe ao intérprete, na sua atividade de construção do sentido das normas, em atenção a diversas fontes de pesquisa que podem ser trazidas. Evidentemente, ao fazê-lo o poder criador do intérprete é limitado, sob pena de os signos a serem interpretados perderem inteiramente a sua finalidade, criando-se arbítrio que torna impossível a própria comunicação.

A retórica, aliás, não pode ser utilizada no Direito para trazer insegurança jurídica, afastando qualquer certeza quanto a signos da comunicação. Limites mínimos de significado hão de ser pressupostos, em face de convenções intersubjetivas prévias. E, entre essas convenções, podem estar, mas não necessariamente estão as normas de Direito Privado anteriores. Apenas deve-se considerar que, se não se pode afirmar estar o intérprete preso às normas de Direito Privado, pode-se, igualmente, questionar: por que motivo haveria ele de preferir, na determinação do sentido de tais palavras, outros subsistemas sociais, como o econômico, em detrimento do jurídico? Fundamentos hão de ser colocados para tanto, tais como as características históricas do tributo, a alteração da realidade economicamente tributável, as demais regras de competência, princípios constitucionais tributários, devendo a questão, ao final, ser resolvida no plano da hermenêutica e da argumentação. É do que cuida o Capítulo seguinte.

4
ALGUMAS PONDERAÇÕES PARA A ESCOLHA DE UMA ACEPÇÃO

No Capítulo anterior, viu-se que os conceitos de Direito Privado, notadamente os sedimentados antes da edição do atual texto constitucional, não são o único vetor interpretativo a ser considerado em sua compreensão, mas tampouco devem ser desconsiderados ou preteridos, sem justificativa plausível, em detrimento de conceitos hauridos dos diversos ramos do conhecimento humano, como a Economia, ou mesmo de outros ramos do próprio Direito. Aliás, como se trata de texto normativo, para que se adote um significado diverso daquele empregado em normas anteriores referentes ao mesmo assunto, ainda que de hierarquia inferior, é preciso que haja uma indicação expressa nesse sentido, ou, pelo menos, uma justificativa relevante, a ser explicitada pelo intérprete.

Viu-se, ainda, que o raciocínio tipológico pode fazer-se presente não necessariamente na investigação a respeito do significado das palavras usadas na construção da regra de competência, uma a uma, mas na própria análise da exação por meio delas referida, em uma consideração dessa figura ao longo do tempo, de forma precipuamente histórica. Esse exame, do "típico tributo" que estaria sendo referido por cada regra de competência, não deixa de estar relacionado, de algum modo, com o significado das palavras, na medida em que confere o *contexto* de utilização delas.

Se, por exemplo, invocando exemplo já antes referido, em uma nova Constituição brasileira se fizesse alusão a um "imposto sobre sociedades", como forma de rotular o que antes se chamava imposto sobre "renda e proventos", estaria clara a referência, ali, a um imposto sobre a renda de pessoas jurídicas, e não a um imposto sobre a constituição de pessoas jurídicas, conclusão a que se chegaria não apenas em função do elemento histórico, mas, também, pela significação que a palavra "sociedade" adquiria no aludido contexto. Mesmo nos casos, porém, em que uma análise histórica é decisiva para indicar a qual realidade típica elas estariam fazendo alusão, dispensando assim um exame mais demorado das várias significações isoladas que cada uma das palavras poderia ter, elas representam, ainda assim, limites à liberdade do intérprete. Esses limites o impediriam, por exemplo, de pretender, com esse tributo, onerar pessoas naturais que não desempenham atividade empresarial.

Mas, ainda dentro do aludido exemplo, e a demonstrar a presença do raciocínio tipológico na compreensão dessa imaginária norma constitucional, seria admissível que esse imposto fosse exigido de pessoas físicas que exercem atividade empresarial, as quais desde há muito são, pelo Direito Tributário, equiparadas a pessoas jurídicas para fins de se sujeitarem aos tributos devidos por estas, a teor do art. 126, III, do CTN.[1]

A questão relacionada ao significado que as palavras assumem no ambiente em que empregadas não é exclusivamente jurídica. Isso, aliás, parece bastante claro conforme explicado no Capítulo 2 deste trabalho, sobretudo em seu item 2.1, quando se fez referência aos chamados "jogos de linguagem". Ela pode ser colocada sob um prisma hermenêutico geral, dizendo respeito à interpretação de qualquer texto. Ou mesmo de qualquer gesto, sinal, ou objeto ao qual se possa atribuir um sentido.

Exemplificando, qual seria o sentido em que a expressão "conhecia-o apenas '*de chapéu*'" teria sido empregada por Machado de Assis nas primeiras páginas de *Dom Casmurro*, para designar aquele que lhe deu esse apelido por conta de um cochilo durante a leitura de alguns versos? Trata-se de alguém que o protagonista da história não identificaria se encontrasse sem o chapéu na cabeça, ou, o que sugere o contexto representado pelos costumes do período em que escrito o romance, de alguém que ele conhecia superficialmente, em contatos que se limitavam ao cumprimento que, à época, dava-se com o uso do chapéu?

De rigor, tudo o que é expresso por palavras, não contendo em si a definição do que por elas se refere (o que de resto seria impossível sob pena de cair-se em regresso *ad infinitum*), suscita o mesmo problema colocado no âmbito deste trabalho. E mesmo o que não se expressa por palavras: qual sentido se pode atribuir ao ato de se chegar um pouco atrasado em um encontro? De se falar com o interlocutor a certa distância, ou com determinado tom de voz?[2]

Na verdade, às coisas a criatura humana atribui sentido, e a busca por critérios ou padrões que confiram um mínimo de previsibilidade

---

1. Sobre a falta de equivalência entre o conceito de pessoa jurídica no Direito Privado e no Direito Tributário, confira-se: Luís Eduardo Schoueri, *Direito Tributário*, 2ª ed., São Paulo, Saraiva, 2012, p. 683.

2. David K. Berlo, *O Processo da Comunicação: Introdução à Teoria e à Prática*, trad. Jorge Arnaldo Fontes, São Paulo, Martins Fontes, 2003, p. 1.

a essa atribuição é comum aos mais diversos ramos do conhecimento, principalmente no que tange àqueles que buscam a compreensão de signos empregados na transmissão de conteúdos, sejam eles normas, romances, músicas etc.

A particularidade, porém, que justifica seu exame aqui, e que motivou boa parte da análise feita nos Capítulos anteriores, é que, em se tratando de normas constitucionais definidoras de competências tributárias, limites ou parâmetros adicionais hão de ser levados em conta. Vale dizer, existem aspectos que tornam a investigação relacionada à interpretação de tais palavras diferente daquela havida em relação a um texto literário, justificando sua abordagem em uma pesquisa especificamente jurídico--tributária.

São elementos de um contexto que não podem ser desconsiderados, no âmbito dos chamados "jogos de linguagem", da mesma forma que o período em que vivia Dom Casmurro e o distanciamento entre ele e aquele que lhe deu esse apelido devem ser considerados na determinação do sentido da expressão "conhecia-o apenas 'de chapéu'" em uma análise que se pretenda fazer especificamente desse romance.

É o caso da mencionada "tensão intranormativa", decorrente do fato de as competências impositivas não se deverem sobrepor, algo que o exame da história do trato do assunto por Constituições anteriores evidencia. Outro aspecto diferencial, a ser tomado em conta, consiste na necessidade de se apresentar uma fundamentação racional para a interpretação adotada, quando o intérprete é um órgão julgador, administrativo ou judicial, decorrência direta de princípios como o do devido processo legal e o da motivação dos atos administrativos e das decisões judiciais.

Apesar de, como dito no Capítulo 3, doutrinadores como Lenio Streck vislumbrarem na Jurisprudência dos Valores e na Teoria da Argumentação possibilidade para aumento do poder discricionário do intérprete,[3] na verdade, sobretudo esta última pode ser invocada como acréscimo aos limites hermenêuticos, na medida em que o intérprete deve justificar o motivo pelo qual determinada acepção é a acertada.

Mas essas particularidades não impedem, por outro lado, que algumas considerações de ordem Hermenêutica, de Epistemologia e de Teoria do Direito sejam feitas, o que se verificou nos Capítulos 2 e 3, *supra*, e se dará, em alguma medida, também ao longo de alguns dos itens que compõem este Capítulo 4.

---

3. Lenio Luiz Streck, *Verdade e Consenso: Constituição, Hermenêutica e Teorias Discursivas*, 4ª ed., São Paulo, Saraiva, 2012, p. 233.

4.1 Distinção entre sentido e significado e a moldura kelseniana

Empenhado em construir uma Teoria Pura do Direito, que o estudasse de forma apartada de outras realidades que com ele se relacionam, e sem a influência de outros ramos do conhecimento, Hans Kelsen forneceu grande contribuição para o estudo da interpretação jurídica. Nesse particular, é muito criticado pelo que não fez.[4] Mas não se percebe o grande avanço que propiciou por aquilo que reconheceu ser-lhe impossível fazer dentro de um estudo "neutro" do fenômeno jurídico, divorciado, tanto quanto possível, de questões sociológicas, psicológicas, históricas etc.

Como se sabe, para Kelsen, um estudo científico do Direito fornece ao intérprete de uma norma jurídica não um único significado correto, mas um quadro ou moldura com alguns significados possíveis, todos cientificamente corretos. Há interpretações que, situadas fora da moldura, podem ser consideradas – mesmo do ponto de vista neutro, científico e puro – como erradas; mas as que estão dentro da moldura são todas, cientificamente, corretas. A defesa de uma delas, em detrimento das demais, não seria um ato científico, guiado por juízos descritivos e, por isso mesmo, objetivos, mas sim um ato de vontade, guiado por critérios de política jurídica. Atuariam, em cada caso, a guiar essa escolha, fatores morais, religiosos, políticos etc., os quais, por não permitirem uma abordagem à luz do método escolhido, não seriam sequer examinados.[5]

São conhecidas as diversas críticas dirigidas a essa teoria da interpretação. Na que talvez seja a mais dura delas, Karl Larenz afirma que Kelsen purificou o estudo do Direito para torná-lo objetivo, neutro e seguro, mas chegou a um resultado no qual o intérprete pode escolher um entre vários sentidos para a norma, sendo todos corretos, o que gera subjetivismo e incerteza. Com isso, prossegue Larenz, ele termina por deitar fora a criança com a água do banho.[6] Tércio Sampaio Ferraz Júnior, em termos

---

4. Até mesmo Kelsen o reconhece, tendo sido este um grande passo que propiciou, em seguida, conquistas no âmbito da hermenêutica contemporânea. Como se sabe, Kelsen admite que a ciência apenas oferece ao intérprete um quadro ou moldura de significados possíveis para o texto, sendo a escolha de um deles, à luz de cada caso concreto, um ato de vontade (Hans Kelsen, *Teoria Pura do Direito*, trad. João Baptista Machado, 6ª ed., São Paulo, Martins Fontes, 2000, p. 390). Pondo de lado aqui a questão do voluntarismo, decorrente das limitações de seu método positivista, alheio a valores, o que importa é que, com ele, reconheceu-se a relevância do intérprete e, mais, do caso concreto na determinação do sentido dos textos normativos. Sobre a impossibilidade de separação entre o ato de interpretar e o de aplicar, confira-se: Chaïm Perelman, *Lógica Jurídica*, trad. Vergínia K. Pupi, São Paulo, Martins Fontes, 2000, p. 163.

5. Hans Kelsen, *Teoria Pura do Direito*, 6ª ed. cit., p. 369.

6. Karl Larenz, *Metodologia da Ciência do Direito*, trad. José Lamego, 3ª ed., Lisboa, Fundação Calouste Gulbenkian, 1997, p. 107. Em termos semelhantes, embora por outro

semelhantes, registra que a teoria de Kelsen, nesse ponto, "nos frustra porque não fornece nenhuma base para a hermenêutica dogmática".[7]

É importante notar, contudo, que Kelsen reconhece: (*i*) o papel criador do intérprete; (*ii*) a relevância do caso concreto na determinação do sentido da norma pelo seu intérprete/aplicador. Recusou-se, é certo, a teorizar a respeito de critérios que pudessem guiar a escolha a ser feita *dentro* da moldura, mas deixou aberto o caminho para aqueles que, adotando premissas epistemológicas distintas, desejassem fazê-lo.

A observação de algumas teorias posteriores mostra que foi exatamente esse o rumo tomado pela hermenêutica contemporânea: voltar-se ao ato de aplicação e ao caso concreto[8] e tentar apontar critérios que guiem o suposto "poder criador" do intérprete, reconhecido não só por Kelsen mas pela maior parte dos autores positivistas.[9] Em última análise, é que o fazem os que teorizam em torno da argumentação jurídica e dos direitos fundamentais, e, por igual, dos que preconizam a interpretação da norma à luz de princípios como neutralidade e igualdade.

A Introdução ao *Teoria da Argumentação Jurídica*, de Robert Alexy, nada mais é do que o reconhecimento da "moldura kelseniana" como sendo um ponto de partida para a investigação em torno de critérios que auxiliem no controle intersubjetivo dessas escolhas, feitas dentro da moldura.[10] Igual reconhecimento se acha, por exemplo, no *Tratado da Argumentação*, de Chaïm Perelman e Lucie Olbrechts-Tyteca.[11]

Autores que adotam posturas hermenêuticas distintas, calcadas em Heidegger, Gadamer e em uma Hermenêutica Filosófica, não argumentativa, por fundamentos diversos reconhecem que o sentido dos textos normativos é determinado por aquele encarregado de aplicar a norma a ser deles compreendida, diante de um caso concreto, pelo que rejeitam a própria

---

ângulo, Herman Heller o acusa de ter criado uma Teoria do Direito sem Direito, e uma Teoria do Estado sem Estado (cf. Herman Heller, *Teoria do Estado*, trad. Lycurgo Gomes da Motta, São Paulo, Mestre Jou, 1968, p. 78).

7. Tércio Sampaio Ferraz Júnior, *Introdução ao Estudo do Direito. Técnica, Decisão, Dominação*, 3ª ed., São Paulo, Atlas, 2001, p. 257.

8. Veja-se, por exemplo, Theodor Viehweg, *Tópica e Jurisprudência*, trad. Tércio Sampaio Ferraz Jr., Brasília, Imprensa Nacional/Ed. da UnB, 1979, *passim*, obra surgida precisamente em meio às reconhecidas insuficiências do positivismo normativista.

9. Sobre o "poder discricionário" do intérprete, confira-se, também a abordagem positivista de Herbert L. A. Hart, *O Conceito de Direito*, trad. A. Ribeiro Mendes, 3ª ed., Lisboa, Fundação Calouste Gulbenkian, 2001, *passim*.

10. Robert Alexy, *A Theory of Legal Argumentation: the Theory of Rational Discourse as Theory of Legal Justification*, trad. Ruth Adler e Neil MacCormick, Oxford, Clarendon Press, 1989, pp. 4 e ss.

11. Chaïm Perelman e Lucie Olbrechts-Tyteca, *Tratado da Argumentação: a Nova Retórica*, trad. Maria Ermantina Galvão, São Paulo, Martins Fontes, 2000, p. 3.

separação entre interpretação e aplicação.[12] Aqui também, ainda que não se parta expressamente do pensamento kelseniano, termina-se por reconhecer, por outras premissas, que existem parâmetros no objeto que delimitam a interpretação.

Tanto que, sintomaticamente, Paulo Bonavides divide, em seu *Curso de Direito Constitucional*, no capítulo dedicado à interpretação constitucional, os métodos tradicionais dos métodos contemporâneos, colocando entre eles, como divisor e conector, a interpretação, por ele chamada "voluntarista", da Teoria Pura do Direito.[13]

O que mais de perto interessa, porém, é que dessas premissas faz-se possível estabelecer a distinção entre o *sentido* e o *significado* de uma palavra, e sua relação com a moldura kelseniana.

Pode-se dizer que o *significado* de uma palavra é aquele decorrente de um acordo prévio, intersubjetivo,[14] entre os falantes. As palavras têm, invariavelmente, vários significados, os quais podem ser encontrados nos dicionários, sendo impossível atribuir a elas um deles, de forma apriorística,[15] senão diante de um *contexto*.

Veja-se, por exemplo, a palavra "xadrez", que pode designar um jogo de tabuleiro, apenas o tabuleiro nele utilizado, um padrão decorativo de tecidos, uma penitenciária ou, dentro dela, a cela em que são colocados os detentos. Todos esses são significados possíveis, encontráveis nos dicionários, os quais, por sua vez, foram escritos tendo em conta situações anteriores nas quais aquela palavra fora empregada pelos falantes do idioma correspondente. Por isso mesmo, diz-se que o dicionário dá indícios quanto ao que se pode transmitir com uma palavra, mas apenas isso, *indícios*, os quais, porém, poderão ser superficiais, desatualizados e incompletos.[16]

---

12. Hans-Georg Gadamer, *Verdade e Método – Traços Fundamentais de uma Hermenêutica Filosófica*, trad. Flávio Paulo Meurer, vol. 1, Petrópolis, Vozes, 2008, pp. 406 e ss.; Eros Roberto Grau, *Ensaio e Discurso sobre a Interpretação/Aplicação do Direito*, 5ª ed., São Paulo, Malheiros Editores, 2009, p. 90 (6ª ed. publicada com o título *Por Que Tenho Medo dos Juízes (A Interpretação/Aplicação do Direito e os Princípios)*, São Paulo, Malheiros Editores, 2013, p. 47).

13. Paulo Bonavides, *Curso de Direito Constitucional*, 29ª ed., São Paulo, Malheiros Editores, 2014, p. 459.

14. Esse acordo, convém destacar, é na imensa maioria das vezes *tácito*. As pessoas usam a palavra em dado contexto, pretendendo com ela transmitir determinada mensagem, partindo do uso que a essa mesma palavra em ocasiões anteriores semelhantes.

15. John Searle destaca que as palavras não têm apenas um "significado literal", assim entendido um suposto significado que seja independente de qualquer contexto (cf. John Searle, *Expressão e Significado: Estudos da Teoria dos Atos da Fala*, trad. Ana Cecília G. A. de Camargo e Ana Luiza Marcondes Garcia, São Paulo, Martins Fontes, 2002, pp. 183-184).

16. David K. Berlo, *O Processo da Comunicação: Introdução à Teoria e à Prática*, cit., pp. 318 e ss.

Já o *sentido* de uma palavra é mais específico que o seu significado. É sempre atribuído por aquele a quem a mensagem é dirigida, relacionando-se com a situação concreta em que ela é utilizada. Dos vários significados da palavra xadrez, enunciados no parágrafo anterior, sabe-se que o *sentido* em que empregada a palavra é o de penitenciária, quando, referindo-se a importante político condenado a pena de reclusão, alguém afirma: "– Duvido que vá mesmo para o xadrez".

As palavras, sinais gráficos, gestos etc. não têm sentido em si, *a priori*, que lhes tenha sido dado pela natureza. São os partícipes do processo de comunicação, no âmbito desse processo, que atribuem esse sentido. Mas, como um mínimo de previsibilidade é exigido a essa tarefa de atribuir sentidos, para que a comunicação se faça possível, exemplos anteriores servem de parâmetro, fornecendo indícios (os significados) de como aquilo pode se compreendido.

Assim, em outros termos, os significados possíveis das palavras conferem ao intérprete o "quadro ou moldura", mas o sentido em que elas são empregadas somente à luz de cada caso concreto pode ser determinado. E esses sentidos, cumpre notar, podem ser bem diversos, ou até mesmo opostos. Quando se emprega a ironia, por exemplo, dizendo-se "bonito!" a alguém que fez algo reprovável, se dá à palavra um sentido bem diverso de seu significado usual.

Mas note-se: conquanto diversos, o sentido, além de haurido entre os (ou a partir dos) significados possíveis, deve ser determinado à luz do caso em face de premissas, critérios, regras ou convenções que não estão inteiramente à disposição do falante ou de seu intérprete. Quando se afirma, portanto, que o significado das palavras é bastante variável, e que só à luz da situação em que empregadas seu sentido pode ser determinado, não se está – como se costuma objetar – afirmando que aqueles que veiculam mensagens, e os que as recebem, vale dizer, no caso do Direito, legisladores e intérpretes, sejam livres para usar as palavras como quiserem. Na verdade, existem regras – não jurídicas, mas dos jogos de linguagem – a serem seguidas para que o destinatário da mensagem compreenda-a da forma pretendida pelo seu emissor.

De toda sorte, voltando à metáfora da moldura, é possível identificar, nela, o reconhecimento de que as normas são veiculadas por meio de textos (ou, de forma menos frequente, de sinais ou desenhos, como as placas de trânsito), os quais têm significados possíveis. Seu *sentido*, contudo, só à luz do caso concreto poderá ser determinado, em face de circunstâncias que, em razão da (impossível) pureza que decidiu perseguir, Kelsen abriu mão de considerar, dizendo ser tarefa não científica, mas política.

Assim, apesar de suas inegáveis imperfeições, na teoria kelseniana se acha, de forma muito clara, o reconhecimento de que as palavras empregadas na construção das normas têm significados pré-definidos, a serem levados em conta pelo intérprete. Esses significados formam a moldura, dentro da qual o intérprete se deve situar. Aliás, não fossem esses significados pré-definidos, nem mesmo seria possível diferenciar uma palavra de outra, ou de um amontoado arbitrário de letras como "bdwqqpbgr". Além de inviabilizar a comunicação, em um contexto mais geral, no âmbito do direito isso conduziria ao próprio desaparecimento da distinção entre legisladores e aplicadores, com sério prejuízo a princípios como o democrático, o da separação dos poderes e o da irretroatividade das leis.

Ainda dentro do paradigma kelseniano, a determinação do *sentido* do(s) texto(s) normativo(s), à luz do caso concreto, é ato que *parte* da moldura, construída de forma cognitiva ou científica, mas que se conclui por meio de ato de vontade, guiado por critérios políticos. Isso porque, vale insistir, Kelsen pretendia realizar análise puramente científica, entendida a ciência nos padrões positivistas do século XIX, reputando impossível a consideração, por esse prisma, dos fatores que conduzem à determinação do sentido do texto, que, em última análise, é o próprio conteúdo da norma jurídica correspondente.

Na formação da moldura, atuam os possíveis significados das palavras empregadas, sejam eles oriundos dos dicionários (jurídicos, econômicos, contábeis etc.), de outras normas, ou de qualquer outra fonte indicativa de possíveis significados para tais palavras, em tese. Mas não só. Nem todos os significados possíveis contribuirão para a construção da moldura, que de outro modo tornar-se-ia demasiadamente ampla. Há considerações que, mesmo sob uma abordagem kelseniana, podem ser feitas, em tese, na eliminação de alguns desses significados, de sorte a estreitar um pouco mais o quadro de significados possíveis a serem levados em conta pelo intérprete. É do que cuidará o item seguinte.

Mas, além disso, é importante lembrar que o paradigma da Teoria Pura do Direito foi ultrapassado, há algum tempo, no âmbito da hermenêutica jurídica como um todo, e não apenas constitucional. É possível, portanto, partindo de critérios que Kelsen não consideraria científicos, mas que hoje poderiam ser assim entendidos (ou, independentemente disso,[17] teorizados e utilizados), contribuir na indicação de qual dos significados em tese possíveis, dentro da moldura, deve ser escolhido pelo intérprete.

O trabalho de escolha, que para Kelsen era político, e de impossível controle científico, pode, sim, ser objeto de alguns limites e critérios de

---

17. Sobre a importância demasiada que às vezes se dá à classificação de uma determinada forma de conhecimento como sendo "científica" ou "não científica", confira-se: Thomas Kuhn, *A Estrutura das Revoluções Científicas*, trad. Beatriz Vianna Boeira e Nelson Boeira, 9ª ed., São Paulo, Perspectiva, 2005, p. 204.

controle intersubjetivos. Em se tratando de intérpretes jurisdicionais, então, a esses limites se somam aqueles ligados à necessidade de uma fundamentação racional, aspectos que, mais adiante, serão objeto de análise neste Capítulo.

Essa ressalva é importante para que não se pense estar sendo adotada, aqui, uma premissa rigorosamente kelseniana, de deficiências metodológicas e epistemológicas marcantes. Na verdade, se está apenas destacando que Kelsen revelou muito por aquilo que se recusou a fazer, quebrando, de resto, a ideia de que as normas seriam previamente determinadas pelo intérprete, em tese, e só depois aplicadas aos casos concretos subsumíveis às suas hipóteses de incidência. Na verdade, a norma é (re)construída pelo intérprete a partir de um caso, confundindo-se interpretação e aplicação. Parte-se de algo, naturalmente, mas acrescenta-se também, o que afinal é inafastável sempre que se cogita de atribuir sentido a alguma coisa.

4.2 Visão sistêmica do texto constitucional na formação de uma moldura

Um dos elementos a serem utilizados na construção da moldura a que metaforicamente alude Kelsen, no que tange às normas de competência tributária, é composto, evidentemente, dos significados possíveis das palavras empregadas no texto constitucional correspondente. Sejam eles oriundos do Direito pré-constitucional, da doutrina, da Economia, da Contabilidade, da Medicina, do senso comum, ou de qualquer outro uso prévio. Mas nem todos eles. Destes, *devem ser colhidos apenas aqueles que não põem as normas de competência em choque com outras, também constitucionalmente previstas*, como é o caso das que vedam a dupla tributação e da que preconiza o respeito à capacidade econômica do contribuinte.

No que tange à impossibilidade de dupla tributação, explicada no Capítulo 1 deste trabalho, os significados possíveis das palavras usadas na construção de uma regra de competência devem ser conciliados com aqueles usados na construção de outras regras de competência impositiva, de modo a que não haja a aludida sobreposição, conciliação que cabe de maneira precípua, em suas zonas de interseção, ao legislador complementar. Por essa razão, portanto, mesmo sem considerar outros aspectos relevantes da interpretação das normas de competência, é possível criticar a decisão tomada pelo Supremo Tribunal Federal, no que tange à possibilidade de incidência do ISS sobre operações de *leasing*, pois nela se afirmou que *as operações financeiras são serviços*, o que gera insolúveis conflitos entre a competência da União, no que tange ao IOF, e a competência de Municípios, relativamente ao ISS, em clara ofensa ao art. 146, I, e ao art. 154, I, ambos da CF/1988, e à ideia, a eles subjacente, de que não pode haver mencionada bitributação.

Ou seja, ainda que seja admissível dar à regra de competência para a instituição de "impostos sobre serviços de qualquer natureza" uma interpretação mais ampla do que a que se vinha adotando, a incidência do ISS sobre o *leasing* não seria possível com base em fundamento revelado na própria decisão que declarou sua constitucionalidade, pois a moldura jurídica das regras de competência impede tal acepção. Pela mesma razão, por mais que sejam imprecisos os limites das palavras *urbano* e *rural*, utilizadas nos arts. 153, VI, e 156, I, da CF/1988, não se pode admitir que faça alusão a parcelas sobrepostas da realidade, pois isso levaria ITR e IPTU a incidirem, ambos, sobre um mesmo imóvel.

Como se vê, não basta reconhecer que as palavras empregadas no texto constitucional são tipos, ou fazem alusão a tipos referentes a tributos preexistentes, eventualmente com o uso de outros nomes, devendo, nessa condição, ser interpretadas de forma aberta e evolutiva, sem a imposição necessária de que se atenda ao disposto no Direito Privado pré--constitucional, para com isso se obter salvo conduto para atribuir a essas mesmas palavras *quaisquer* significados.

Uma coisa é afirmar que as palavras podem ser interpretadas globalmente, considerando o histórico do tributo, ou que não existem significados *a priori* e imutáveis, que independam de seus intérpretes. Isso, aliás, vale para qualquer palavra. Outra, muito diferente, é afirmar que tais intérpretes são livres para darem às palavras o sentido que quiserem. Não são, sob pena, aliás, de não ser possível sequer afirmar estarem eles diante de "palavras". E, se assim é no âmbito da linguagem em geral, no âmbito do Direito, tais limites são ainda mais exigentes, pois além das regras inerentes aos "jogos de linguagem", há essas outras normas jurídicas que devem ser conciliadas com aquelas de cuja interpretação se cogita.

No que tange às contribuições, embora, na visão do Supremo Tribunal Federal, não haja impedimento a que incidam sobre fatos já onerados por impostos, dá-se algo semelhante. "Lucro", por exemplo, embora seja palavra que possa, em tese, possuir vários significados, não pode ser entendida como sinônimo de "receita", sob pena de o texto constitucional estabelecer, de forma desnecessária, a possibilidade de a União instituir duas contribuições idênticas, porquanto incidentes sobre o mesmo fato gerador e destinadas à mesma finalidade.[18]

Aliás, mesmo não havendo o impedimento, em tese, de acordo com o entendimento do Supremo, de que contribuições incidam sobre fatos situados

---

18. Sobre a impossibilidade de sobreposição de contribuições em situações assim, confira-se Marco Aurélio Greco, *Contribuições (Uma Figura "Sui Generis")*, São Paulo, Dialética, 2000, p. 149.

na competência para a instituição de impostos, a tensão intranormativa antes apontada ainda tem papel a desempenhar na interpretação das normas a elas relativas.

Veja-se, por exemplo, o caso da incidência da COFINS sobre receitas oriundas da venda de bens imóveis, no período anterior à Emenda Constitucional 20 e à Lei 9.718/1998. Como se sabe, antes do alargamento do âmbito de incidência da COFINS levado a efeito pela Emenda Constitucional 20/1998, essa contribuição somente alcançava, a teor do texto constitucional originário e da Lei Complementar 70/1991, a receita oriunda da venda de mercadorias e da prestação de serviços. Interpretando a expressão "venda de mercadorias", de sorte a abranger, com ela, a venda de imóveis feita por empresas imobiliárias, a jurisprudência considerou que imóveis seriam mercadorias.

A questão não era de interpretação propriamente constitucional, pois o art. 195, I, da CF/1988 fazia alusão a faturamento, e não a mercadoria ou imóvel, mas na interpretação da Lei Complementar 70/1991 se afirmou, claramente, que imóveis seriam mercadorias, para fins tributários, o que pode, uma vez mais, criar conflitos insolúveis de competência entre Estados--membros, competentes para a instituição e cobrança do ICMS, e Municípios, no que tange ao ITBI. Ainda que se entenda que a palavra "faturamento" envolve a venda de imóveis, era preciso reconhecer que, por meio da Lei Complementar 70/1991, a União não havia exercido toda a competência que lhe havia sido atribuída, até porque, à luz do texto constitucional, não há como dizer que, sobretudo para fins tributários, imóveis e mercadorias são a mesma coisa.

Mas não só a mencionada "tensão intranormativa" entre as regras de competência deve ser observada. Ela é uma pista importante sobre como entender tais palavras, no caso de possível sobreposição, mas há vários outros fatores a serem considerados *além dela*.

Como dito, outras normas, ainda no plano hipotético, sem atenção a uma situação concreta específica, entram em cena para reduzir a amplitude da moldura normativa, podando alguns dos significados para as palavras que, conquanto literalmente possíveis, não são admissíveis em face da necessária conciliação que se há de fazer como consequência de estar a norma sob interpretação inserida em um sistema.

É o caso do princípio da capacidade contributiva, em razão do qual não se pode atribuir às palavras aludidas nas normas de competência significados que, conquanto literalmente possíveis, estariam associados a realidades que não revelem capacidade econômica para contribuir. Serviço, portanto, no contexto do art. 156, III, da CF/1988 não pode envolver *qualquer* trabalho, mas apenas aquele realizado de forma onerosa.

Relativamente à expressão "renda e proventos de qualquer natureza", o princípio da capacidade contributiva[19] impõe o afastamento de compreensões que permitam a incidência do imposto sobre situações que não revelem essa capacidade, recortando das significações possíveis da expressão aquelas alusivas a ingressos apenas suficientes para manter a subsistência do contribuinte.[20] Por outro lado, como observa Humberto Ávila, o cotejo da palavra "renda" com as palavras "patrimônio", "faturamento", "receita" e "capital", empregadas pela Constituição com significação diversa, vê-se, negativamente, que renda não é nada disso.[21]

Os princípios da igualdade e da neutralidade, por igual, impõem a exclusão daqueles significados capazes de conduzir a distorções no tratamento entre contribuintes, como é o caso das que decorrem das vedações temporais ao aproveitamento de prejuízos fiscais, que indevidamente atribuem tratamento diferenciado, e mais gravoso, àquelas atividades que exigem maior investimento inicial, e que só geram retorno mais significativo ao longo de vários anos. Humberto Ávila, por exemplo, ao examinar a validade da compensação de prejuízo, apesar de se reportar a um "conceito de renda", invoca os princípios da capacidade contributiva, da igualdade e da neutralidade para fundamentar uma definição para esse conceito e, com base nela, sustentar a inconstitucionalidade da lei que limita o aproveitamento de prejuízos anteriores na apuração do *quantum* devido a título de imposto de renda das pessoas jurídicas.[22]

Talvez esse tipo de argumentação seja até mais forte do que simplesmente se limitar a discutir, à luz de dicionários ou de legislação prévia, se os termos utilizados na Constituição podem ser empregados de uma forma mais restrita ou ampla. Reduzir o discurso da interpretação das regras de competência a esse simples âmbito é mais empobrecedor do que invocar princípios que sinalizam no sentido de como tais palavras devem ser compreendidas para melhor realizá-los.

---

19. Sobre a fundamentalidade do princípio da capacidade contributiva na determinação do sentido das disposições tributárias, confira-se: Klaus Tipke, *Moral Tributaria del Estado y de los Contribuyentes ("besteuerungsmoralundsteuermoral")*, trad. Pedro M. Herrera Molina, Madri/Barcelona, Marcial Pons, 2002, p. 34.

20. Cf. Joachim Lang, "The influence of tax principles on taxation of income from capital", in Peter Essers e Arie Rijkers, *The Notion of Income from Capital*, Holanda, IBFD, 2005, pp. 12-14. No mesmo sentido: Humberto Ávila, *Conceito de Renda e Compensação de Prejuízos Fiscais*, São Paulo, Malheiros Editores, 2011, pp. 16 e ss.

21. Humberto Ávila, *Conceito de Renda e Compensação de Prejuízos Fiscais*, cit., p. 33.

22. Para as várias consequências desses princípios na determinação do significado da expressão "renda e proventos", no âmbito do art. 153, III, da CF/1988, confira-se: Humberto Ávila, *Conceito de Renda e Compensação de Prejuízos Fiscais*, cit., *passim*.

Nessa ordem de ideias, princípios como o da livre concorrência,[23] da neutralidade da tributação, da não cumulatividade, da pessoalidade, da proporcionalidade, dentre muitos outros, entram em cena para conformar os significados possíveis das palavras, mesmo em relação ao típico tributo, conjuntamente com suas características históricas, reduzindo o âmbito da moldura dentro da qual o intérprete há de trabalhar.

São detalhes que vão permitindo uma delimitação mais clara da aludida moldura, ainda, insista-se, no plano abstrato, sem consideração a nenhum caso específico, sendo, portanto, algo "científico", mesmo partindo-se do paradigma kelseniano.

Observe-se, finalmente, quanto a esse ponto, que, embora o texto constitucional deva ser interpretado com atenção ao elemento sistêmico, uma palavra pode ser utilizada, em seu âmbito, mais de uma vez, com significados diferentes. O "contexto", aqui, será determinado não apenas pelo fato de a palavra haver sido empregada pela Constituição, sendo importante, ainda, verificar em qual âmbito, ou com qual finalidade, isso acontece.

Recorrendo a exemplo não tributário, colhe-se para exame a palavra "casa", porque várias vezes repetida na Carta Magna. Ela é empregada em diversos artigos da Constituição (arts. 5º, VI, § 3º, 47, e, no ADCT, nos arts. 47, § 3º, III, e 53, VI), nenhum deles anunciando o que significa casa,[24] o que, não obstante, não quer dizer que o intérprete seja *livre* para afirmar que casa, por exemplo, no contexto do art. 5º, XI, da CF/1988, é *o que ele quiser que seja.* A *finalidade* com que se emprega a palavra é fundamental. Veja-se que, no caso da jurisprudência do Supremo Tribunal Federal em torno da palavra "casa" enquanto asilo inviolável do indivíduo, a Corte entendeu que a expressão abrange escritórios – indo além da letra, na parte não acessível ao público, para reconhecê-los como igualmente abrangidos pela garantia constitucional.[25] Isso porque a finalidade subjacente à norma é

---

23. Cf. *v.g.*, Humberto Ávila, "Comportamento anticoncorrencial e direito tributário", in Roberto Ferraz (coord.), *Princípios e Limites da Tributação* 2, São Paulo, Quartier Latin, 2009, pp. 429-440. É preciso cuidado, porém, para que a livre concorrência não sirva de pretexto para a validação de exigências indevidas, apenas porque outros contribuintes as estariam pagando: Hugo de Brito Machado Segundo, "Algumas notas sobre a invocação do princípio da 'livre concorrência' nas relações tributárias", *Revista Nomos* 28.2/61-81, 2008.

24. A palavra "casa", como se sabe, pode ter os mais variados significados, ainda quando utilizada para designar a moradia (e não a casa de um botão de camisa, por exemplo). Daí porque casa pode designar apenas aquela edificação térrea (opondo-se ao apartamento, que, nesse sentido, não seria casa), ou toda residência (significando o *lar*), ou mesmo abranger locais nos quais não se mora, mas nos quais existe uma intimidade a ser preservada (alcançando inclusive escritórios).

25. STF, 2ª T., Rel. Ministro Celso de Mello, HC 82.788, j. 12.4.2005, *DJ* de 2.6.2006.

a proteção à intimidade do cidadão. Mas, em situação na qual um escritório havia sido violado pela Polícia Federal à noite, com autorização judicial, para a colocação de escutas, o Supremo Tribunal Federal entendeu – ficando aquém da letra – que não haveria invalidade, apesar do disposto no artigo, que somente admite o ingresso forçado de autoridade do Poder Público no domicílio durante o dia, mesmo com ordem judicial. Com efeito, em um escritório, diversamente do que ocorre em um lar, à noite, quando não há ninguém no recinto, não há intimidade a ser preservada, esvaziando-se o propósito investigativo, por sua vez, se os presentes ficassem sabendo da implantação da escuta.[26]

Em outro contexto, porém, referente às facilidades para a aquisição da "casa própria", a palavra tem significado mais restrito. E, quando se aludem as "Casas" do Congresso Nacional, seu significado é bem diverso dos demais. E, em todos esses exemplos, tem-se a palavra empregada pela Constituição, o que mostra que não é o fato de a significação em um ponto do texto constitucional ser uma que conduzirá, necessariamente, a que essa significação seja a mesma a ser adotada em outros momentos em que a palavra aparecer utilizada na construção de normas constitucionais.

4.3 Legislação infraconstitucional e o sentido do texto constitucional

Iniciada a delimitação do quadro ou da moldura de significados possíveis para as palavras que veiculam as normas constitucionais em geral, e, no caso específico do objeto deste trabalho, das regras de competência em particular, a partir das demais disposições do próprio texto constitucional (e, por igual, de seus significados possíveis), surge a questão de saber qual o papel ou a relevância, notadamente no que tange às regras de competência, das disposições constantes de outros atos normativos, anteriores e de inferior hierarquia, como é o caso daquelas referentes ao Direito Privado e da doutrina em torno delas construída.[27]

É assente que não se pode interpretar a Constituição a partir das normas situadas em patamar hierárquico inferior. Não se pode, por exemplo, dizer que determinada disposição constitucional deve ser entendida de modo "A", e não de modo "B", sendo ambos em tese possíveis, utilizando-se para tanto da justificativa de que, segundo a norma infraconstitucional "X",

---

26. STF, Pleno, Rel. Ministro Cezar Peluso, Inq 2.424, j. 26.11.2008, *DJe*-055 de 26.3.2010.
27. Tem-se, nesse caso, o que Reinaldo Pizolio chama de "contexto internormativo". Cf. Reinaldo Pizolio, *Competência Tributária e Conceitos Constitucionais*, São Paulo, Quartier Latin, 2006, p. 201.

o significado "A" seria o mais correto. O contrário, de rigor, é o que deve acontecer. E, de algum modo, os que defendem que as palavras usadas pela Constituição devem sempre ser vistas como conceitos fechados hauridos do direito privado pré-constitucional, porque assim determina o art. 110 do CTN, incorrem nesse equívoco.

Entretanto, no que mais de perto interessa aos propósitos deste trabalho, se por um lado é verdade que não se pode recorrer, na interpretação das disposições constitucionais relativas à competência tributária, ao que dispõem as normas infraconstitucionais de Direito Privado apenas porque o art. 110 do CTN assim o determina, é igualmente verdade que não se pode ignorar ou mesmo rejeitar o significado empregado em tais normas, como se houvesse a obrigação de acolher outro, diverso, *só porque elas são infraconstitucionais*. Além da questão relacionada ao uso de tipos e conceitos, questões relacionadas aos jogos de linguagem entram em cena.

Afinal, por que, na busca pelo significado da expressão folha de salários, por exemplo, deve-se recorrer não ao significado que lhe dá a legislação trabalhista, mas a outro, haurido da economia, da administração de empresas ou mesmo do senso comum? Como explicado no Capítulo 3, *supra*, se as normas infraconstitucionais não são de observância *obrigatória* na interpretação constitucional – sob pena de se inverter a pirâmide hierárquica e de se alimentar o Direito apenas com o próprio Direito e não com a linguagem e a vida em seu processo evolutivo –, por igual não se pode dizer que sejam de observância *proibida*, ou, pior, que o sentido nelas verificado seja de valor inferior ao que possa ser haurido de outros ramos da atividade humana.

O significado não *tem que ser* aquele já verificado no âmbito do Direito Privado, mas também não *tem que ser outro, mais amplo*, só porque a norma de Direito Privado colhida como paradigma é infraconstitucional. Pode ser que existam razões para que o sentido a ser atribuído a certa expressão seja diverso daquele que lhe é próprio no âmbito do Direito Privado, as quais podem ser apontadas e assim servir de justificativa para que se acolha esse outro sentido, tais como o fato de que se trata de um típico imposto, cujas características demonstram que o conceito de Direito Privado não revela por completo a realidade histórica do tributo. Mas não se pode dizer que esse sentido tem sempre que ser outro, apenas para evitar a interpretação da Constituição à luz do art. 110 do CTN e da legislação de Direito Privado.

Não se deve esquecer, ainda, que nem todo conceito de Direito Privado é produto do legislador, ou objeto de uma definição legal. Por vezes são construídos doutrinariamente, sendo essa doutrina *mais um* exemplo de uso da palavra a ser – juntamente com outros critérios hermenêuticos – levado em conta na determinação do sentido do texto constitucional.

Além disso, quando se afirma que a palavra "salário", tal como empregada na Constituição, deve ser entendida *no mesmo sentido* em que empregada na CLT, por exemplo, não se está dizendo que uma norma da Constituição deva ser entendida nos termos em que determina uma norma da CLT, como se esta estivesse acima daquela. Não. O que se diz é que existe um significado, que pode ser visto, *por exemplo*, na CLT, e que esse é o mesmo que deve ser levado em conta na compreensão da palavra, tal como usada pela Constituição.

Aliás, não fosse assim, tampouco se poderia utilizar um dicionário, que nem "força jurídico-normativa" tem. Estar-se-ia interpretando a Constituição "à luz de um dicionário", sendo de se indagar por que motivo tal interpretação seria preferível àquela feita à luz de significados aferíveis a partir da legislação infraconstitucional. Quanto aos dicionários, é importante lembrar que eles contêm um relato, de natureza descritiva, de como as palavras são usadas, em variados contextos.[28] Assim, não raro o dicionário catalogará, entre esses significados, aquele que à palavra é atribuída no âmbito da legislação infraconstitucional.

Tendo em vista que a Constituição não define o significado das palavras que utiliza, e seria impossível fazê-lo, sob pena de, como já se disse várias vezes ao longo deste trabalho, incorrer em um regresso *ad infinitum*, esse significado terá sempre de ser buscado em algum outro lugar. E como a Constituição é a norma suprema do ordenamento, esse outro lugar estará, necessariamente, do ponto jurídico-positivo, abaixo dela, seja em norma jurídica diversa, infra e pré-constitucional, seja em outro âmbito do conhecimento humano, não jurídico, como é o caso da Economia, da Medicina, da Contabilidade etc.

É o caso de lembrar dos "jogos de linguagem", e do exemplo, dado por Wittgenstein, de quando um pedreiro simplesmente pronuncia a palavra "lajota", estando já subentendido que pede ao seu auxiliar que lhe passe tal material de construção. Se o mesmo pedreiro pronunciar a palavra "lajota" pretendendo que seu auxiliar vá comprar um doce conhecido pelo mesmo nome, deverá anunciá-lo de forma explícita e expressa, sob pena de não ser compreendido.

Vários exemplos podem ser utilizados aqui. Se um médico diz ao paciente "é preciso estar atento à prescrição", supõe-se que ele alude ao tratamento que indica, vale dizer, aos medicamentos ou aos cuidados que prescreveu. Não que ele, o médico, esteja "proibido" de usar a palavra com outro sentido. Mas, se o fizer, para que seja entendido, os fatores que

---

28. David K. Berlo, *O Processo da Comunicação – Introdução à Teoria e à Prática*, cit., p. 320.

sugerem esse outro sentido devem ser tornados explícitos. Se pretende aludir ao risco de consumar-se o prazo prescricional, relativamente a um ruidoso julgamento criminal que vem sendo noticiado nos meios de comunicação, é preciso deixar isso claro, sob pena de não ser entendido. Ele não é livre para dar às palavras o sentido que quiser, por mais que esse sentido seja variável e dependente de um contexto. O mesmo se aplica ao legislador e ao intérprete, notadamente quando a palavra de que se cuida já tem um sentido claro e conhecido no contexto criado por outras normas jurídicas.

Nessa ordem de ideias, assim como o normal, quando um médico usa determinado termo no âmbito de um trabalho acadêmico, é que o esteja empregando em seu sentido técnico, tal como definido no âmbito da Medicina, da mesma forma o usual, quando uma norma jurídica emprega um termo, é que o esteja utilizando no mesmo sentido que outras normas o fazem.

A questão é que, conforme explicado ao longo do Capítulo 1, *supra*, nem sempre o constituinte age como um médico a escrever um trabalho acadêmico. Tributos por vezes são pinçados da experiência constitucional anterior, com eventuais mudanças de nomes que nem sempre estão relacionadas ao pretenso significado técnico das palavras empregadas. Esse dado deve ser levado em conta, mas não significa que o direito infraconstitucional não possa, servindo de exemplo do emprego das mesmas palavras, ser usado como apoio.

Veja-se o que se deu, por exemplo, no já comentado precedente relacionado ao IPVA. Conquanto *veículo automotor* seja expressão que poderia, em tese, ser usada também para aludir embarcações e aeronaves, o fato de ela se reportar ao sucessor da antiga taxa rodoviária única, aliada ao elemento sistêmico (referência ao repasse de 50% do valor arrecadado ao Município no qual o veículo fosse licenciado, algo inaplicável a aeronaves e a embarcações), e ao uso de tais palavras na legislação infraconstitucional (Código de Trânsito) levou o Supremo Tribunal Federal a atribuir um sentido de menor abrangência à expressão.[29] Esse caso mostra que não há antagonismo entre o recurso ao elemento histórico e o reconhecimento de que o constituinte fez alusão a um típico tributo preexistente, de um lado, e a consideração de significados obtidos a partir da legislação infra e pré--constitucional, de outro. Revela, ainda, que tais considerações nem sempre conduzem a um indesejável alargamento das competências impositivas, pois, afinal, literalmente, "veículo automotor" é expressão potencialmente alusiva a uma gama de realidades bem mais ampla que a composta por veículos terrestres motorizados submetidos à fiscalização pelos órgãos de controle do trânsito.

---

29. STF, Pleno, Rel. Ministro Marco Aurélio, Rel. p/o acórdão Ministro Sepúlveda Pertence, RE 134.509, j. 29.5.2002, *DJ* de 13.9.2002, p. 64.

O que não se deve fazer, quando da interpretação do texto constitucional, é procurar para ele um significado capaz de compatibilizá-lo com as normas infraconstitucionais, com esse específico propósito. Se para uma disposição constitucional for possível atribuir mais de um significado, não se deve escolher aquele que melhor a amolde a uma disposição infraconstitucional, só para preservar a validade desta última. Isso seria realizar uma interpretação da Constituição à luz da lei, e não uma interpretação da lei à luz da Constituição.[30]

Imagine-se, por exemplo, que uma lei que definisse *renda*, para fins de incidência do imposto de renda, como todo e qualquer ingresso, independentemente de ele se incorporar ao patrimônio do contribuinte e de ensejar um acréscimo a ele. Evidentemente, não se poderia defender a validade dessa lei, em face do disposto no art. 153, III, da CF/1988, sob o argumento de que *renda*, para os fins do aludido artigo constitucional, deveria ser definida nos termos da lei de cuja constitucionalidade se cogita. Tal argumento, de natureza claramente falaciosa – porque circular – implica tornar inexistente qualquer disposição constitucional com o propósito de delimitar a competência impositiva, conduzindo à mesma conclusão a que se chegaria com a adoção da chamada *teoria legalista*, segundo a qual o legislador seria livre para atribuir significado a tais palavras. Referida teoria, porém, é inteiramente incompatível com um ordenamento jurídico fundado em uma Constituição rígida na qual se tenham inserido regras de competência tributária que delimitam previamente os âmbitos de incidência dos impostos.

É a esse tipo de procedimento que os constitucionalistas fazem alusão, quando recomendam que se interprete a lei à luz da Constituição e não o contrário. Mas não é isso o que acontece quando se utiliza o direito pré e infraconstitucional como indício indicativo do sentido em que empregada uma palavra pela Constituição, pois nesse caso o que está em discussão não é a validade da norma usada nesse processo investigativo. Por outras palavras, quando se recorre à CLT para a determinação do significado da expressão "folha de salários", não é a validade das disposições da CLT que está em discussão, pelo que não se tem uma indevida interpretação da Constituição à luz da lei infraconstitucional, reprovável porquanto amesquinhadora da supremacia da primeira.

Voltando à ideia de jogos de linguagem, não se pode negar que o sentido em que uma palavra é utilizada deve ser determinado à luz de situações anteriores, em contextos semelhantes em que fora empregada. É claro que outros fatores podem ser relevantes, mas esse, dos usos anteriores em situações parecidas, não pode ser desprezado, sendo de decisiva importância.

---

30. Paulo Bonavides, *Curso de Direito Constitucional*, 29ª ed., cit., p. 619.

Assim, diante do texto constitucional, pode ser relevante, sim, a consulta ao direito pré-constitucional, seja à Constituição anterior, seja à legislação infraconstitucional, não apenas de Direito Privado. Não para que as normas ali contidas prescrevam ao intérprete da Constituição o que fazer, mas para que o texto que as veicula sirva de exemplo ou indicação, na determinação do sentido das palavras usadas na Constituição.

O Supremo Tribunal Federal, aliás, tem feito isso com alguma frequência, inclusive no trato de questões não tributárias. Quando do julgamento da ADI 3.510-DF,[31] por exemplo, na qual se discutia a validade do art. 5º da Lei 11.115/2005 (Lei de Biossegurança), o Ministro Ayres Britto recorreu ao Código Civil para construir o significado da palavra "pessoa", e ao Estatuto da Criança e do Adolescente, para determinar o que se deve entender por "criança", e, assim, construir um sentido para a palavra "vida", nos termos em que garantida pelo texto constitucional. Na mesma ocasião, o Ministro recorreu à Medicina e à Biologia, mas o fato de se estar tratando da interpretação de uma disposição constitucional que foi, em suas palavras, de um *silêncio de morte* não o impediu de recorrer *também* ao direto infraconstitucional para obter pistas sobre os contornos da vida cuja proteção é constitucionalmente assegurada.

Por outro lado, a legislação infraconstitucional, principalmente a pré--constitucional, é relevante não apenas para fornecer elementos indicativos do significado desta ou daquela palavra (serviço, mercadoria, faturamento etc.), mas para que se compreenda o sentido de expressões inteiras, que sem o auxílio de uma análise histórica, fornecida com o recurso a tais normas, seriam de difícil interpretação, podendo ser entendida de forma inteiramente divergente da finalidade que inspirou a sua introdução no texto constitucional. Nesse sentido, já se fez referência, neste trabalho, ao papel da legislação pré e infraconstitucional na determinação do alcance da expressão "veículo automotor", para o efeito de definir se o IPVA poderia incidir sobre a propriedade de embarcações e aeronaves. Poder-se-ia acrescentar, também, remissão a respeito do significado das palavras "produtos industrializados", para fins de incidência do IPI (CF/1988, art. 153, IV).

Realmente, de forma distinta de como se procedeu em relação ao ICMS, ao se referir ao IPI a Constituição não se reporta a "operações" com produtos industrializados. Alude simplesmente à competência para a instituição de imposto sobre tais produtos. Por que, diante disso, não se defende a possibilidade de ele incidir sobre a *propriedade* de quaisquer produtos industrializados? Ou sobre a industrialização, independentemente de posterior *saída* do produto industrializado do estabelecimento que o

---

31. STF, ADI 3.510-DF, disponível em *http://redir.stf.jus.br/paginadorpub/paginador. jsp?docTP=AC&docID=216095*, acesso 4.9.2012.

fabricou? Um apego aos significados possíveis de cada palavra permitiria enxergar no art. 153, IV, da CF/1988 a competência para a instituição de vários impostos diferentes.

Exame da história do IPI, porém, revela que ele, enquanto realidade jurídica, institucional, originou-se do *imposto de consumo*. Por isso mesmo, Baleeiro afirma que "o tributo que, nas águas da Emenda 18/1965, recebeu o nome de imposto sobre produtos industrializados, é o mesmo imposto de consumo das Constituições de 1946 e anteriores".[32] Mas veja-se que tanto o antigo imposto sobre o consumo não incidia, propriamente, sobre o consumo, mas sobre a fabricação de bens, como o atual IPI não incide sobre "o produto" industrializado, mas sobre a operação que o introduz na economia. E esse imposto, mesmo quando ostentava a nomenclatura anterior, alcançava até mesmo situações nas quais não há, propriamente, consumo, a exemplo da fabricação de bens de capital, assim entendidos aqueles que serão utilizados na fabricação de outros bens.[33] Isso mostra, portanto, que a história do tributo, revelada pela legislação pré e infraconstitucional, às vezes conduz a interpretação das expressões usadas nas regras de competência não tão preocupada com o significado e com as implicações de cada palavra isoladamente considerada, mas com a identificação da figura típica por meio delas referida.

O IPI é excelente exemplo, aqui, porque se presta para mostrar a importância dessa consideração histórica, mas por igual evidencia que ela não implica, de outro lado, a total irrelevância das palavras empregadas para designar o tributo. Por isso mesmo, discute-se, na determinação de seu âmbito de incidência, o que se pode entender por *industrialização*, de sorte a que sejam afastados dele operações que configurem *serviços*,[34] submetidas ao imposto municipal, assim como os produtos *in natura* que não se submetem a industrialização.

4.4 A relevância do caso concreto não é a supremacia do caso concreto

Conquanto se afirme que será à luz do caso concreto que o intérprete determinará o sentido dos textos normativos, deles extraindo a norma jurídica correspondente, isso não quer dizer que os elementos do caso concreto sejam soberanos nessa determinação, o que reduziria a importância

---

32. Aliomar Baleeiro, *Direito Tributário Brasileiro*, 11ª ed., atualizada por Misabel Abreu Machado Derzi, Rio de Janeiro, Forense, 1999, p. 199.

33. Hugo de Brito Machado, *Comentários ao Código Tributário Nacional*, vol. 1, São Paulo, Atlas, 2003, p. 466.

34. Fundada nessas premissas, por exemplo, a jurisprudência é pacífica ao afirmar que a composição gráfica, personalizada e por encomenda, "está sujeita apenas ao ISS, não se submetendo ao ICMS ou ao IPI" (STJ, 2ª T., AgR no Ag no REsp 213.594-SP, *DJe* de 26.9.2012).

dos significados mínimos, atribuídos intersubjetivamente, do texto a ser interpretado. Dizer-se que o caso concreto é importante não é o mesmo que dizer que os significados possíveis do texto não o sejam. Do contrário, tais textos poderiam ter todos os sentidos, o que equivale a dizer que não teriam sentido algum.

No plano linguístico em geral, faria impossível a linguagem e a comunicação e, no plano jurídico em particular, tornaria letra morta os princípios democrático, da separação dos poderes e da irretroatividade, fazendo arbitrária a ação do aplicador do direito: a regra para o caso seria sempre e inteiramente criada por aquele encarregado de resolver os conflitos, em momento posterior.

Conquanto as palavras tenham significados diferentes, podendo, assim, serem utilizadas nos mais diversos sentidos, às vezes até mesmo opostos, não se deve esquecer que as regras disciplinadoras desse uso devem ser respeitadas pelos falantes. Para se entender uma ironia, por exemplo, que talvez seja a principal hipótese de uso de uma palavra com sentido não raro inverso daquele significado que lhe é ordinário, é preciso atender certos pressupostos. O mesmo vale para o uso da palavra com sentido figurado, metafórico, e assim por diante.

É o contexto, portanto, que determina o sentido em que a palavra fora empregada, mas as regras (não jurídicas, mas dos jogos de linguagem) que incidem nessa determinação, a serem observadas pelos falantes, não dependem do caso. Assim, ainda que as palavras tenham significados os mais diversos, os quais podem ser alterados sensivelmente a depender do contexto, a implicação de cada elemento contextual na determinação de seu sentido não depende do querer dos falantes.

No Capítulo 3, *supra*, fazendo-se menção ao giro-linguístico e à Hermenêutica, referiu-se ao subjetivismo ou intersubjetivismo da interpretação, à possibilidade de as palavras terem significação mínima zero, assim como ao papel construtor do intérprete, o que poderia, indevidamente, sugerir a ausência de limites à interpretação. Mas na verdade, nenhuma dessas referências significa ausência de parâmetros interpretativos. Nesse ponto do trabalho, é possível deixar a existência de parâmetros mais clara e sustentar que abertura e graduabilidade não necessariamente acarretam ausência de rigidez do sistema. É importante considerar, ainda, que "intérprete/aplicador" não é apenas o juiz, ou a autoridade administrativa, diante de um caso concreto.

Também o legislador, ao elaborar normas infraconstitucionais, o faz no âmbito de uma interpretação/aplicação de normas constitucionais. Assim, não só o juiz e o agente administrativo encontram limites ao seu labor exegético, mas, evidentemente, também o legislador complementar, por exemplo, quando desempenha o papel que lhe é conferido pelo art. 146, I e III, "a", da CF/1988. É importante, a propósito considerar a distinção feita por Eros Grau entre norma jurídica e norma decisão[35] – esta última, como sendo a norma jurídica aplicada ao caso concreto, e considerar ainda que a norma jurídica decorre não apenas de um programa normativo, mas também de um setor normativo que a delimita, assim compreendida a parcela da realidade a que ela faz alusão.

Trata-se, como se sabe, de aplicação do pensamento de Friedrich Müller, que se reporta ao programa da norma, composto pelo texto que a veicula e suas significações possíveis, e pelo âmbito da norma, entendido como a realidade por ela abarcada.

Essa realidade, porém, não é vista como um mero conjunto de fatos, mas como um contexto mais complexo, que envolve valores, os fatores que levaram ao disciplinamento etc.[36]

Na verdade, quando se afirma que o contexto é determinante na atribuição de sentido a uma palavra (ou a qualquer outro signo), em vez de se reconhecer maior liberdade ao intérprete, é o contrário que se faz. Reconhece-se, tão somente, que o sentido não é prévio, estático e aprioristicamente estabelecido pela natureza. Mas ele não está à disposição do intérprete, conquanto seja deste o papel de atribuí-lo. Isso porque essa atribuição *depende* do contexto, que tampouco está sujeito ao querer do intérprete. Falantes e ouvintes se comunicam dentro de um contexto que, em larga medida, não é por eles moldado. Assim, quando se diz que o sentido depende do contexto, apenas se reconhece que o texto partilha com o contexto o papel de influenciar na determinação, pelo intérprete, do sentido. Nas palavras de Eros Roberto Grau, a norma "resulta do conúbio entre o texto e os fatos (a realidade)".[37]

Por isso mesmo, diz-se que interpretação e aplicação são indissociáveis. Sempre que se cogita de interpretar um texto normativo, isso é feito à luz de um caso concreto – ainda que imaginário – ao qual ele será aplicado. É o que ocorre com o professor em sala de aula, por exemplo, que para explicar para seus alunos o sentido de determinadas disposições de um código, recorre a situações imaginárias nas quais elas seriam de invocação pertinente. Daí a afirmação, de Perelman, de que a clareza de um texto decorre, muito mais, da falta de imaginação do intérprete, que poderia pensar casos nos quais seu sentido e alcance não seriam assim tão nítidos.[38]

---

35. Eros Roberto Grau, *Ensaio e Discurso sobre a Interpretação/Aplicação do Direito*, 5ª ed., São Paulo, Malheiros Editores, 2009, p. 102; 6ª ed. com o título *Por Que Tenho Medo dos Juízes. A Interpretação/Aplicação dos Direitos e os Princípios*, cit., p. 59.

36. Friedrich Müller, *Teoria Estruturante do Direito*, São Paulo, Ed. RT, 2008, p. 249.

37. Eros Roberto Grau, *Ensaio e Discurso sobre a Interpretação/Aplicação do Direito*, 5ª ed., São Paulo, Malheiros Editores, 2009, p. 102; 6ª ed. com o título *Por Que Tenho Medo dos Juízes. A Interpretação/Aplicação dos Direitos e os Princípios*, cit., p. 26.

38. Chaïm Perelman, *Lógica Jurídica*, cit., p. 51.

Não se pode dizer, por exemplo, que *in claris non fit interpretatio*, pois essa clareza depende do suporte fático que concretamente se apresenta à apreciação do intérprete.[39] Mesmo a mais (aparentemente) clara disposição de lei pode ter seu sentido problematizado, se se imaginarem situações fáticas mais complexas, dotadas de elementos distintos daqueles próprios da situação fática padrão imaginada pelo autor do texto. Recorre-se, aqui, ao célebre e conhecido, porém sempre atual, exemplo da proibição de animais em uma estação de trem, cuja clareza solar pode ser posta em dúvida caso se cogite da entrada de um cego acompanhado de seu "cão-guia", ou, como tem sido mais comum na atualidade – e conduz a uma atualização do exemplo – de cães policiais farejadores.[40] O exemplo mostra que o fato, e o contexto por ele formado (no qual podem ser incluídos os valores do intérprete e sua pré-compreensão, partindo-se de seu horizonte hermenêutico), são relevantes, mas não dispensam a atenção ao texto, com o qual dialogam.

Gadamer, a esse respeito, apesar de constantemente invocado quando se trata da atividade criativa do intérprete, afirma que "quem quer compreender um texto, em princípio, tem que estar disposto que ele diga alguma coisa por si",[41] alertando que a consciência hermenêutica "tem que se mostrar receptiva desde o princípio, para a alteridade do texto",[42] e, mais importante, que a "compreensão somente alcança sua verdadeira possibilidade, quando as opiniões prévias, com as quais elas se iniciam não sejam arbitrárias".[43] "Falar por si" significa, nesse caso, trazer ao intérprete um significado que foi atribuído ao texto antes, por outras pessoas, independentemente da vontade deste intérprete ou de seus valores, pré-compreensões etc.

Nessa ordem de ideias, quando uma palavra é empregada no texto de um ato normativo, já se tem, mesmo em tese, *parte* de um contexto que permite reduzir, sensivelmente, os significados possíveis da palavra ali empregada. Afinal, trata-se de um texto que se insere no meio de outros, publicado em determinada época, e com determinado propósito. Pode-se dizer que o legislador – ou o autor do texto, caso não se trate de uma lei – elabora o texto como forma de propor uma *solução* para problemas que se lhe colocam. Tudo isso, como explicado, já fornece *parte* de um contexto, do qual o intérprete não se tem como divorciar. É certo que os problemas que serão levados a apreciação do intérprete, aplicador da lei, não serão

---

39. Giuseppe Melis, *L'Interpretazione nel Diritto Tributario*, Pádua, Cedam, 2003, p. 16.
40. Frederick Schauer, *Las Reglas en Juego – Un Examen Filosófico de la Toma de Decisiones Basada en Reglas en el Derecho y en la Vida Cotidiana*, Madri, Marcial Pons, 2004, p. 107.
41. Hans-Georg Gadamer, *Verdade e Método: Traços Fundamentais de uma Hermenêutica Filosófica*, vol. 1, cit., p. 631, § 494.
42. Id., ibid., p. 358, § 273.
43. Id., ibid., p. 356, § 272.

rigorosamente os mesmos examinados pelo legislador, mas assemelhados a eles, em menor ou maior medida.

No caso específico do texto constitucional que veicula regra de competência tributária, essa *parte do contexto* relevante na obtenção de seu sentido é determinada, como explicado anteriormente, pelo histórico que culminou com sua elaboração, pelas demais disposições normativas constantes do sistema constitucional tributário e pelas finalidades que se quiseram alcançar com elas. Os significados possíveis que referidas palavras possuem, na língua portuguesa falada atualmente, também. Desse modo, embora *renda* também signifique tecido fino e delicado, formando desenhos variados com entrelaçamentos de fios de linho, seda, algodão, ouro etc., não seria razoável um intérprete invocar sua "pré-compreensão" e seus valores para com isso pretender do art. 153, III, da CF/1988, extrair a competência para instituição de imposto sobre a atividade das rendeiras do Ceará. Esse exemplo, caricato, é aqui usado apenas para reforçar a ideia segundo a qual o texto "tem algo a dizer".

Também deve ser considerada como parte desse contexto, no qual o legislador complementar está situado, quando do desempenho das tarefas que lhe são atribuídas pelo art. 146, I e III, "a", da CF/1988, a parcela da realidade referida pelas palavras empregadas no texto que veicula as regras de competência de cuja explicitação e conciliação se cogita. Essa realidade, como será visto no item seguinte deste trabalho, eventualmente se modifica, evolutivamente, continuando, não obstante, a ser designada pelas mesmas palavras. Como afirmado, o texto normativo é uma proposta de solução para um problema. Essa proposta de solução deve ser levada em conta, sobretudo em atenção aos princípios democrático, da irretroatividade e da separação dos poderes. Mas, considerando-se que os problemas colocados ao intérprete/aplicador poderão ter nuances que os diferenciam, mais ou menos, daqueles considerados pelo legislador, é inevitável reconhecer ao primeiro a aptidão de complementar aquela solução, à luz das mencionadas nuances ou particularidades.

Eros Roberto Grau, ao relatar caso apreciado pelo STF, observou que

> Não se pode atribuir à palavra qualquer sentido distinto do que ela tem em estado de dicionário, ainda que não baste a consulta aos dicionários, ignorando-se o contexto no qual ela é usada, para que esse sentido seja em cada caso discernido. A interpretação/aplicação do direito se faz não apenas a partir de elementos colhidos do texto normativo [mundo do dever-ser], mas também a partir de elementos do caso ao qual será ela aplicada, isto é, a partir de dados da realidade [mundo do ser].[44]

---

44. STF, Pleno, Rel. Ministro Eros Grau, RE 543.974, *DJe*-099 em 29.5.2009, *RTJ* 209-01/395.

Na ocasião, discutia-se o sentido da palavra "gleba", empregada no art. 243 da CF/1988, a fim de saber se a expropriação ali referida, como punição àquele que cultive plantas psicotrópicas, atinge todo o imóvel, ou apenas a área em que localizada a plantação ilegal. Veja-se que a Constituição não define "gleba", como não o faz com palavra alguma, até porque, isso já foi aqui dito várias vezes, se o fizesse incorreria em um regresso ao infinito, pois as palavras usadas na definição careceriam, também elas, de serem definidas, além de não ser este, evidentemente, seu papel. Mas isso não foi impedimento a que a Corte decidisse, à luz da linguagem comum, aliada a considerações de cunho teleológico e sistêmico, e ao fato de que a área cultivada, no caso, abrangia apenas 150m^2, em um terreno de vários hectares, que gleba está ali se referindo à totalidade do imóvel. Afinal, não faria sentido, diante das aludidas particularidades, considerar gleba apenas a área do imóvel onde especificamente plantadas as culturas ilegais, sob pena, inclusive, de se criarem situações absurdas, como a possibilidade (fática) de se prosseguir o cultivo nas demais partes do imóvel, bem como de não ser possível na área expropriada assentar quaisquer colonos, como determina o mencionado artigo da Constituição.

Não é o caso, aqui, de aprofundar a questão relacionada ao art. 243 da CF/1988, a qual foge ao objetivo desta obra. O importante, e que fez com que o caso fosse mencionado, é que nele se revela a necessidade de os significados prévios de uma palavra serem considerados e servirem de limite à atividade do intérprete, não dispensando, porém, o cotejo com a situação concreta, que se presta à conclusão do processo de determinação do sentido do texto normativo.

Além disso, ainda relativamente ao Direito, e à determinação do sentido dos textos normativos, note-se que o simples fato de autoridades encarregadas de interpretar e aplicar normas jurídicas serem obrigadas a *motivar* seus atos torna claro que tais significados prévios, conquanto passíveis de adaptação ao caso, são relevantes e devem ser respeitados. A motivação deve não apenas dizer quais os significados possíveis da palavra, mas explicar as razões pelas quais, naquele contexto, o sentido que se lhe atribui é "X", e não "Y", partindo do que se convencionou entender por tais signos no âmbito da comunidade à qual a fundamentação é dirigida. Mesmo quando se dá a uma disposição sentido bem diverso do que ela inicialmente aparenta ter, isso deve ser *justificado*, com apoio nos dados contextuais e nas suas implicações na determinação do tal sentido, aspecto que, por sua importância, merecerá item próprio, ao final deste Capítulo.

4.5 Emendar o texto ou atualizá-lo, com coerência, pela via interpretativa?

Como se percebe, sempre que se cogita da interpretação de textos, sejam eles jurídicos ou não, coloca-se a questão de saber quais são os limites da atuação do intérprete. Não é clara a fronteira entre criação e descrição, pois a própria atividade de descrição já envolve, em si, algo de criador, pois o intérprete escolhe, da realidade a ser descrita, quais aspectos serão destacados, e quais não o serão. Além disso, deve-se considerar que as coisas não têm um sentido em si mesmas, sendo os seus intérpretes que atribuem sentido a elas. Fazem-no, embora com fundamento em significados preestabelecidos para tais palavras, gestos, símbolos, expressões etc., conforme explicado anteriormente.

Em se tratando de texto a ser interpretado em momento temporal distante daquele em que elaborado, a dificuldade para delimitar a atuação do intérprete aumenta, pois se coloca o problema de sua atualização. Descrição mais fiel de uma mensagem seria aquela atenta ao que o seu autor teve a intenção de transmitir à época, ou aquela preocupada com o que ele teria transmitido hoje? Até que ponto se pode proceder a essa atualização sem deturpar o próprio teor da mensagem?

Esse problema existe na exegese de qualquer texto. Aliás, de qualquer objeto ao qual a criatura humana possa atribuir sentido, usando-o para a transmissão de uma mensagem, seja ele uma pintura, uma escultura etc. Mas, em se tratando de textos jurídicos, há uma dificuldade adicional. É que os textos normativos são fruto da valoração de fatos, sendo certo que a passagem do tempo leva a mudança nos fatos, e possível alteração na valoração que se lhes faz. O contexto, referido no item anterior, e que é importante na determinação do sentido do texto, muda, colocando ao intérprete problemas cada vez menos semelhantes àqueles idealizados pelo autor do texto.

E, para agravar a dificuldade na determinação dos limites da atividade do intérprete, pelo menos nos Estados de Direito contemporâneos, o papel do autor dos textos e o de seu intérprete é separado pelo texto constitucional. Caso se atribua demasiada liberdade ao intérprete, há consequências sobre a efetividade dos princípios democrático e da separação dos poderes. Por outro lado, tolhida demasiadamente essa liberdade, a norma pode, com o passar do tempo, ser compreendida e aplicada de forma deturpada, conduzindo a situações não raro contrárias à que se pretendia buscar com sua edição.

Se, sempre que a realidade se alterar, assim como a compreensão que dela tiver o órgão julgador ou a própria sociedade, for necessária alteração da Constituição em matéria tributária, a Constituição, já tão detalhada, descerá a minúcias talvez desnecessárias, ou incompatíveis com as esperadas longevidade e rigidez de seu texto. Não é próprio da Constituição definir, tanto que esta, ao atribuir competências, não anuncia a significação das palavras alusivas às realidades tributáveis.[45] Assim, eventual alteração na

---

45. O que, de resto, já foi dito, levaria a uma regressão *ad infinitum*.

realidade, constitucionalmente designada como tributável, não deveria, necessariamente, exigir modificação no texto constitucional, a não ser que isso acarrete alteração na relação *intranormativa*, com a interferência na competência de outro ente, ou violação à capacidade contributiva decorrente de uma tributação excessiva sobre um mesmo fato tributável.

Exemplificando, se a Constituição dispõe serem tributáveis, por meio de imposto municipal, as transmissões de direitos reais relativos a bens imóveis, modificação no rol desses direitos reais não deveria, por si só, exigir alteração no texto constitucional, presumindo-se alcançada pela remissão genérica a "direitos reais, exceto os de garantia", constante no art. 156, I, da CF/1988.

Por outro lado, a evolução que se verifica na realidade economicamente tributável – e, por conseguinte, no significado das palavras que se utilizam para designá-la – não se dá com tanta rapidez a ponto de a sua consideração possa acarretar abalos à segurança jurídica, sendo certo, de resto, que tais abalos poderiam ser ainda maiores se se exigisse do Congresso Nacional que alterasse o texto normativo para colocá-lo em dia com a realidade, o que poderia conduzir a modificações ainda mais extensas e substanciais deste. Por outras palavras, em tais ocasiões, seguramente seria mais fácil "aproveitar a oportunidade" e, cedendo a pressões do Executivo, proceder a alterações mais amplas que as exigidas por uma simples atualização.

No que tange ao texto constitucional, do qual se espera maior longevidade e estabilidade, tais problemas se colocam de forma mais evidenciada, sendo de se lembrar, ainda, o seguinte: nem sempre uma alteração no texto é solução mais compatível com a estabilidade deste, pois pode ocorrer de, no processo de alteração, modificarem-se aspectos mais amplos que aqueles destinados à mera atualização do texto.

A alteração do texto constitucional por meio de emendas tem, seguramente, vantagens. A primeira e mais evidente delas é a legitimidade democrática do constituinte derivado, eleito e responsável politicamente perante a sociedade, que o poderá reeleger ou não a depender de sua atuação, o que não é o caso dos membros do Poder Judiciário em geral, e dos Ministros do Supremo Tribunal Federal em particular. Além disso, o caráter mais exigente do procedimento impede a edição de emendas por maiorias ocasionais, garantindo assim segurança ao texto e legitimidade às mudanças que nele se inserem.

Mas essa mesma rigidez pode, eventualmente, ser a causa de alguns problemas, o que sugere a existência de vantagens, também, em se procederem a pequenas adaptações no sentido do texto, destinadas a atualizá-lo, pela via interpretativa.

Além disso, conforme será explicado a seguir, essa alteração na realidade, com seus reflexos na relação jurídico-tributária, precisará, para implicar a efetiva "atualização" do significado e do alcance da norma constitucional, ser devidamente explicitada por meio da legislação complementar, submetendo-se, em seguida, como é sabido, ao controle jurisdicional, se for o caso. Por outro lado, a atualização do significado das expressões utilizadas na construção das regras de competência não necessariamente implicará alargamento dessa competência, podendo ensejar, também, a sua redução.

Aspecto importante reside em saber até que ponto eventual modificação nas competências poderia ser obtida por meio do processo interpretativo, e a partir de qual ponto seria necessária uma reforma constitucional. Realidades anteriormente não abarcadas pelas regras de competência, tal como até então entendidas, poderiam ser por elas alcançadas em face de eventual atualização interpretativa, ou só poderiam ser objeto de tributos instituídos no âmbito da chamada competência residual? E se puderem ser enquadradas, em tal atualização interpretativa, no âmbito da competência de mais de um ente federativo diferente, em qual deles deveriam sê-lo? Considerando que os constitucionalistas que preconizam métodos próprios de interpretação constitucional não o fazem, no mais das vezes, à luz do texto constitucional brasileiro, ou, quando é esse o caso, não têm em mente a divisão de rendas tributárias que nele é feita de maneira peculiar, importa examinar até que ponto o intérprete pode dar às suas disposições significados mais amplos, com maior liberdade, com o fito de atualizá-las, e quando isso não se afigura possível.

É preciso diferenciar, aqui, algumas situações.

Caso surjam, na realidade fenomênica, novas espécies de um gênero, sendo este, o gênero, a realidade designada pela palavra empregada na construção da regra de competência, nenhuma atualização, a rigor, é necessária. Nem na Constituição, nem, em princípio, na própria lei tributante. É o caso, por exemplo, da invenção de uma nova mercadoria (*v.g.*, um novo *gadget* eletrônico), a qual, conquanto anteriormente inexistente, é coisa móvel e corpórea que se produz para vender ou se compra para revender, enquadrando-se, assim, sem dificuldade, em uma compreensão preexistente do que poderia ser considerado mercadoria, para fins tributários.

Caso, não obstante, surjam novos fatos cujo próprio enquadramento no gênero seja duvidoso, a questão torna-se mais complexa. Se esses novos fatos representarem uma evolução do tal gênero, tendendo a substituí--lo, total ou parcialmente, pode ser admissível a atualização pela via interpretativa, a ser levada a efeito, porém, pela legislação complementar, e desde que, com isso, não se provoque invasão de competência de um entre sobre a de outro, o que levaria, já foi dito, a malferimento aos princípios federativo e da capacidade contributiva. É o que se dá, por exemplo, com o *download*, que, embora diferente da circulação de uma coisa móvel e corpórea, representa a evolução desta. Não há como negar que, hoje em dia, faz-se por meio do *download* de arquivos digitais de músicas o mesmo que se fazia, no passado, quando se comprava um *CD* ou um *LP*. Diz-se até, da mesma forma, que se está a adquirir músicas.

Se, por sua vez, os novos fatos não representarem a evolução ou a substituição de anteriores, não sendo, assim, sequer designados com as mesmas expressões ou palavras, não será o caso de situá-los no âmbito de regras de competência preexistentes, nem mesmo por alteração nas definições constantes da legislação complementar, que, se o fizer, estaria a exorbitar de suas atribuições conferidas pelo art. 146, III, da CF/1988. Situações deste naipe são precisamente aquelas a que alude o art. 154, I, da CF/1988, que trata da competência residual para a instituição de impostos. O mesmo pode ser dito de fatos ou situações que, conquanto não sejam novos, sejam reconhecidamente diversos daqueles já previstos ou mencionados nos arts. 153 a 155 da Constituição, a exemplo da propriedade de embarcações e aeronaves, caso se tenha como premissa o entendimento firmado pelo Supremo Tribunal Federal em torno do âmbito de incidência do IPVA.[46]

Registre-se que se está aqui a tratar das situações nas quais a realidade fenomênica muda e evolui, tornando necessária a atualização, seja pela via interpretativa, seja pela via legislativa, da norma jurídica. Mas, como dito anteriormente (item 2.3), a abertura do tipo igualmente confere, ao legislador complementar, relativa liberdade para conformar possíveis conflitos de competência, situando fatos fronteiriços na competência de um ou de outro ente, independentemente da necessidade de uma atualização assim.

Recorde-se que, de forma mais radical, uma excessiva rigidez, mantendo o texto inalterado por muito tempo e recusando qualquer atualização pela via interpretativa, poderia tornar a Constituição demasiadamente distante dos fatos a serem disciplinados e da valoração que a sociedade faz deles. Criar-se-ia, quando a situação chegasse a um ponto extremo, o risco de um processo de ruptura, com a edição de um novo texto constitucional por um "poder constituinte originário". Mesmo pondo de lado todos os problemas que daí poderiam decorrer, resta claro, de uma forma ou de outra, que essa solução não traria maior segurança, nem longevidade ao texto constitucional. Sem qualquer flexibilidade, tal como um galho seco, ele quebrantaria diante de uma pressão um pouco mais forte.

Poder-se-ia dizer, em oposição, que a correta, paulatina e ponderada atuação do legislador constituinte derivado, na edição de emendas constitucionais, seria o adequado remédio para não se chegar a tal momento de ruptura. E isso é verdade. Mas é preciso lembrar que, na edição de uma

---

46. STF, Pleno, Rel. Ministro Marco Aurélio, Rel. p/o acórdão Ministro Sepúlveda Pertence, RE 255.111-SP, j. 29.5.2002, m.v., *DJ* de 13.12.2002, p. 60.

emenda, aberto o processo de revisão, os limites aos quais o constituinte derivado está sujeito são muito menos rigorosos do que aqueles que constrangem o intérprete das normas constitucionais. Este é limitado pelos significados possíveis das palavras e expressões a serem interpretadas, devendo se orientar pelo histórico da elaboração desse texto, pelos valores que o inspiraram, pelos demais dispositivos que com eles se relacionam, além de ser obrigado a motivar sua decisão sobre por que este e não aquele significado foi acolhido, à luz das circunstâncias, que também devem ser indicadas e ter motivada a sua relevância. Aquele, o constituinte derivado, não. Seus limites, no caso brasileiro, são apenas os do art. 60 da CF/1988, pelo que, ao se emendar a Constituição, a possibilidade de que nela se inserirem alterações substanciais, contrárias à segurança jurídica e à perenidade de seu texto, são significativamente maiores.

Tudo isso labora em defesa da tese de que, quando for o caso de entender uma palavra com outro significado, também possível, literalmente, mas mais adequado com o contexto atual, isso pode ser feito pelo próprio intérprete, o que se dá em relação a qualquer texto normativo, dentro de certos limites, mas é ainda mais importante e recomendável em se tratando do texto constitucional.

Naturalmente, o intérprete, sobretudo quando se trata de um órgão julgador, há de motivar a interpretação que faz, justificando a necessidade e a possibilidade de referida atualização pela via hermenêutica, aspectos que serão abordados no item 4.8, *infra*. Se a atualização é feita pela via da legislação infraconstitucional explicitante, a saber, a lei complementar referida no art. 146, I e III, "a", da CF/1988, não se exigirá dele, legislador, fundamentação tão explícita – na exposição de motivos da lei. Mas, uma vez impugnada judicialmente a sua constitucionalidade, caberá ao Judiciário, caso decida pela sua validade, verificar sua plausibilidade e declinar essa fundamentação. Por ora, o que se deseja destacar, aqui, é a necessidade de que tal atualização seja procedida de forma coerente, havendo exemplos bem claros, na contemporaneidade, a demonstrar isso.

Tome-se, primeiro, a palavra "livro", constante do art. 150, VI, "d", da CF/1988. Autoridades fazendárias não raro defendem que se trata de objeto físico, impresso em papel. Quando questionadas a respeito do fato de muitos livros, hoje, serem disponibilizados em meio digital, pugnam por uma interpretação restritiva da regra imunizante, que não poderia *pelo intérprete* ser posta em dia de modo a abranger as "novas tecnologias". Há, inclusive, quem defenda a edição de emenda constitucional para esse fim.[47] Existem outras situações nas quais, de forma incoerente, às vezes os

---

47. Oswaldo Othon de Pontes Saraiva Filho, "A não extensão da imunidade aos chamados livros, jornais e periódicos eletrônicos", *Revista Dialética de Direito Tributário* 33/138, São Paulo, Dialética, junho de 1998.

mesmos autores defendem a necessidade de atualização, pelo intérprete, do significado de palavras empregadas pela Constituição.[48] Um deles, porém, coloca-se em contradição mais direta com o exemplo do livro, acima referenciado. Trata-se da interpretação a ser dada à palavra "mercadoria", constante do art. 155, II, da CF/1988, que se defende deve ser "atualizada" para alcançar, também, o *download de softwares*.

Mesmo sem entrar na discussão relativa a qual dessas duas teses está correta, vale dizer, se "livro" no art. 150, IV, "d" envolve livros digitais, ou se "mercadoria", no art. 155, II, da CF/1988, envolve *download* de músicas e programas, o que parece claro é que não é razoável considerar a evolução da realidade apenas em um caso, e não no outro. Trata-se da necessidade de coerência à qual se fez alusão anteriormente. Até se podem utilizar argumentos para defender uma posição restritiva em relação à tributação do *download* e ampliativa em relação à imunidade do livro eletrônico, e vice-versa, mas não com fundamento na evolução da realidade, que se operou de igual forma nas duas situações.

A questão relativa à imunidade e os livros eletrônicos não foi, ainda, enfrentada de forma definitiva pelo Supremo Tribunal Federal. Há decisões nas quais a Corte se pronuncia sobre o regime de tributação do *software* em geral, afirmando estarem sujeitos ao ICMS aqueles chamados "de prateleira", destinados indistintamente ao público em geral, ao passo em que seriam tributáveis pelo ISS aqueles feitos por encomenda. Raciocínio semelhante ao que orienta a tributação de roupas, ou de medicamentos, por exemplo. Há decisões, também, nas quais o Tribunal assevera que a imunidade não se estende a insumos diversos ao papel e não equiparáveis a ele, como as máquinas usadas na impressão do livro. Essa jurisprudência, *que não diz respeito diretamente à imunidade do livro eletrônico*, chegou a motivar algumas decisões de relatores, fundadas no art. 557 do CPC, que consideraram "já resolvida" a questão pelo Supremo Tribunal Federal, no sentido de a imunidade não abranger livros eletrônicos.[49]

É evidente, contudo, que se fez uma confusão. O Tribunal até poderia apreciar a matéria e decidir pela não extensão da imunidade aos livros, mas isso, evidentemente, ainda não havia acontecido, sendo impróprio invocar precedentes relativos a outros temas – tributação de máquinas de impressão ou de programas de computador em geral – para dar como também já julgada

---

48. Oswaldo Othon de Pontes Saraiva Filho, "COFINS nas operações sobre imóveis", *Revista Dialética de Direito Tributário* 1/63, São Paulo, Dialética, outubro de 1995.

49. Cf., *v.g.*, STF, RE 330.817-RJ, Rel. Ministro Dias Toffoli, j. 4.2.2010, *DJe*-040, de 4.3.2010, caso no qual a Corte negou a imunidade aos livros eletrônicos sob o argumento de que a imunidade é tradicionalmente negada a insumos diversos do papel, usados na fabricação de livros, a exemplo da tinta.

a questão dos livros eletrônicos. Afinal, pode perfeitamente a Corte entender que, conquanto os programas de computador *em geral* sejam tributáveis (pelo ICMS ou pelo ISS, conforme o caso), os livros eletrônicos não o são. O mesmo se dá, aliás, com o livro de papel, mercadoria que não está, como as demais, abrangida pela competência impositiva estadual, por regra expressa que a recorta. Da mesma forma, o fato de a Corte ter entendido que máquinas de impressão não são imunes apenas porque usadas na fabricação de livros de papel não significa que não possa entender que livros são todos imunes, sejam eles impressos ou não.

Percebendo isso, o Supremo Tribunal Federal reconheceu a repercussão geral da matéria, reformando as decisões de relatores que haviam julgado monocraticamente Recursos Extraordinários a ela referentes e sobrestando a apreciação destes até o pronunciamento do Plenário, o qual, até a conclusão deste trabalho, não se havia manifestado sobre o assunto.[50]

Mas, como se fez acima alusão a uma necessidade de coerência na forma como se interpretam as disposições constitucionais, não se pode deixar de comparar, aqui, o fenômeno verificado não apenas no mercado editorial, mas também aquele, aliás um pouco mais antigo, havido no âmbito musical, e dos *softwares* em geral. Só mais recentemente, com o desenvolvimento de dispositivos eletrônicos mais finos e com telas mais nítidas (*tablets* e *e-readers*), tem efetivamente se popularizado a edição e a distribuição (bem como a cópia ilegal) de livros em meio eletrônico. Mas o mesmo já havia ocorrido, quase uma década antes, com *softwares* e com músicas. Realmente, já faz algum tempo que se tornou comum alguém adquirir uma música – ou o direito de armazená-la e ouvi-la – por meio da *internet*, em vez de adquirir o *LP* ou o *CD* correspondente. Também programas de computador são vendidos – ou distribuídos ilegalmente – pela *internet*, sendo possível pagar por eles (ou não, no caso dos ilegais) e tê-los instalados em computadores, *tablets* ou *smartphones* em poucos segundos.

Pode-se dizer, diante disso, que houve evolução na *parcela da realidade* rotulada com a palavra "mercadoria"? Veja-se como a discussão é próxima daquela referente ao livro, não tendo como ser dela dissociada. Se um arquivo digital relativo a uma música não é diferente de um *CD* ou de um *LP*, para sofrer a incidência do ICMS, por que um arquivo digital de um livro o seria, para não ser abrangido pela regra imunizante?

A esse respeito, convém lembrar que o Supremo Tribunal Federal, conquanto não tenha ainda, como explicado, se pronunciado sobre a imunidade dos livros eletrônicos, já se pronunciou sobre a possibilidade de o ICMS ser cobrado em face do *download*. Seu pronunciamento, como

---

50. STF, Pleno, Rel. Ministro Marco Aurélio, RE 595.676-RJ.

dito, deu-se no julgamento da ADI/MC 1.945, ação movida pelo Partido do Movimento Democrático Brasileiro – PMDB em face de disposição da Lei n. 7.098/1998. A ação questiona diversos dispositivos da lei, referentes a diversos aspectos do ICMS, mas, no que mais de perto interessa a este trabalho, será examinada a parte do julgado dedicada ao dispositivo que procede à inclusão, entre as hipóteses de incidência do ICMS, do *download de software*, quando remunerado.

O Ministro Octavio Gallotti, Relator, fez alusão aos precedentes nos quais o Supremo Tribunal Federal não havia admitido a incidência do ICMS sobre o mero licenciamento de programas, mas havia considerado válida a incidência desse imposto quando tais programas eram vendidos por meio de suportes físicos (*CDs* ou disquetes), os quais poderiam ser considerados mercadorias. Em razão disso, entendeu que a disposição alusiva a venda "por transferência eletrônica de dados" seria válida, desde que entendida como aplicável apenas ao comércio de programas no varejo a qualquer contribuinte, excepcionada mera cessão do direto de uso de tais programas. Não ficou muito claro, porém, de seu voto, se o *download* poderia ser tributado pelo ICMS ou não, à míngua de suporte físico, embora essa conclusão esteja implícita, e tenha sido explicitada nos debates posteriores.

Dando mais destaque à questão de ser eletrônica a transferência, e de não haver um suporte físico e corpóreo, o Ministro Jobim referiu a evolução havida na forma como se adquirem programas e músicas, bem como se reportou ao fato de que o imposto também incide sobre a transferência de energia. Estabeleceu-se, nesse ponto, discussão com o Ministro Moreira Alves, que alertou para a existência de referência expressa no texto constitucional quanto à incidência sobre a energia, assim como aos perigos de se recorrer, no caso, à analogia. Isso provocou pedido de vista do Ministro Jobim, e a prolação de voto-vista destacando a evolução na realidade, especialmente na forma como, pela *internet*, se compram músicas, vídeos, programas etc.

Na sequência, o Ministro Lewandowsky divergiu, destacando estar ainda apreciando a questão em sede de cautelar, podendo, eventualmente, alterar seu entendimento quando do julgamento definitivo. Sua divergência fundou-se em importante objeção, central à discussão aqui colocada: a dificuldade em se determinar que o *software*, imaterial, cujo licenciamento estaria mais próximo do direito autoral que da circulação de um bem corpóreo, poderia ser submetido a um tributo cujo âmbito de incidência é delineado com o uso da palavra mercadoria, a qual, em sua compreensão, seria alusiva apenas a bens corpóreos. Seu voto incorre em certa imprecisão, pois não distingue com clareza os programas em geral dos livros eletrônicos, além de baralhar questões de interpretação da regra constitucional com aspectos de viabilidade fática da fiscalização do comércio virtual. Seja como for, seu voto centrou a divergência com o Ministro Jobim, e a filiação ao entendimento do Relator, na natureza incorpórea do *download*.

A essa objeção o Ministro Marco Aurélio agregou outra, ainda mais relevante para o que se pretende demonstrar aqui: a explicitação do conteúdo das regras de competência deve ser feita no plano nacional, por lei complementar, em atenção ao disposto no art. 146, I, da CF/1988. Tal explicitação envolve, naturalmente, eventual *atualização* desse conteúdo, diante de mudanças na realidade referida pelas palavras usadas na construção das regras constitucionais, ou abrangidas pelos típicos tributos nelas referidos. Em suas palavras, trata-se de matéria "que deve ser tratada no território brasileiro e não de forma setorizada, considerada esta ou aquela unidade da Federação", sendo certo que, como observou o mesmo Ministro, a Lei Complementar 87/1996 "não aborda esse fato gerador".

Esse importantíssimo aspecto, porém, relacionado a qual esfera seria competente para proceder a essa atualização do significado da palavra "mercadoria", foi em seguida tangenciado, cedendo espaço para a discussão central relativa à própria questão, substancial, de saber se o comércio eletrônico pode ser submetido ao ICMS. Foi quando prevaleceu a interpretação evolutiva, tendo sido central à tese vencedora, que concluiu pela possibilidade de tributação, a evolução verificada na própria realidade e o perigo de todo um setor da economia ficar inteiramente à margem da tributação pelos Estados-membros. O Ministro Gilmar Mendes foi um dos que mencionou a evolução na realidade como causa para a mudança na forma de compreender a norma, o que motivou a seguinte referência, feita pelo Ministro Eros Grau:

> Lavou minha alma ouvir o Ministro Gilmar Mendes dizer que a realidade altera o significado dos textos. Passei seis anos nesta Corte tentando dizer isto: o movimento da vida e da realidade é que dá o significado normativo dos textos.[51]

Mas, é importante que se diga, embora o julgamento se tenha arrastado por mais de doze anos, tratava-se, ainda, de discussão a respeito da medida cautelar, e um fator decisivo, apontado por muitos Ministros que decidiram por seu indeferimento, nessa parte, foi o de que a questão demandaria reflexão mais profunda e demorada, a ser feito no julgamento final, definitivo. Entendeu a maioria ser prudente, como se trata de cautelar e a lei, que se presume constitucional, já vigora há tanto tempo, não aprofundar o exame dessa inconstitucionalidade por enquanto.

---

51. STF, Pleno, ADI/MC 1.945, inteiro teor em STF, Medida Cautelar na Ação Direta de Inconstitucionalidade 1.945-MT, cit.

A evolução na realidade, ao que tudo indica, tornará ainda mais fortes os argumentos que se saíram vitoriosos na liminar, pois até o julgamento definitivo do caso o comércio eletrônico certamente ganhará muito mais importância, substituindo inúmeras formas tradicionais de compra e venda de bens tradicionalmente "corpóreos". O computador, afinal, não apenas em músicas e livros, mas em muitas outras áreas, permite um *descolamento* da ideia e do suporte físico no qual ela é corporificada, o que terá implicações profundas na forma de a criatura humana se relacionar com a realidade, não apenas no âmbito tributário, mas em várias outras searas, inclusive filosóficas. Espera-se, porém, que a Corte, nessa ocasião, dê importância ao argumento levantado pelo Ministro Marco Aurélio de Mello, relativo ao art. 146 da CF/1988 e ao papel do legislador complementar nessa tarefa interpretativa.

No plano doutrinário, há manifestações no sentido de que o ICMS não poderia incidir sobre operações relativas a bens incorpóreos, que não seriam mercadorias.[52] É preciso lembrar, porém, que a palavra tem seu significado definido pelo uso, e se presta, no caso, para rotular uma parcela da realidade. Alterando-se o uso, que passa a designar outra parcela da realidade, que evoluiu, não há fundamento para a afirmação segundo a qual a palavra "não pode" designar aquela nova realidade. Afinal, como explicado, não existem significados "prontos e acabados" para as palavras.

Não que, por isso, o ICMS possa incidir sobre qualquer coisa. Ele continua não podendo incidir sobre a transferência de certos bens incorpóreos (*v.g.*, de um crédito), seja porque passíveis de tributação por outro imposto, seja porque são operações que já existiam concomitantemente com a venda de bens corpóreos e nunca foram, por isso, rotuladas de "vendas de mercadorias". Não é nem nunca foi usual, por exemplo, reportar-se a uma nota promissória e dizer que ela é uma "mercadoria". O mesmo não pode ser dito, naturalmente, do arquivo eletrônico de uma música, que não só não existia quando forjado o significado tradicional da palavra *mercadoria*, como é, no uso da linguagem, atualmente, equiparado a ela, assim entendido o disco que contém aquela mesma música.

Tampouco se está dizendo que seria fadado ao insucesso qualquer argumento no sentido da não incidência do ICMS sobre *download de software*. Não é isso, até porque, a depender da maneira como a transferência de dados – ou o acesso a eles – é contratada, a relação jurídica será mais assemelhada a um aluguel ou a uma cessão temporária de direitos, do que a uma mera transferência onerosa de arquivos magnéticos. Com efeito, pode

---

52. Livia De Carli Germano, "A tributação de músicas e vídeos comercializados na *internet* e entregues via *download* e *streaming*", *Revista de Direito Tributário Atual* 27/440-454, São Paulo, 2012.

ocorrer de músicas ou programas serem transferidos em definitivo para o dispositivo eletrônico de quem os adquire, mas pode essa transferência dar-se temporariamente, sob o regime de "assinatura", hipótese mais assemelhada àquelas submetidas à incidência do ISS, sobretudo em face do alargamento que o Supremo Tribunal Federal tem ultimamente procedido em seu âmbito de incidência. Essa, aliás, é mais uma razão para que o assunto seja, como apontou o Ministro Marco Aurélio, deslindado pelo legislador complementar.

Nos Estados Unidos da América, no chamado "caso *Amazon*", a Suprema Corte entendeu que o "clique" do usuário, perfectibilizando a operação comercial, representa a materialização de uma compra e venda, submetendo-se à incidência do *sales tax* no Estado onde residentes os usuários que realizam tais cliques.[53] A discussão, porém, não girava em torno da significação de palavras usadas na delimitação de competências, até porque a Constituição americana não desce a esse nível de detalhamento. O questionamento dizia respeito apenas à competência territorial dos Estados-membros e à praticabilidade da tributação. Essa experiência comparada não é diretamente aplicável aqui, pois enquanto o imposto americano visa a alcançar vendas, da mesma forma como o IVA europeu tem também base bastante ampla, o ICMS tem por âmbito de incidência a prática de operações relativas à circulação de mercadorias. Daí por que, no aludido precedente, o Supremo Tribunal Federal ocupou-se tão detidamente do significado da palavra "mercadoria" e da evolução da realidade a ela subjacente. De qualquer forma, ela mostra que a alteração na realidade tributável – no caso, a forma como se organizam as atividades econômicas no âmbito da *internet* – leva à rediscussão do sentido e do alcance de palavras utilizadas nas regras tributárias.

O que não se pode, em suma, é invocar, na defesa da não incidência do ICMS sobre *downloads*, um sentido "ontológico" da palavra "mercadoria", que, por uma imposição natural, *a priori* e não humana, não poderia ser usada para designar outra parcela da realidade, diversa daquela por meio dela aludida há um ou dois séculos, na história do Direto Comercial brasileiro. Mas podem ser usados argumentos relacionados à competência residual, por exemplo, que não teria razão de ser se todo fato novo *tivesse* necessariamente de ser incorporado a uma das competências impositivas preexistentes.

Particularmente, parece que esse argumento, da competência residual, conquanto em princípio válido e correto, não conduz, aqui, à compreensão de que o *software* desprendido de seu suporte físico não poderia ser tributado

---

53. Fernando Aurélio Zilveti, "A tributação sobre o comércio eletrônico – O caso *Amazon*", *Revista Direito Tributário Atual* 26/231, São Paulo, Dialética/IBDT, 2011.

pelo ICMS. Ele seria pertinente em outras situações, mas não nesta, em que é a própria realidade designada pela palavra *mercadoria* que está a evoluir. De qualquer forma, é mais consistente do que a invocação, pura e simples, a uma "essência" natural e imutável da palavra mercadoria.

A tributação do *software*, em verdade, tem dificuldades que superam, e muito, a questão jurídico-formal relacionada à compreensão do significado da palavra *mercadoria*, no contexto do art. 155, II, da CF/1988. Elas se relacionam à própria mudança na realidade, que tornará mais difícil a identificação do estabelecimento vendedor, a determinação de sua localização, a contagem de seu estoque para aferir possível venda sem registro etc. Toda a sistemática construída em torno do "mundo de átomos" terá de ser revista em função do novo paradigma representado por um "mundo de *bits*", no qual, como dito, sem recurso a qualquer metafísica, as ideias se descolam dos suportes físicos que durante milênios as corporificaram. A necessidade de se editar uma lei complementar para atualizar a Lei Complementar 87/1996, e, assim, explicitar, à luz da nova realidade, o sentido do art. 155, II, da CF/1988, ou mesmo a edição de uma Emenda Constitucional nesse sentido, talvez seja a menor das dificuldades nesse novo campo. Examinar tais problemas, porém, seria demasiado desvio aos propósitos deste trabalho.

Quanto à maior legitimidade democrática da atuação do constituinte derivado, que militaria em favor deste e contra uma atualização do texto constitucional pela via interpretativa, deve-se observar que esta atualização, se realmente se limita a colocar em dia o sentido do texto, não terá menos legitimidade apenas porque feita por outro órgão, seja ele o Judiciário, seja, como se defende aqui no que tange às normas de competência, pelo legislador complementar, a quem compete dirimir conflitos de competência e estabelecer a definição dos fatos geradores e bases de cálculo dos impostos discriminados na Constituição. Por outro lado, a questão não é apenas de legitimidade, mas de segurança e previsibilidade. Legitimamente ou não, como se disse, uma atualização, feita por meio de emenda constitucional, pode não raro levar o constituinte derivado a aproveitar o ensejo para fazer algo mais que simplesmente atualizar, conquanto utilize essa atualização como justificativa, o que comprometerá a estabilidade e a rigidez esperadas de um diploma constitucional.

4.6 Significados possíveis e consequencialismo jurídico

Dentre os vários significados que uma palavra ou expressão empregada pela Constituição pode ter, dentro da moldura kelseniana, certamente a escolha por um deles deverá guiar-se – dentre outros critérios – pelas repercussões ou consequências daí decorrentes. Essas consequências podem ser avaliadas sob as mais variadas óticas, a saber, econômica,[54] moral, religiosa etc. Tem sido comum nas decisões sobre as regras de competência, exame quanto aos efeitos, por exemplo, sobre a concorrência, sobre atividades semelhantes àquelas tributadas. No julgamento do ISS sobre *leasing*, já citado, o Ministro Joaquim Barbosa invocou a neutralidade tributária, nos seguintes termos:

> Ideias como as divisões das obrigações em "dar" e "fazer" desafiam a caracterização de operações nas quais as distinções dos meios de formatação do negócio jurídico cede espaço às funções econômica e social das operações e à postura dos sujeitos envolvidos (*e.g., software as service*, distribuição de conteúdo de entretenimento por novas tecnologias). Cabe aqui ponderar a influência do princípio da neutralidade da tributação (fls. 876).

Como se vê, entre as compreensões da palavra "serviço" que, em tese, para o Ministro, seriam possíveis, seria o caso de se optar por aquela mais abrangente, de sorte a não gerar uma quebra da neutralidade tributária. O argumento é relevante, mas é preciso cautela, por igual, com as consequências a que ele pode conduzir, pois, em última análise, qualquer limitação constitucional ao poder de tributar, porque impede a instituição ou a cobrança de tributos em certas situações e não em outras, levaria a esse rompimento com a neutralidade, que, assim vista, levaria a uma interpretação a mais restritiva possível para qualquer norma limitadora do poder de tributar. De resto, ao lado da necessidade de ser neutra a tributação, algo de impossível obtenção em termos absolutos, há normas que apontam no sentido inverso, a exemplo daquelas que cuidam da extrafiscalidade.

Seja como for, tais critérios para a escolha de um significado dentro da moldura, insista-se, para Kelsen não seriam jurídicos e, portanto, não poderiam ser apreciados no âmbito de uma Teoria "Pura" do Direito. Ultrapassado o paradigma positivista, contudo, faz-se importante examiná--los, até mesmo porque, como já apontou Larenz em passagem anteriormente citada, deixar de fazê-lo não trará maior segurança e objetividade à interpretação e à aplicação das normas jurídicas.

---

54. Para uma abordagem à luz das consequências (e de outras considerações) econômicas – em algo que, conquanto mais complexo, pode ser considerado uma versão atualizada do positivismo sociológico do século XIX, confira-se, de Richard Posner: "El análisis económico del derecho en el *common law*, en el sistema romano germánico, y en las naciones en desarrollo", *Revista de Economía y Derecho*, vol. 2, n. 7, Lima, Sociedad de Economía y Derecho, inverno de 2005, pp. 7-15; *Problemas de Filosofia do Direito*, trad. Jefferson Luiz Camargo, São Paulo, Martins Fontes, 2007, *passim*; "The economic approach to law", *Texas Law Review*, vol. 53, n. 4, Texas, 1975, *passim*. Ainda: Decio Zylbersztajn e Rachel Sztajn (eds.), *Direito & Economia: Análise Econômica do Direito e das Organizações*, Rio de Janeiro, Elsevier, 2005.

A propósito, reconhecendo-se a positividade de normas constitucionais com estrutura de princípio, as quais, anteriormente, eram vistas como "meramente programáticas", é possível apontar critérios *jurídico--normativos* para a escolha do melhor significado dentre os ofertados pela moldura. Afinal, tais princípios têm o papel de guiar a escolha do intérprete, à luz das particularidades de cada caso, de sorte a que ela seja apta a realizá-los – vistos em conjunto – da melhor forma possível. Isso torna ainda mais relevante a necessidade de uma fundamentação racional por parte do intérprete. Confirma, ainda, a influência que tem o caso concreto na determinação do sentido dos textos normativos.

Com efeito, analisar as *consequências* de uma ou de outra interpretação implica julgá-las, a fim de escolher a melhor, a mais correta ou a mais adequada. Para tanto, é preciso partir de um critério de correção, que a Economia, ou qualquer outra área do conhecimento científico, vista de forma positivista, não fornece suficientemente. Os critérios econômicos[55] hão de ser complementados com outros, jurídicos, extraídos das normas que preconizam quais efeitos ou consequências econômicas devem ser buscados pelo intérprete e aplicador da Constituição.[56] Como aponta com propriedade Luís Eduardo Schoueri,[57] é importante, mas limitada, a influência da Economia sobre o Direito, sendo indispensável levar sempre em consideração, embora não de forma exclusiva e reducionista, os aspectos formais e normativos deste, que, afinal, não pode ser apenas moldado pela realidade factual e econômica,[58] pois se presta, também, para moldá-la, *induzindo* comportamentos que de outra sorte não seriam adotados, de modo a corrigir imperfeições ou distorções no mercado.[59]

Tais considerações conduzem, novamente, ao chamado "pós--positivismo", ao qual se dedicaram algumas linhas no Capítulo 3, *supra*.

---

55. A própria Economia, mais recentemente, tem vertentes que buscam amparo axiológico para o julgamento das opções que se lhe apresentam. Confira-se, a propósito, de Amartya Sen: *Sobre Ética e Economia*, trad. Laura Teixeira Mota, São Paulo, Cia. das Letras, 1999, *passim* e *Desenvolvimento como Liberdade*, trad. Laura Teixeira Mota, São Paulo, Cia. das Letras, 2000, *passim*.
56. Eros Roberto Grau, *A Ordem Econômica na Constituição de 1988*, 15ª ed., São Paulo, Malheiros Editores, 2012, pp. 192 a 237.
57. Essa interferência há de ser levada em conta, como aponta Luís Eduardo Schoueri, a partir de critérios definidos pelo próprio Direito, por meio de uma ponderação dos princípios envolvidos, nestes incluídos aqueles que cuidam da ordem econômica (Luís Eduardo Schoueri, "Livre concorrência e tributação", in Valdir de Oliveira Rocha (coord.), *Grandes Questões Atuais do Direito Tributário*, 11º vol., São Paulo, Dialética, 2007, p. 217).
58. Cf. Luís Eduardo Schoueri, "Tributação e indução econômica: efeitos econômicos de um tributo como critério para sua constitucionalidade", in Roberto Ferraz (coord.), *Princípios e Limites da Tributação*, 2ª ed., São Paulo, Quartier Latin, 2009, pp. 139 e ss.
59. Luís Eduardo Schoueri, *Normas Tributárias Indutoras e Intervenção Econômica*, Rio de Janeiro, Forense, 2005, *passim*.

O rótulo dado a essa forma de pensamento é, sem dúvida, impróprio, pois diz muito pouco. É, ademais, como tudo o que se associa às preposições "pré" ou "pós", provisório, aludindo a uma transição. Melhor seria dizer que se trata de forma de pensamento não positivista, uma vez que fundada, no caso, na abertura proporcionada pelo reconhecimento da juridicidade de princípios, assim entendidas as normas que apenas preconizam a promoção de um estado ideal de coisas, sem indicar diretamente os meios que para tanto devem ser empregados. Essa abertura permite não apenas a consideração e a ponderação de valores, mas também exige maior atenção às particularidades do caso concreto, as quais podem sugerir ora a atribuição de maior peso a um princípio, ora a outro.

Seja como for, serão os demais princípios constitucionais, ponderados à luz de cada situação concreta, que permitirão ao intérprete uma escolha racionalmente fundamentada e intersubjetivamente controlável, que leve em consideração as circunstâncias do caso e as consequências (inclusive econômicas) de cada significado possível.

Por outras palavras, as consequências de uma interpretação devem ser julgadas à luz dos princípios constitucionais afetados por elas. Se, diante de um determinado texto normativo, duas interpretações são literalmente admissíveis, deve-se optar por aquela que melhor realize os princípios envolvidos.

Com o propósito de defender entendimentos restritivos do conteúdo de garantias constitucionais do contribuinte e de limitações constitucionais ao poder de tributar, na interpretação dos textos que as veiculam, não raro se invocam princípios como o da neutralidade da tributação, da isonomia e da capacidade contributiva, e, no caso específico das contribuições, o da solidariedade social, o qual estaria consagrado no *caput* do art. 195 da CF/1988.[60] É preciso, contudo, não esquecer que esses princípios não podem levar a compreensões que extrapolem os significados possíveis do texto, pois isso implicaria não a interpretação, mas a desconsideração das regras de competências expressas na Constituição, que seriam substituídas por regras de competência implícitas – e demasiado amplas – extraídas diretamente dos aludidos princípios. É o que se faz quando se minimiza a importância das expressões contidas nos incisos e parágrafos do art. 195, tudo em nome do "a seguridade social deve ser financiada por toda a sociedade" constante do *caput* daquele mesmo artigo, referência que na verdade diz respeito ao seu custeio por meio de recursos oriundos dos orçamentos da União, dos Estados-membros e dos Municípios, e não a um desprezo às regras

---

60. Cf. *v.g.*, Marco Aurélio Greco, "Solidariedade social e tributação", in Marco Aurélio Greco e Marciano Seabra de Godoi (coords.), *Solidariedade Social e Tributação*, São Paulo, Dialética, 2005, pp. 168 a 189.

constantes dos dispositivos que se seguem, a disciplinar a forma como as contribuições ali previstas poderão ser instituídas e cobradas.

Devem ser rejeitados, ainda, aqueles entendimentos que, conquanto eventualmente permitidos pelo texto da regra a ser interpretada, sejam excessivamente restritivos a outros princípios, ou, pior, impactantes de outras regras de *status* constitucional. É o que se dá, por exemplo, quando, em nome de uma suposta neutralidade, se atribui à palavra *serviço* significado abrangente das operações de crédito (financiamentos), abrindo espaço para a bitributação, pois compreendidas no âmbito de incidência do IOF. Foi o que fez o Supremo Tribunal Federal no já comentado caso referente à tributação do *leasing*, sendo essa a razão pela qual a invocação da neutralidade, naquele caso, não parece ter sido acertada.

Há diversas situações, porém, em que princípios como o da igualdade tributária e o da capacidade contributiva, que não são sinônimos,[61] em vez de conduzir a uma ampliação dos significados das palavras empregadas no texto das regras de competência, levam ao resultado contrário. É o que se dá, principalmente, com a palavra "renda".

Dentre os significados da palavra "renda" constantes dos dicionários, seguramente, podem ser encontrados aqueles que a assemelham a "receita". Mas, no plano constitucional, esse entendimento há de ser rejeitado, não só porque o próprio texto interpretado empregou essas duas palavras em situações diferentes, o que seria despropositado se seu significado, no caso, fosse o mesmo (arts. 153, III, e 195, I, "b"), como porque ele conduziria a resultado contrário ao princípio da capacidade contributiva.

Convém observar que a palavra "princípio" é comumente utilizada com significados diferentes, prestando-se para designar normas com estrutura diversa, especialmente em matéria tributária. Cogita-se, por exemplo, de "princípio da anterioridade" e de "princípio da capacidade contributiva", quando, a depender do critério de classificação adotado, o primeiro pode ser considerado uma regra. Não é o caso, porém, de aprofundar essa discussão aqui.[62] O que importa é que a exigência de que impostos sejam graduados

---

61. Capacidade econômica, de rigor, é *um critério* por meio do qual os contribuintes podem ser considerados como estando "em situação equivalente", para fins de receberem tratamento tributário também equivalente. Mas, conquanto seja o principal critério, não é o único, sendo possível também usar, para esse fim, embora de forma sempre *compatível* com a capacidade contributiva, parâmetros voltados à proteção ao meio ambiente, à redução das desigualdades sociais ou regionais, à proteção do mercado interno, e assim por diante. Cf. Roberto Ferraz, "Igualdade na tributação – Qual o critério que legitima discriminações em matéria fiscal?", in Roberto Ferraz (coord.), *Princípios e Limites da Tributação*, São Paulo, Quartier Latin, 2005, pp. 447-526.

62. Confira-se, a propósito, *v.g.*: Humberto Ávila, "A distinção entre princípios e regras e a redefinição do dever de proporcionalidade", *Revista de Direito Administrativo* 215/151-179,

conforme a "capacidade contributiva" é daquelas que não são atendidas à base de um "tudo ou nada", mas de forma menos ou mais intensa.[63] Alcançando alguém que pratica fato com conteúdo econômico, o tributo atingirá, em alguma medida, a capacidade dessa pessoa para contribuir. Há, entretanto, formas de alcançar essa capacidade em maior ou em menor grau. E a norma constante do art. 145, § 1º, da CF/1988 determina que esse grau seja o maior possível.

Nessa ordem de ideias, não só para evitar dupla tributação jurídica em relação a outras regras de competência tributária que cuidam da instituição de impostos sobre o patrimônio, mas para realizar mais adequadamente a capacidade contributiva – sendo certo que isso, no caso, é perfeitamente possível – "renda" é palavra que deve ser entendida de modo a compreender, em regra, o produto de ingressos novos no patrimônio de alguém (e não mera recomposição), deduzido de algumas despesas ou gastos.

Veja-se que, como anteriormente explicado, a essa conclusão não se chega por conta de um conceito ontológico de renda, algo inerente a essa palavra em razão de determinações naturais apriorísticas. Na verdade, trata-se de um significado possível para a palavra, sendo, dentre os vários outros, aquele que melhor se amolda à capacidade contributiva, sem, todavia, causar mágoas a outras disposições constitucionais. Princípios como o da segurança jurídica e o da praticabilidade[64] da tributação conduzem à conclusão de que tais deduções sejam sujeitas a certos controles, destinados à verificação de sua efetividade, e a certas limitações temporais, mas não podem conduzir à conclusão de que inexistem. A capacidade contributiva é um importante limite à praticabilidade, nesse ponto.[65] Afinal, é inegável que aquele que possui rendimento bruto de X, mas arca com diversas despesas médicas, tem menos capacidade econômica para contribuir do que aquele outro

---

Rio de Janeiro, 1999; Luís Virgílio Afonso da Silva, "Princípios e regras: mitos e equívocos acerca de uma distinção", *Revista Latino-Americana de Estudos Constitucionais* 1/607-630, Belo Horizonte, janeiro/junho de 2003. Embora haja divergência entre tais autores quanto à distinção entre princípios e regras, eles convergem ao apontar o sincretismo existente na doutrina brasileira e especialmente ao advertir que, à luz de suas premissas, a anterioridade não é um princípio, mas sim uma regra.

63. Luís Eduardo Schoueri, "O mito do lucro real na passagem da disponibilidade jurídica para a disponibilidade econômica", in Luís Eduardo Schoueri, Roberto Quiroga Mosquera e Alexsandro Broedel Lopes (coords.), *Controvérsias Jurídico-Contábeis: Aproximações e Distanciamentos*, São Paulo, Dialética, 2010, pp. 241-264, p. 263.

64. Cf. Victor Thuronyi, "The concept of income", in Caron, Burke e McCouch (eds.), *Federal Income Tax Anthology*, Cincinnati/Ohio, Anderson Publishing Co., 1997, p. 111.

65. Luís Eduardo Schoueri, "O mito do lucro real na passagem da disponibilidade jurídica para a disponibilidade econômica", in Luís Eduardo Schoueri, Roberto Quiroga Mosquera e Alexsandro Broedel Lopes (coords.), *Controvérsias Jurídico-Contábeis: Aproximações e Distanciamentos*, cit., p. 262.

contribuinte que aufere o mesmo rendimento bruto de X, e não arca com despesa alguma.[66]

Aliás, não se trata apenas de capacidade contributiva. Como nota Humberto Ávila, o Estado precisa do tributo para, essencialmente, garantir uma existência digna aos seus cidadãos. Não pode, por isso mesmo, cobrar o tributo excessivamente, de modo a suprimir as condições para essa existência digna por parte de quem o paga. Pela mesma razão, despesas necessárias à manutenção do contribuinte não podem ser tributadas, vedação que não fica ao alvitre do legislador.[67]

Equivocada, por isso mesmo, a conclusão a que chegou o Supremo Tribunal Federal no julgamento do RE 201.465-MG, quando decidiu, pelo voto do Ministro Nelson Jobim, que "o conceito de lucro real tributável é puramente legal e decorre exclusivamente da lei, que adota a técnica da enumeração taxativa".[68] Na verdade, além de tornar sem sentido a enumeração feita na Constituição, que limita e reparte os âmbitos de incidência dos variados impostos, o entendimento em referência deita por terra inúmeros limites constitucionais à determinação do "lucro tributável", que, por conta desses limites (dentre os quais figura o princípio da capacidade contributiva), não pode ser "puramente legal".

A confirmar a relação que se pretende estabelecer, nesse item, entre a determinação da regra de competência a partir do texto constitucional e os princípios envolvidos na questão, veja que a conclusão que chegou o Supremo Tribunal Federal, no aludido julgamento, impacta não apenas a regra de competência contida no art. 153, III, da CF/1988, que perde inteiramente a razão de ser ante a insignificância dos limites por ela representados ao legislador infraconstitucional. O entendimento contraria, ainda, o princípio da capacidade contributiva, pois o legislador, na "livre" determinação do conceito de lucro tributável, poderia fazê-lo de sorte a não graduar o imposto conforme a capacidade econômica do contribuinte, ou pelo menos a não o graduar na intensidade em que isso seria possível.

Note-se, porém, que renda, assim como a generalidade das palavras empregadas na construção das regras de competência, encontra definição no âmbito da legislação complementar. Trata-se de uma determinação do art. 146, I e III, "a", da CF/1988. É o caso, portanto, de verificar qual o papel da lei complementar nessa seara. Pelo que já se viu ao longo deste trabalho, não se trata de apenas explicitar conteúdos "prontos e acabados",

---

66. Humberto Ávila, *Conceito de Renda e Compensação de Prejuízos Fiscais*, cit., pp. 17-18.

67. Id., ibid., p. 17.

68. STF, Pleno, Rel. Ministro Marco Aurélio, Rel. p/o acórdão Ministro Nelson Jobim, RE 201.465-MG, j. 2.5.2002.

já implícitos no texto constitucional. Mas tampouco será o caso de criar, livremente, conceitos "puramente" infraconstitucionais. É do que cuida o item seguinte.

4.7 O papel da lei complementar

Tendo em vista que os contornos dos tributos não estão inteiramente traçados na Carta Magna, inclusive com possível sobreposição de competências ainda nesse plano, e considerando que as palavras empregadas no texto constitucional podem se referir a realidades cujas características se entrelaçam, não sendo cabível, *a priori*, determinar toda sua extensão, inclusive com possível sobreposição de competências ainda nesse plano, assume relevo o papel da lei complementar, que, como se viu ao longo do Capítulo 1 deste trabalho, não é mencionada no art. 146, I e III, "a", da CF/1988 por acaso. Cabe a ela delimitar com mais precisão a fronteira dos tributos, notadamente dos impostos, definindo-os, assim como a de seu fato gerador e a de sua base de cálculo. É dela, portanto, a atribuição de *construir conceitos* (definindo-os) à luz dos tipos constitucionais.

Ao realizar esse mister, a lei complementar escolhe os dados da realidade a serem alcançados por um ou outro tributo, e ainda atribui significado mais preciso às palavras empregadas no texto constitucional, dentro dos vários que, em tese, seriam admissíveis. Permite-se, então, a atuação de cada ente tributante sem o surgimento de conflitos.

Esse papel é decisivo no caso dos impostos – e não das contribuições de melhoria ou das taxas – pois apenas os primeiros têm por hipótese de incidência fatos não relacionados a qualquer atividade estatal específica, relativa ao contribuinte. As normas que preveem a obrigação de pagá--los incidem sobre fatos praticados pelos contribuintes, reveladores de capacidade contributiva, não relacionados ou vinculados a atividade estatal, daí a necessidade de serem, as parcelas da realidade nas quais se contêm esses fatos, previamente delimitadas nas normas que fixam a própria competência impositiva. Com relação aos empréstimos compulsórios, os critérios para exercício da competência para os instituir são diversos, e não se reportam a materialidades – embora se possa discutir o significado das palavras guerra, calamidade etc. A referência constante do parágrafo único do art. 148 da CF/1988, porém, tornou inviável o seu uso de forma deturpada, fora das hipóteses previstas na Constituição, pelo que seu exame, neste trabalho, carece de relevância prática. Às contribuições, relativamente à lei complementar, dedicar-se-á subitem específico, *infra*.

Quanto ao papel da lei complementar referida no art. 146, I e III, "a", da CF/1988, cumpre esclarecer, de logo, que não é o propósito destas linhas incursionar em questões polêmicas relacionadas aos *vários* papéis da lei complementar, aos elementos que lhe conferem identidade, tampouco à sua posição hierárquica face aos demais atos normativos infraconstitucionais.[69] A questão que exige atenção, no presente trabalho, resume-se à de seu papel na escolha das características da realidade que são atribuídas a um ou outro tributo, e ainda na delimitação do significado das palavras empregadas nas regras de competência impositiva.

É importante atentar para esse dado, várias vezes destacado nesta tese: em seu art. 146, I e III, "a", a Constituição Federal de 1988 reconhece que, em face da ausência de círculos tangentes e definidos entre as competências, diante da complexidade de fatos econômicos alcançáveis pela competência impositiva, dos conflitos, decorrentes de sua eventual interpenetração são factualmente possíveis, mas juridicamente inadmissíveis. Daí a atribuição, ao legislador complementar, para dirimi-los. Como já afirmado, fosse possível determinar, já no texto constitucional, de forma estanque, os limites dessas competências, que ali estariam "prontas a acabadas", ou, ao revés, se a interpenetração de tais competências fosse juridicamente admissível, não haveria nenhuma razão de ser para a remissão feita no art. 146, I e III, "a", da CF/1988, à resolução de "conflitos de competência" e à "definição de fatos geradores", que em tais cenários seria completamente desnecessária.

É relevante notar que não se está com esse reconhecimento do papel da lei complementar no equacionamento de possíveis conflitos de competência e na definição dos tributos, reduzindo a importância ou a supremacia constitucional. O legislador complementar parte de parâmetros já ofertados pelo próprio texto e contexto constitucional, para definir as competências, ou para conceituar serviço, mercadoria, imóvel urbano, renda, e assim por diante. É inegável, porém, que possui alguma liberdade ao fazê-lo, a qual é demonstrada pela ausência de apenas uma forma possível de dirimir os aludidos conflitos.

Partindo desses limites já traçados, mas não fechados inteiramente pela Constituição, o legislador complementar delineia as materialidades cabíveis a cada um dos impostos, e os *contornos* do significado das palavras então empregadas.

O princípio federativo, por exemplo, delimita seu papel. Com efeito, mesmo laborando dentro dos sentidos em tese possíveis para cada palavra utilizada nas regras de competência, o legislador complementar não os pode definir de forma a desequilibrar a divisão de rendas tributárias, notadamente

---

69. Cf., *v.g.*, José Souto Maior Borges, *Lei Complementar Tributária*, São Paulo, Ed. RT, 1975; Hugo de Brito Machado, *Lei Complementar Tributária*, São Paulo, Malheiros Editores, 2010; Paulo Ayres Barreto, "Ampliação das hipóteses de retenção do ISS na fonte. Limites normativos", in Valdir de Oliveira Rocha (coord.), *Grandes Questões Atuais do Direito Tributário*, 16º vol., São Paulo, Dialética, 2012, pp. 266-292, p. 269.

quando isso implicar concentração de poderes no âmbito da União. Algo que nem uma emenda constitucional poderia fazer (CF/1988, art. 60, § 4º) naturalmente não é facultado, *a fortiori*, ao legislador complementar. O mesmo pode ser dito dos demais princípios constitucionais, a exemplo da capacidade contributiva, que não apenas atuam na determinação da moldura representada pelo texto, em tese, mas auxiliam na busca por um sentido dentro dela, em cada caso.

Veja-se o caso do imposto sobre a propriedade predial e territorial urbana. Dos vários significados que cada uma das palavras pode ter (propriedade, predial, territorial e urbana), não parece que o CTN tenha sido elaborado a partir de uma excessiva preocupação com a forma como o Direito Privado os define, como já referido no item 3.5. Houve, de rigor, atenção ao típico tributo ali referido, que desde o seu surgimento passa por pequenas transformações, mas mantêm inalterados alguns traços. É claro que essa atenção não se deu em desprezo aos significados possíveis de tais palavras, até porque é por meio delas que se conclui estar ali uma alusão ao tal típico imposto, mas essa atenção não é o elemento mais relevante. O que importa observar é que o CTN, que tem *status de lei complementar*, cuidou de garantir o atendimento do princípio da capacidade contributiva – que, de resto, seria desatendido se apenas as propriedades formalmente definidas como tal, à luz do Direito Privado, fossem tributáveis. Estabeleceu, ainda, critérios para evitar conflitos de competência, permitindo apartar os imóveis urbanos daqueles considerados rurais, a partir de características que se encontram no cenário urbano e que, inclusive, podem ser alteradas diante da forma como a sociedade se organiza.[70]

Segundo o art. 32 do CTN, o imposto sobre a propriedade predial e territorial urbana pode ter como fato gerador, conforme definido na lei municipal que veicular a regra de tributação, não só a propriedade, mas também o domínio útil e a posse de imóveis urbanos por natureza ou acessão física, nos termos da lei civil.

A lei civil, que no caso deve ser entendida como aquela vigente à época, referida por mera questão de técnica legislativa destinada a evitar repetições,[71] é usada pelo CTN para definir o tipo de imóvel que será considerado, para fins de tributação. Como o imposto é territorial e predial, consideram-se, para fins de tributação – e, por conseguinte, de determinação da base de cálculo – o terreno e o que a ele for acrescido por acessão física. Mas a lei civil não foi rigorosamente seguida no que tange à significação

---

70. CTN, art. 32, § 1º.
71. Hugo de Brito Machado, *Comentários ao Código Tributário Nacional*, vol. 1, cit., p. 346.

da palavra *propriedade*, única empregada pelo art. 156, I, da CF/1988, que não se reporta a domínio útil nem a posse.[72]

Pode-se dizer, é verdade, que domínio útil e posse são parcelas da propriedade, ou aspectos dela, não havendo, por isso, violação ao art. 156, I, por parte do art. 32 do CTN, nem tampouco pretensão deste de ignorar a conceituação jusprivatista.[73] Não parece, porém, que esse argumento seja correto, embora tanto suas premissas como sua conclusão o sejam.

De rigor, como já afirmado em momento anterior do presente trabalho, posse e domínio útil se inserem como facetas ou desdobramentos do direito de propriedade, realmente. Isso é inegável. Mas não se pode dizer, porque algo é *parte* de um todo, e esse todo é tributável, que as partes, sozinhas, possam também sê-lo. Do contrário, porque *receita* é parte integrante ou formadora da *renda*, o imposto de renda poderia incidir, alternativamente, sobre a renda ou sobre a receita. Ou, porque mercadorias seriam bens destinados ao comércio, sendo a caracterização de algo como "bem" um dos elementos para que seja considerado "mercadoria", defender-se que os bens que não sejam também mercadorias poderiam ser assim considerados, para fins de tributação.

O que ocorre com o art. 32 do CTN é que ele considera *propriedade* com um significado diferente daquele que lhe é próprio no âmbito técnico--jurídico, à luz do Direito Privado. Do contrário, só proprietários de imóveis, assim considerados aqueles referidos no documento constante do Registro de Imóveis respectivo, poderiam ser contribuintes do imposto. Talvez o legislador complementar tenha partido da premissa de que propriedade estaria sendo usada, ali, para referir o bem, e não propriamente o direito subjetivo a ele relacionado. Não é raro, aliás, conforme antes referido, dizer--se que a propriedade de alguém é grande ou bonita, ou que foi invadida, ou que encontra limites na propriedade de fulano etc.

Outra hipótese, já defendida no presente trabalho, talvez mais plausível, e de toda sorte não incompatível, é a de o legislador complementar ter partido de uma consideração econômica da ideia de propriedade, reportando-se a situações que, conquanto não digam respeito a uma propriedade formalizada nos termos da lei civil, revelam igual capacidade econômica para contribuir. Por paradoxal que a expressão possa parecer, são situações nas quais, de fato, o sujeito age como se proprietário fosse, seja por possuir o domínio útil, em regime de enfiteuse – o mais amplo direito real sobre coisa alheia, ou por ser detentor da posse com *animus domini*, ou "como se dono fosse".

---

72. Luís Eduardo Schoueri, *Direito Tributário*, 2ª ed., cit., p. 686.
73. Hugo de Brito Machado, *Comentários ao Código Tributário Nacional*, vol. 1, cit., p. 359; Misabel Abreu Machado Derzi e Sacha Calmon Navarro Coelho, *Do Imposto sobre a Propriedade Predial e Territorial Urbano*, São Paulo, Saraiva, 1982, pp. 119-120.

Vale ressaltar, no caso, que a compreensão de que o âmbito de incidência do IPTU não abarcaria as situações de domínio útil ou de posse geraria desprestígio aos princípios da igualdade e da capacidade contributiva, o que não acontece com a solução encontrada no art. 32 do CTN. De fato, detentores do domínio útil de terrenos de marinha não poderiam ser considerados devedores do IPTU, em face da imunidade recíproca da proprietária correspondente, não obstante os imóveis que concretamente exploram em condição quase idêntica à de proprietário revelem, em geral, grande capacidade contributiva. E, pior, aqueles que ocupam imóveis em condição irregular não poderiam ser tributados, beneficiando-se da manutenção da situação de irregularidade, não obstante sua capacidade econômica para contribuir.

O IPTU e o ITR servem de exemplo para demonstrar não só que não houve automática submissão aos conceitos de Direito Privado, mas também que há características relacionadas à localidade, em tese, atribuíveis a um ou outro tributo, podendo o legislador complementar ora escolher como sendo típicas de um imposto determinadas características, ora como sendo típicas de outro. O aspecto da localidade, portanto, confirma também tratar-se de tipos, e não de conceitos fechados.

Sabe-se que um imóvel não pode ser, ao mesmo tempo, considerado urbano e rural. Não só porque essas classificações são naturalmente excludentes uma da outra, como porque a ordem constitucional brasileira sugere, pelas diversas razões que foram apontadas no Capítulo 1 deste trabalho, a impossibilidade dessa dupla incidência. Mas veja-se que isso não significa, por si, a existência de uma zona clara, "pronta e acabada" no próprio texto constitucional, na separação entre esses dois âmbitos.

Existem, é certo, imóveis tipicamente urbanos e tipicamente rurais, mas na graduação entre um e outro há aqueles que têm características de uns e de outros, não se podendo dizer que exista apenas uma forma de apartá-los em duas classes diversas, para fins de incidência tributária. A própria enumeração de características feita pelo § 1º do art. 32 do CTN o demonstra. Ou, por outras palavras, *IPTU e ITR se prestam para mostrar que não há apenas uma forma correta de o legislador complementar explicitar o desenho das competências impositivas traçadas na Constituição*, o que confirma não estarem essas competências já "prontas e acabadas" no texto constitucional.

Realmente, o art. 32, § 1º, do CTN determina critérios a partir dos quais os Municípios podem, com alguma liberdade, definir sua zona urbana, e, *a contrario*, sua zona rural, apartando assim aqueles imóveis sujeitos ao IPTU daqueles a serem tributados pelo ITR a partir de um critério geográfico calcado em características que podem estar todas presentes *ou não* – o Código exige pelo menos duas, mas não diz quais, em claro reconhecimento do aspecto tipológico da questão. Pouco depois, porém, o Decreto-lei

57/1966 passou a dispor que o critério para a definição de um imóvel como rural deve ser o de sua destinação. Em vista disso, tem entendido o Superior Tribunal de Justiça que um imóvel situado na zona urbana do Município, mas destinado a uma atividade considerada rural (*v.g.*, exploração vegetal), não está sujeito ao IPTU, mas sim ao ITR.[74]

Seria possível seguir utilizando o critério da localização, assim como foi possível – juridicamente falando – substituí-lo pelo da finalidade ou destinação do imóvel. E seria viável, até mesmo, pensar em outros critérios, diferentes, para apartar imóveis sujeitos ao IPTU daqueles submetidos ao ITR, também constitucionalmente válidos. Esse, insista-se, é o papel da lei complementar, nesse caso, explicitado pelo art. 146, I e III, "a", da CF/1988, o qual deixa claro que as competências, conquanto rígidas e não sobrepostas, não estão assim tão claramente cristalizadas no texto constitucional, nada deixando ao seu intérprete, especialmente quando este é o legislador complementar.

Veja-se que a situação é diferente no que tange ao imposto sobre transmissão, pelo menos em se tratando do imposto municipal de transmissão onerosa e *inter vivos* de bens imóveis e de direitos reais a eles referentes. Aqui, sobretudo no que tange à remissão aos "direitos reais", a Constituição usa palavras para se reportar a realidades institucionais que não foram apenas definidas ou qualificadas por normas de Direito Privado, em relação às quais seriam preexistentes. Ao contrário, há remissão a realidades que são *criadas* ou *construídas* pelas próprias normas de Direito Privado. Não existem "direitos reais, exceto de garantia", senão no âmbito do Direito Privado, que taxativamente os discrimina. A expressão "direitos reais", portanto, no âmbito do art. 156, II, da CF/1988, deve ser entendida tendo em vista as lições conceituais privatistas, e não como tipo, o que se reflete diretamente no art. 35, II, do CTN.

Ou seja, ao se invocar esses três impostos como exemplo (o IPTU, o ITR e o ITCD) e cotejar os limites da lei complementar na "definição de seus fatos geradores", pode-se concluir que haverá o uso de conceito no âmbito do texto constitucional quando este tratar de realidade puramente institucional, cuja significação somente existe dentro de um contexto estritamente técnico. É o caso de "direito real" e de "valor aduaneiro", caso se considerem os impostos e as contribuições. Em relação às taxas e às contribuições de melhoria, pode-se dizer o mesmo de "serviço público", de "exercício do poder de polícia", e de "obra pública", conceitos essencialmente construídos pelo Direito, e não apenas referidos ou empregados por ele, em face de uma realidade preexistente.

---

74. STJ, 1ª T., Rel. Ministro Teori Albino Zavaski, REsp 492.869-PR, j. 15.2.2005, *DJ* de 7.3.2005, p. 141.

Domínio a ser examinado, no que tange aos propósitos do presente trabalho, é o da competência para a instituição do imposto de renda. O legislador complementar define renda como o produto do trabalho, do capital, ou da combinação de ambos, complementando a definição com a de proventos, considerados os *acréscimos patrimoniais* não compreendidos na definição de renda. Há forte sugestão, nesse ponto, de que renda seja, necessariamente, acréscimo patrimonial. E mais: o fato gerador do imposto é a *aquisição da disponibilidade* da renda ou dos proventos.

Coloca-se, então, o problema de saber se o legislador complementar poderia modificar essa definição, para adotar outra acepção para a palavra "renda", seja para considerar renda o mero ingresso de nova riqueza (aproximando-a da ideia de *receita*), seja para permitir sua tributação mesmo quando não presente a efetiva disponibilidade. Não se pode afirmar que o legislador complementar não poderia fazer isso usando como argumento apenas o "conceito de renda", pois seria possível objetar, em contrário, que, dentre os vários significados da palavra renda, estão, também, aqueles ligados a um mero ingresso novo ainda não disponível. Seria possível objetar, ainda, que em outros países existem definições diferentes para a palavra "renda", para fins de imposto de renda, associadas ao que seria "o produto de uma fonte", por exemplo.

Como já sinalizado, a definição constante do art. 43 do CTN parece adequada, não sendo possível ao legislador complementar alterá-la ao seu talante. Mas não porque exista um significado intrínseco a ser descoberto nas profundezas etimológicas da palavra renda, depois de amplo trabalho de garimpagem em dicionários antigos. Na verdade, a definição é correta porque o imposto de renda é aquele no âmbito do qual é *possível* efetivar, na maior medida, o princípio da capacidade econômica para contribuir. Convém lembrar que o art. 145, § 1º, da Constituição assevera que os impostos devem, sempre que possível, ser gradados conforme a capacidade econômica do contribuinte, sendo o imposto de renda aquele no qual essa possibilidade de apresenta de forma mais intensa.

O "sempre que possível" do art. 145, § 1º, não deve ser visto, como é cediço, como um "sempre que o legislador estiver com vontade", ou "sempre que for conveniente", mas como uma determinação para, quando for jurídica e factualmente possível, a capacidade para contribuir sirva, na máxima medida, como instrumento de gradação do montante de imposto devido.

Todo tributo onera fato economicamente relevante, pelo que todo tributo atende, de algum modo, a exigência. Em relação aos impostos, a *gradação* do montante devido conforme a capacidade contributiva já se torna possível, mas ainda de forma indireta e aproximada. Afinal, só é possível tributar aquela capacidade para contribuir revelada pela prática do fato imponível. Uma pessoa muito rica, e outra não tão rica, sendo proprietárias de veículos semelhantes, submeter-se-ão a um ônus de IPVA também semelhante.

Com o imposto de renda, porém, os princípios da pessoalidade e da capacidade contributiva têm como ser aplicados em medida muito maior, sendo certo que isso acontece quando por renda se considera a efetiva aquisição da disponibilidade econômica ou jurídica[75] de acréscimo patrimonial. Por isso é que se sustenta, aqui, o acerto da definição constante do art. 43 do CTN, que trata renda como acréscimo, em regra, admitindo-se, em certos casos, a ideia de renda como produto de uma fonte:[76] porque a que melhor realiza os princípios constantes do art. 145, § 1º, do CTN,[77] não havendo princípio algum que justifique decisão em sentido contrário por parte do legislador complementar. Mesmo a palavra "renda" sendo, também, compreendida, em certos casos, como "produto de uma fonte", tendo essa concepção derivado da atividade agrícola, Alcides Jorge Costa registra que cedo se verificou que nem todo o produto poderia ser tributado, até porque algumas sementes deveriam ser guardadas para o próximo plantio, o que teria cedo tornado claras a contraposição entre capital e renda e a conexão dos dois.[78] E o princípio da capacidade econômica para contribuir sugere que seja assim.

Esse tema merece atenção, pois, como já explicado, são os princípios, e não apenas as definições encontradas em um dicionário, que devem guiar o processo de atribuição de sentido às palavras empregadas no texto constitucional. Veja-se que, embora o imposto somente possa incidir, em tese, sobre a aquisição da disponibilidade de acréscimo patrimonial,[79]

---

75. As palavras "econômica" e "jurídica", alusivas à disponibilidade, foram inseridas no art. 43 do CTN apenas para dar maior abrangência ao conceito de renda ali definido. Confira-se, a propósito: Carlos Henrique Abe, "Disponibilidade econômica da renda", *Direito Tributário Atual* 21/41, São Paulo, 2007; Luís Eduardo Schoueri, "Imposto de renda e os lucros auferidos no exterior", in Valdir de Oliveira Rocha (coord.), *Grandes Questões Atuais do Direito Tributário*, 7º vol., São Paulo, Dialética, 2003, p. 323.

76. Do contrario, não houvesse no CTN autorização para, *em certos casos*, o imposto de renda onerar o produto de uma fonte, não seria admissível a tributação exclusiva na fonte dos não residentes, por exemplo. Cf. Luís Eduardo Schoueri, "O mito do lucro real na passagem da disponibilidade jurídica para a disponibilidade econômica", in Luís Eduardo Schoueri, Roberto Quiroga Mosquera e Alexsandro Broedel Lopes (coords.), *Controvérsias Jurídico-Contábeis: Aproximações e Distanciamentos*, cit., p. 243.

77. Cf. Luís Eduardo Schoueri, "Imposto de renda e os lucros auferidos no exterior", in Valdir de Oliveira Rocha (coord.), *Grandes Questões Atuais do Direito Tributário*, 7º vol., cit., p. 323.

78. Alcides Jorge Costa, "Conceito de renda tributável", in Ives Gandra da Silva Martins (coord.), *Estudos sobre o Imposto de Renda (em Memória de Henry Tilbery)*, São Paulo, Resenha Tributária, 1994, pp. 20-21.

79. Ricardo Mariz de Oliveira, a propósito da acepção de renda acolhida no país, afirma: "Na verdade, salvo algumas reticências, ninguém mais duvida de que o fato gerador do imposto de renda seja a existência de acréscimo patrimonial (...)" (Ricardo Mariz de Oliveira, *Fundamentos do Imposto de Renda*, São Paulo, Quartier Latin, 2008, p. 38).

existem limites válidos à dedução de despesas, ligados, por exemplo, à segurança jurídica, à busca pela verdade material e à praticidade da tributação.

Suponha-se que um contribuinte, não obstante tenha experimentado elevadas despesas médicas, não guardou nenhum documento comprobatório dessas despesas. Sequer recorda o nome dos médicos ou dos hospitais que procurou, e pelos quais pagou caro. Supondo-se que esse contribuinte recebe um salário considerável, seu ônus referente ao imposto de renda será alto, ainda que as despesas médicas tenham consumido todos os seus recebimentos. Isso mostra que sim, outros princípios podem autorizar restrições à concepção de que o imposto somente pode alcançar, sempre e em todos os casos, acréscimos patrimoniais.

Essa situação fica ainda mais clara quando se cogita do que se deve considerar um acréscimo patrimonial, ou do que se deve entender por disponibilidade,[80] o que confirma algo repetido algumas vezes ao longo deste trabalho: procurar significados precisos e rígidos para todas as palavras conduz a uma regressão ao infinito, pois apenas se transfere o problema da determinação de sentido para as palavras usadas na definição. Na verdade, se o sujeito "A" recebe salário significativo, mas o emprega inteiramente em uma vida de dissipação e prodigalidade, não experimentará, efetivamente, acréscimo patrimonial. Outra pessoa (sujeito "B"), de salário até mais modesto, caso se esmere na contenção de gastos e na realização de uma boa poupança poderá, ao final, ter um acréscimo patrimonial muito maior. Fosse literal a compreensão da ideia de que o imposto somente pode onerar o acréscimo patrimonial, seria inconcebível que o sujeito "A", ao final da sua vida, houvesse pago quantias a título de imposto de renda muito superiores ao sujeito "B", estando o primeiro na mesma situação inicial, ou até mais pobre, enquanto o segundo desfruta de um expressivo patrimônio amealhado gradativamente.

Daí porque a atenção aos princípios, como, no caso, o da capacidade econômica para contribuir, deve estar presente nessa tarefa conceitual, a ser levada a efeito pelo legislador complementar. Tanto que, por exemplo, na caricata comparação antes efetuada, sabe-se que a pessoa que ganhou muito e dissipou seus recursos com despesas supérfluas deve se sujeitar a um mais oneroso imposto de renda, seja porque empregou os recursos na obtenção de maior conforto, seja porque o ato de não poupar foi mera opção do contribuinte. É o caso de recordar, aqui, a adoção da fórmula SHS (Schanz-Haig-Simons) que consagra renda como acréscimo patrimonial

---

80. Cf. Fernando Aurélio Zilveti, "O princípio da realização da renda", in Luís Eduardo Schoueri (coord.), *Direito Tributário: Estudos em Homenagem a Alcides Jorge Costa*, vol. 1, São Paulo, Quartier Latin, 2003, pp. 298-328.

e conforto (*increase in a persons economic power over a period*),[81] cujo cálculo na prática pode ser obtido através da soma do consumo acrescida dos ganhos líquidos.[82] Esta acepção não impacta, ao contrário, realiza, o princípio da capacidade contributiva, aproximando-se ainda da ideia de justiça fiscal.

Enfim, seja na determinação do que é acréscimo patrimonial, seja nas hipóteses excepcionais em que o imposto pode ser exigido ainda que esse acréscimo não se verifique, outros fatores podem ser considerados, devendo, não obstante, haver *justificativa constitucional* para eles. É preciso que a vedação a certas deduções, ou os limites à realização de outras, por exemplo, sejam constitucionalmente justificáveis, à luz de princípios como o da capacidade contributiva, da segurança jurídica, da verdade material[83] etc.

Finalmente, situação que merece registro é a do IPVA, o qual, mesmo à míngua de legislação complementar – tida pelo Supremo Tribunal Federal como desnecessária – foi pela jurisprudência considerado como uma remodelagem da antiga taxa rodoviária única, razão pela qual não poderia incidir sobre embarcações e aeronaves. Esse exemplo, já comentado neste trabalho, não apenas revela que o raciocínio tipológico nem sempre conduz a uma ampliação das competências – conceitualmente, aeronaves e embarcações são veículos, e se locomovem com o uso de motor – mas também mostra que o papel da lei complementar é o de, respeitados certos limites, explicitar significado possível do texto usado na construção da regra de competência, sendo precisamente essa explicitação que *faltou* no caso do IPVA, o que levou o Supremo Tribunal Federal, nesse ponto, a fazê-la.

Como regra, a falta da lei complementar exigida pelo art. 146, I e III, "a", da CF/1988 conduz à impossibilidade de se instituir validamente o imposto, mas isso porque essa falta leva ao surgimento de conflitos de competência potencialmente insolúveis. Essa circunstância, que reforça o que se disse no Capítulo 1 a respeito do papel da lei complementar no âmbito tributário ao longo das Constituições brasileiras, inviabilizou, por exemplo, a cobrança do adicional do imposto de renda estadual, diante dos possíveis conflitos não só entre Estados-membros e a União, mas entre Estados-membros uns em face dos outros. Com o IPVA isso não acontecia, pois não há

---

81. Kevin Holmes, *The Concept of Income: a Multi-Disciplinary Analysis*, IBFD Publications BV, 2000, p. 36.

82. "The income concept that is now widely accepted by analysts was formulated by Henry Simons in 1930's, and is commonly referred to as Haig-Simons income to acknowledge the prior contribution of Robert Haig. It holds that an individual income is the sum of his consumption plus accumulation during the taxable period" (Victor Thuronyi, "The Concept of income", in Caron, Burke e McCouch (eds.), *Federal Income Tax Anthology*, cit., p. 107).

83. Uma despesa não comprovada, por exemplo, ainda que de fato tenha ocorrido, não poderá ser deduzida, levando o imposto eventualmente a onerar o que não configura acréscimo.

propriedades limítrofes (como é o caso dos imóveis urbanos e rurais, quanto ao IPTU e ao ITR) com a de veículos que tenham sido atribuídas a outros entes tributantes. Além disso, sendo ele a sucessão da antiga taxa rodoviária única, a forma como os veículos automotores terrestres são fiscalizados e licenciados torna impossível o surgimento de conflitos de competência entre Estados-membros, pois o veículo será necessariamente licenciado apenas em um deles, sendo esse o fator determinante da competência, em termos territoriais. Finalmente, o IPVA surgiu *depois* de elaborado o CTN, e *antes* de promulgada a Constituição de 1988, o que tornou mais nítida a aplicabilidade, a ele, do art. 24, I e § 3º, da CF/1988.[84]

4.7.1 Lei complementar e contribuições

O que foi dito no item anterior pode gerar o seguinte questionamento: se as competências podem ser previstas com o uso de tipos, no texto constitucional, cabendo ao legislador complementar explicitar-lhes os contornos, como se devem compreender as regras de competência relativamente às contribuições?

A questão se coloca, de forma incisiva, porque a Constituição, não raro, veicula regras por meio das quais confere competência à União (e, excepcionalmente, a Estados e Municípios)[85] para instituir contribuições, e ao fazê-lo, alude às materialidades que poderão ser tributadas (lucro, receita, valor aduaneiro etc.). Tal como em relação aos impostos. Mas com a marcante diferença de que, em relação a elas, o Supremo Tribunal Federal tem considerado prescindível a edição de lei complementar.[86] É certo que esse entendimento é discutível, sendo esse importante papel da lei complementar um argumento adicional aos que se usam em sua crítica. De uma forma ou de outra, não é o propósito deste trabalho dedicar-se à necessidade de lei complementar como condição para a instituição de contribuições. O relevante, aqui, é saber que, partindo do aludido entendimento do Supremo Tribunal Federal, o questionamento referido pode ser levantado: como proceder a essa conceituação, ou à atribuição de mais claros limites às regras de competência, por meio de lei complementar, se prescindível a edição de lei complementar?

---

84. "Art. 24. Compete à União, aos Estados e ao Distrito Federal legislar concorrentemente sobre: I – direito tributário, financeiro, penitenciário, econômico e urbanístico; (...). § 3º. Inexistindo lei federal sobre normas gerais, os Estados exercerão a competência legislativa plena, para atender a suas peculiaridades."
85. CF/1988, art. 149, § 1º e 149-A.
86. As contribuições cujas materialidades já se achem previstas no texto constitucional devem respeitar as normas gerais previstas em lei complementar, mas não precisam ser instituídas por uma. Cf., *v.g.*, RE 396.266-SC, *DJ* de 27.2.2004, p. 22.

Além disso, como já explicado, em princípio, para a jurisprudência do Supremo Tribunal Federal, não há vedação a que, por meio de contribuições, a União onere fatos já situados no âmbito de competência dos impostos. É o que se dá, por exemplo, entre a Contribuição Social sobre o Lucro Líquido – CSLL e o Imposto de Renda das Pessoas Jurídicas – IRPJ, ou entre a CIDE-Combustíveis e o ICMS. Esse fator, como se vê, mitiga a "tensão intranormativa" que veda a atribuição de significados muito amplos às palavras empregadas na construção das normas de competência, que sorte a que não haja sobreposição. Mitiga, mas não suprime, pois continua não podendo haver sobreposição, em relação às contribuições umas com as outras. Receita e lucro não podem ser equiparados, por exemplo, sob pena de tornar-se sem sentido a competência para instituir essas duas contribuições, como figuras distintas uma da outra.

Deve-se reconhecer, contudo, que tais particularidades não alteram, por si só, o que se afirmou ao longo do presente trabalho, de sorte a criar uma exceção para as regras de competência que instituem contribuições. Elas, também, podem em tese ser entendidas como construídas com o recurso a *tipos*, e não a conceitos. Apenas não se exige – na visão do Supremo Tribunal Federal – que a lei complementar lhes delimite os contornos com maior clareza, conceituando-os.

Mas um registro aqui é importante.

Não se está afirmando, neste trabalho, que as palavras empregadas pelo legislador constituinte, no traçado das competências, relacionadas a impostos ou a contribuições, sejam necessariamente *tipos*, e não conceitos. Afirmou-se, em verdade, que em alguns casos, o *tipo* refere-se ao tributo aludido por meio delas, e não às parcelas de realidade referidas por cada uma das palavras utilizadas nessa alusão. Foi o que ocorreu com o IPVA, conforme explicado anteriormente. E se explicou, ainda, que tais palavras não são, necessariamente, conceitos fechados, com conteúdo hermeticamente determinado, o que é compatível com a visão de que algumas delas podem, sim, ser referentes a *tipos*, até mesmo em função da vaguidade inerente à linguagem humana e à complexidade da realidade por ela referida.

Pode ocorrer, porém, de a competência tributária para a instituição de contribuições ser delimitada com o recurso a conceitos. É o caso da expressão "valor aduaneiro", constante do art. 149, § 2º, III, "a", da CF/1988. Seu significado somente existe no âmbito da legislação aduaneira, que define critérios para a sua determinação. Trata-se, assim como no caso dos "direitos reais", de realidade que não é apenas *referida* pelo Direito, ou apreendida e disciplinada por ele, mas criada por ele, não podendo, por isso, ter sua significação buscada fora de seus domínios. Na verdade, normas de Direito Internacional não apenas criaram a figura do "valor aduaneiro", mas fixaram critérios a serem utilizados em sua determinação, de forma obrigatória, pelos países signatários dos tratados que as veiculam. Não há, portanto, uma realidade fluida, com características ora presentes ora ausentes, que possa ser identificada por essa expressão, mas uma parcela da realidade delimitada de maneira clara, conceitualmente.

Dessa forma, independentemente da necessidade de edição de lei complementar, pode-se afirmar que a alteração pretendida pela Lei 10.865/2004 viola o disposto no art. 149, § 2º, III, "a", na medida em que pretende colher como base de cálculo para as contribuições incidentes na importação uma grandeza diferente – e mais ampla – daquela que lhe é reservada pela Constituição.

Recorde-se, ainda, que em relação às contribuições, existem limites importantes que lhes são próprios, não aplicáveis aos impostos, como é o caso da necessidade de se atender a uma finalidade constitucionalmente determinada, e de fazê-lo com proporcionalidade.[87]

O mais importante, porém, no que tange à determinação do sentido dos textos normativos que cuidam da competência para instituir contribuições, é notar que a aludida "tensão intranormativa" e a necessidade de o legislador complementar dirimir conflitos de competência são fatores adicionais que auxiliam a tarefa do intérprete. Não são eles, porém, os únicos limites existentes. Esses limites, em sua maior parte, decorrem dos significados prévios que aquelas palavras ou expressões possuem no contexto em que empregadas, vale dizer, do que se pretendia dizer ou fazer com elas nas situações anteriores, em contextos semelhantes, em que eram empregadas.

Veja-se, por exemplo, o que se deu no debate, já comentado neste trabalho, em torno da expressão "folha de salários". Argumentos os mais variados foram utilizados, ligados não apenas ao significado de tais palavras no âmbito da Consolidação das Leis do Trabalho (e da própria Constituição, no que tange às garantias do trabalhador empregado), mas também à abrangência da seguridade social antes e depois da Constituição de 1988, às demais contribuições devidas pelos empregadores (sobre faturamento e lucro) e não atreladas à contratação deste ou daquele segurado etc. Cogitou-se da possibilidade de a expressão "folha de salários" estar sendo usada apenas como forma de alusão a uma "típica contribuição" que no passado havia sido cobrada de autônomos e administradores, assim como do fato de a empresa não contribuir quando da contratação de tais segurados trazer, ou não, distorções ao custeio da seguridade. Tudo, como se vê, independentemente de tais significados serem de explicitação prévia necessária no âmbito da lei complementar, o que revela, de rigor, a importância da fundamentação e do debate em torno da interpretação adotada, assunto do qual trata o próximo item deste trabalho.

---

87. Marco Aurélio Greco, *Contribuições (Uma Figura "Sui Generis")*, cit., pp. 142 e ss.

4.8 Necessidade de uma fundamentação racional

Tem sido constante, nos itens anteriores deste trabalho, a referência a fatores contextuais que conduzem o intérprete na determinação do sentido em que expressões ou palavras são empregadas, ou, pelo menos, influenciam nessa determinação. Esses fatores são balizas a serem observadas pelos falantes, em razão das regras dos "jogos de linguagem", sob pena de não ser possível a compreensão de uns pelos outros. Fez-se alusão, pelas mesmas razões, à necessidade de os falantes, quando pretendem dar à palavra ou à expressão sentido diverso daquele em vinha sendo utilizada, oferecerem aos ouvintes indicações dessa mudança. Ou estes, se pretendem defender que as expressões ouvidas, na nova situação, têm sentido diverso, devem apontar as razões que conduzem a essa conclusão.

Tudo isso sugere que, quando alguém afirma ser "X" e não "Y" o sentido de uma mensagem, é possível a essa pessoa *justificar* essa afirmação. Tal justificativa, calcada nas regras e balizas relativas aos "jogos de linguagem", permitirá aos demais participantes do mencionado jogo *aceitar* a afirmação, diante de convergência entre o sentido que todos atribuem a tal mensagem. Por igual, se a afirmação de que a mensagem tem sentido "X" não encontra amparo nos "jogos de linguagem", os demais partícipes do jogo não concordarão com ela. Dirão que, para eles, a mensagem não tem aquele sentido, mas sim outro.

Daí a importância, por parte de quem apresenta uma interpretação, de indicar as razões pelas quais chegou a ela.[88] Sobretudo se se pretende que a sua correção seja submetida a teste ou controle. Serão essas razões que permitirão um julgamento acerca da higidez dessa interpretação, possibilitando aos que participam do discurso concordar com a interpretação adotada, *por verem o objeto interpretado daquela mesma forma*, ou não.

Por outras palavras, trata-se de investigar quais são as condições necessárias a que se possa julgar a correção de enunciados feitos a respeito de um texto normativo.

Sem entrar aqui em questionamentos mais profundos a respeito do conceito de *verdade*,[89] pode-se dizer que uma afirmação a respeito da realidade fenomênica, composta de fatos brutos, será verdadeira se, e na medida em que, corresponder a essa realidade. Existem inúmeros problemas para se aferir essa correspondência,[90] ligados ao fato de a criatura humana

---

88. Robert Alexy, *A Theory of Legal Argumentation: the Theory of Rational Discourse as Theory of Legal Justification*, cit., p. 193.

89. Confira-se, a respeito, Susan Haack, *Filosofia das Lógicas*, trad. Cezar Augusto Mortari e Luiz Henrique de Araújo Dutra, São Paulo, UNESP, 2002, pp. 127-184.

90. Robert Nozick, *Invariances: the Structure of the Objective World*, Massachusetts/Londres, Harvard University Press, 2001, pp. 67 e ss.

estar aprisionada em sua mente, e ter acesso ao mundo fenomênico apenas através de seus imperfeitos sentidos, tudo intermediado pela linguagem. Mas, pelo menos, é plausível dizer-se que a realidade fenomênica existe independentemente de um sujeito que a observe. É ontologicamente objetiva. Daí os critérios para a determinação da verdade de afirmações feitas em torno dela estarem relacionados à medição, ou ao acesso que se tem a essa realidade.

Em relação às realidades ditas *institucionais*, assim entendidas aquelas *constituídas* por convenções, vale dizer, criadas pela mente humana, de forma intersubjetiva, a situação se agrava, pois não há um referencial ontologicamente objetivo, independente do sujeito, o qual, ainda que de forma imperfeita, relativa e parcial, possa ser investigado por meio dos sentidos.[91] A única objetividade possível, aqui, é a epistêmica.[92] Sendo essa realidade institucional o *sentido* que se atribui a certos fatos brutos (pigmentos de tinta, vibrações sonoras etc.), aferir a veracidade de uma frase a respeito dela dependerá de fatores adicionais, ligados ao *respeito* às regras que compõem a dita realidade institucional.

O que acima foi dito vale, naturalmente, para toda realidade institucional, na qual se inclui o Direito. Este, como se sabe, apenas existe enquanto assim reconhecido por uma comunidade de sujeitos que *convencionam* a sua existência. Nessa ordem de ideias, diversamente de um floco de neve, ou de um coelho felpudo, uma norma jurídica não existe enquanto dado ontologicamente objetivo. É preciso que existam sujeitos que atribuam a textos, sinais, gestos ou sons o *sentido* de uma proposição prescritiva. Assim, para que a afirmação de um sujeito a respeito de determinada norma seja julgada como acertada ou equivocada pelos demais, é preciso que ela atente para as condições relativas a essas convenções, vale dizer, a esse acordo intersubjetivo em torno da instituição examinada.

Essa rápida digressão no campo da epistemologia é relevante, notadamente para se voltar à questão da *verdade*.

Na epistemologia, entende-se tradicionalmente que o conhecimento é formado por crenças verdadeiras e justificadas,[93] veracidade esta sempre provisória. Dito de outra forma, as afirmações cujo conjunto forma o

---

91. Os quais, como já foi dito, são imperfeitos, porquanto moldados pela seleção natural para propiciarem uma imagem da realidade não necessariamente *perfeita*, mas apenas suficiente à sobrevivência dos seres que os detêm. Confira-se, a propósito, Miguel Nicolelis, *Muito Além do Nosso Eu*, São Paulo, Cia. das Letras, 2011, pp. 452-453.

92. John R. Searle, *Libertad y Neurobiología*, trad. Miguel Candel, Barcelona, Paidós, 2005, pp. 92-93.

93. Nicholas Rescher, *Epistemology: an Introduction to the Theory of Knowledge*, Albany, State University of New York Press, 2003, pp. XII e ss.

conhecimento humano, ou por meio das quais este se expressa, desde que minimamente fundamentadas e testáveis, consideram-se verdadeiras até que se demonstre o contrário.

No que tange às realidades brutas, o possível falseamento de uma afirmação acontece por meio de novo exame da realidade, o qual poderá fundamentar enunciado que aponte a falsidade da afirmação de cujo teste se cogita. Será o acesso ao dado empírico que, conquanto imperfeito e problemático, poderá demonstrar o acerto ou o erro de uma afirmação feita a seu respeito. Mas, no que tange às realidades institucionais, esse acerto, ou esse erro, dependerá, ainda, de se terem respeitado, ou não, as regras que constituem aquela realidade.

Tome-se como exemplo o dinheiro.

Se alguém segura uma cédula de vinte reais, e afirma "esta é uma cédula de vinte reais", essa afirmação será verdadeira não apenas se houver um pedaço de papel com determinadas características nas mãos do falante (dado empírico), mas, também, se, à luz das convenções existentes naquele grupo (Estado brasileiro), àquele pedaço de papel, de cor predominantemente amarela, se atribui o sentido afirmado, a saber, de ser uma cédula de vinte reais.[94]

Por isso, para que uma afirmação a respeito de realidades institucionais possa ser testada, tendo a sua veracidade posta à prova, é preciso que se confira não só o dado empírico, que pode ser menos ou mais importante conforme o tipo de realidade institucional em questão, mas também o dado institucional, que é decisivo.

Daí por que uma afirmação a respeito de uma realidade institucional será científica se puder ser falseada, e, para isso, é preciso que tanto a afirmação quanto a sua crítica tome em conta as regras que orientam a formação daquela realidade institucional.

Se alguém diz "João foi irônico", e outra pessoa deseja demonstrar que essa afirmação é falsa, o debate será centrado nas regras ou condições (institucionais) que definem o uso da ironia.

A esse respeito, Ronald Dworkin observa que, quando se interpretam realidades institucionais (uma poesia, um artigo da Constituição, uma partitura musical...), se está fazendo parte de um fenômeno social, vale dizer, o intérprete *se engaja em* ou *participa de* práticas ou tradições interpretativas. Tal como nos "jogos de linguagem" a que alude Wittgenstein relativamente à própria comunicação por meio da linguagem, só que em

---

94. Sobre as normas que constituem realidades (tidas, assim, como "institucionais"), confira-se: John Searle, "What is a speech act?", in Max Black (ed.), *Philosophy in America*, Ithaca, Cornell University Press, 1965, pp. 221-239.

contextos mais amplos (da Literatura, do Direito, da Música etc.), os quais teriam, além das regras inerentes aos "jogos de linguagem" em geral, regras próprias, constitutivas das realidades a serem interpretadas.[95]

Assim, as afirmações a respeito do Direito, como interpretações deste, bem como as críticas que se pode fazer a elas, devem ser fundamentadas, de forma a permitir um controle intersubjetivo de sua correção. De outro modo, não seria possível – ou seria bem mais difícil – aos demais partícipes do debate avaliar o acerto ou o erro das afirmações feitas. Essas afirmações, portanto, com mais intensidade ainda que aquelas formuladas em torno de realidades brutas ou de fatos da natureza, devem ser *claras* e as mais simples possíveis, para permitir a compreensão e, com ela, a crítica, se for o caso.[96]

Como já explicado, isso vale para qualquer realidade institucional. Alguém que defenda certa interpretação da obra de Machado de Assis, ou de Miguel de Cervantes, certamente terá de apontar as razões que encontrou para isso, de sorte a que sua interpretação seja aceita, ou não, pelos demais, ou mesmo para que seja compreendida.

No caso do ordenamento jurídico, quando se trata de afirmação a seu respeito feita por quem é encarregado de dirimir conflitos surgidos em face da incidência ou da aplicação de suas normas, esse dever de fundamentação se faz necessário com muito maior intensidade, para que se possam atender a algumas finalidades adicionais, a saber: (*i*) contenção do arbítrio por parte do intérprete; (*ii*) respeito à noção de separação de poderes, relativamente aos Estados de Direito; (*iii*) atenção ao princípio democrático, no que tange aos Estados Democráticos de Direito; (*iv*) prestígio aos princípios do devido processo legal e da ampla defesa.

Não é por outra razão, aliás, que se considera decorrência necessária do princípio do devido processo legal (CF/1988, art. 5º, LIV) o dever de fundamentação das decisões judiciais, devidamente explicitado no Código de Processo Civil (art. 458, II).

Essa fundamentação, para que cumpra o papel a que se destina e possa ser como tal designada, há de indicar os critérios que conduziram o julgador à conclusão constante do julgado. E tais critérios devem ser *compartilhados* por aqueles aos quais a fundamentação se dirige, sob pena de esta não ser sequer entendida por estes como uma "fundamentação". A própria concepção da interpretação como ato de criação demanda maior

---

95. Ronald Dworkin, *Justice for Hedgehogs*, Cambridge/Massachusetts, Belknap Press of Harvard University Press, 2011, pp. 130 e ss. Sobre a constituição de realidades (institucionais) por meio de regras, confira-se: John Searle, "What is a speech act?", in Max Black (ed.), *Philosophy in America*, cit., *passim*.

96. Karl Popper, *A Lógica das Ciências Sociais*, trad. Estêvão de Rezende Martins, 3ª ed., Rio de Janeiro, Tempo Brasileiro, 2004, p. 46.

fundamentação, por parte de quem anuncia a significação do objeto.[97] Assim, a argumentação jurídica desenvolvida de forma mais analítica e coerente passa a ser mais exigível.

Dessa forma, por mais complexa que seja a realidade e por mais vaga que seja uma palavra, há dados e significados que, em certos contextos, não são invocáveis, não sendo facultado ao intérprete, por exemplo, dizer que "para ele" a realidade a ser considerada é "Y" e a palavra tem, naquele contexto, significado "X", quando para todos os destinatários dessa fundamentação tanto a realidade "Y", quanto o significado "X", não são admissíveis à luz dos "jogos de linguagem" em que estão inseridos. Isso vale para o legislador complementar, enquanto intérprete da Constituição, e principalmente para o Judiciário, enquanto intérprete das leis e da Constituição. Deve ser vista com muita reserva, portanto, a afirmação segundo a qual a Constituição é o que a Suprema Corte diz que ela é.[98] Não se pode esquecer que a legitimidade de uma Corte como o Supremo Tribunal Federal se dá *a posteriori*, por meio da aceitabilidade de seus julgados, a qual depende, de forma inegável, da fundamentação que a eles se conferir.

No caso das regras de competência, sua interpretação cabe, em um primeiro momento, ao legislador complementar, conforme explicado nos dois itens anteriores deste trabalho. Nessa condição, embora as leis tenham exposições de motivos, reconhece-se que não se exigirá do próprio legislador a mesma fundamentação explícita que se cobra de um juiz, como condição para a validade de seu ato. Mas, no caso de impugnação judicial de uma cobrança fundada em lei ordinária que institui tributos nos termos da competência explicitada pela legislação complementar, essa fundamentação será exigida, em toda a sua inteireza e explicitude, do órgão judicial, fundamentação que deverá ser tanto mais profunda e detalhada quanto mais profundas e detalhadas forem as razões invocadas por aquele que impugnar a validade da lei.

Na justificação da validade da interpretação de uma regra de competência, todos os fatores apontados nos itens anteriores deste trabalho são importantes. Os principais deles, como se viu, são a proibição de bitributação, que conduz à ideia de que as competências não se devem interpenetrar. Mas também o histórico que antecedeu sua inserção no texto constitucional, que pode conduzir à conclusão de que ali se está aludindo um "típico tributo" cujo âmbito de incidência não deve ser delineado com a atenção voltada apenas para os significados "palavra a palavra" do texto correspondente, assim como seu cotejo com outras disposições

---

97. Luís Roberto Barroso, *Curso de Direito Constitucional Contemporâneo. Os Conceitos Fundamentais e a Construção do Novo Modelo*, São Paulo, Saraiva, 2009, p. 311.
98. Cf. Herbert L. A. Hart, *O Conceito de Direito*, 3ª ed., cit., p. 166.

constitucionais, com os significados possíveis das palavras que a veiculam e com as consequências da atribuição deste ou daquele sentido na efetividade dos princípios constitucionais envolvidos.

Essa significação, como se viu, não necessariamente deve levar em consideração a significação que cada palavra empregada tem, à luz de um conceito de Direito Privado que retrata, à sua maneira, tal realidade, constituindo-a enquanto realidade jurídica. É possível aceitar outras acepções, ainda que mutantes no tempo. Tratando-se de conceito que só existe porque criado pelo Direito (*v.g.*, direitos reais, exceto os de garantia), naturalmente que o Direito Privado será essencial para indicá-los. Mas se se trata de parcela da realidade preexistente ao Direito, Público ou Privado, que a ela apenas atribuem consequências jurídicas, não é obrigatório que o significado a ser dado à palavra, no âmbito tributário, seja o mesmo que lhe dá o Direito Privado. Também não é obrigatório que seja diferente. Os demais critérios, antes apontados, podem sugerir uma conclusão, ou outra.

Como explicado linhas acima, embora a determinação do sentido da regra de competência caiba, em um primeiro momento, ao legislador complementar, será o Poder Judiciário, em face de possível impugnação da validade da lei complementar respectiva – ou de atos que nela busquem, direta ou indiretamente, fundamento – que decidirá em última instância a questão e do qual se exigirá, até por força do art. 93, IX, da CF/1988, uma fundamentação mais explícita e clara. Nessa condição, como se trata da interpretação da Constituição, será do Supremo Tribunal Federal esse papel.

Daí dizer-se que o posicionamento tomado pelo Supremo Tribunal Federal fixa parâmetro para se compreender o significado das palavras. Para que sua atividade seja aceita, permitindo uma diferenciação, pelos demais intérpretes das regras de competência, entre uma interpretação destas e o mero arbítrio, os aspectos anteriormente apontados deverão ser explicitamente levados em conta, revelando-se o caminho que conduziu a Corte ao sentido atribuído ao texto na decisão. É a demonstração desse caminho que permitirá a outras pessoas percorrê-lo também, tornando aceitável a decisão, ou permitindo que se lhe dirija a devida crítica. Afinal, como lembra Lenio Streck, "do mesmo modo que há o dever fundamental de justificar/motivar as decisões, existe também o direito fundamental à obtenção de respostas corretas/adequadas à Constituição".[99]

E, o mais importante, como decisões anteriores são marcos indicativos do sentido a ser atribuído aos mesmos textos em casos semelhantes no futuro, mudanças no entendimento do Tribunal devem ser ponderadas no próprio julgado, indicando-se os motivos da alteração, sejam eles

---

99. Lenio Luiz Streck, *Verdade e Consenso: Constituição, Hermenêutica e Teorias Discursivas*, 4ª ed., cit., p. 619.

uma consideração de que o entendimento anterior era equivocado, sejam um reconhecimento de particularidades que tornam a decisão anterior, conquanto correta, inaplicável ao caso seguinte.

Além disso, tomando em consideração que os contribuintes estavam a planejar suas atividades com base em significação tida como válida pelo último órgão competente para anunciá-la, talvez seja o caso de ponderar sobre eventual modulação de efeitos da decisão. Tais aspectos faltaram, por exemplo, no julgamento em que se apreciou a questão da incidência do ISS sobre operações de *leasing*. A fundamentação vitoriosa, conquanto correta em parte quanto ao caminho para a investigação das palavras empregadas na regra de competência, representa certa reviravolta em relação ao entendimento cristalizado na Súmula Vinculante 31/STF,[100] mas nada se disse a esse respeito. Apenas o Ministro Marco Aurélio chamou atenção ao fato de que a Corte estava mudando de entendimento sem o dizer e sem debater a guinada em si mesma. É invocável aqui, a ideia de que se deve "substituir qualquer pretensão solipsista pelas condições histórico-concretas, sempre lembrando nesse contexto, a questão da tradição, da coerência e da integridade".[101]

Essa falta de consideração a entendimentos anteriores, ainda que para apenas explicar os motivos pelos quais estão sendo modificados ou excepcionados, verifica-se também em arestos dedicados ao julgamento dos limites da competência tributária, relativamente ao imposto de renda. É o caso do RE 201.465-MG,[102] no qual se adotou a teoria legalista da renda, conferindo-se ao legislador ordinário federal ampla liberdade para definir o conceito de renda tributável, e, em oposição a ele, dos RREE 195.059-SP e 188.684-SP, nos quais se afirma implícito na Constituição um conceito de renda como acréscimo patrimonial, apenas explicitado no art. 43 do CTN, razão pela qual "não pode a lei infraconstitucional definir como renda o que insitamente não o seja".[103]

A oscilação jurisprudencial não é fenômeno exclusivamente brasileiro. Humberto Ávila, por exemplo, faz referência à *Zick-Zack-Rechtsprechung*[104]

---

100. A Súmula Vinculante 31/STF, que continua em vigor mesmo depois da decisão alusiva ao ISS *leasing*, dispõe: "É inconstitucional a incidência do Imposto sobre Serviços de Qualquer Natureza – ISS sobre operações de locação de bens móveis".

101. Lenio Luiz Streck, *Verdade e Consenso: Constituição, Hermenêutica e Teorias Discursivas*, 4ª ed., cit., p. 619.

102. STF, Pleno, Rel. Ministro Marco Aurélio, Rel. p/o acórdão Ministro Nelson Jobim, RE 201.465-MG, j. 2.5.2002, m.v., *DJ* de 17.10.2003, p. 14.

103. STF, 1ª T., Rel. Ministro Moreira Alves, RE 195.059-SP, j. 2.5.2000, v.u., *DJ* de 16.6.2000, p. 38.

104. Humberto Ávila, *Segurança Jurídica. Entre Permanência, Mudança e Realização no Direito Tributário*, 2ª ed. São Paulo, Malheiros Editores, 2012, p. 59.

(jurisprudência "zigue-zague") na Alemanha, sendo, de resto, possível observar tais mudanças de rumo nas Cortes de diversos países. Mas não se pode incorrer na falácia naturalista de pretender que, porque as coisas *são* de uma forma, isso signifique que elas necessariamente *devam ser* dessa mesma forma. Sobretudo no caso brasileiro, em que o texto constitucional ostenta um nível de detalhamento não verificado em outros países. Por outro lado, vale insistir que o problema não é a mudança de entendimento em si mesma, mas a mudança que não se refere aos pronunciamentos anteriores nem *a fortiori* expõe os motivos pelos quais não mais serão seguidos.

O respeito ao entendimento firmado pela própria Corte, com referência expressa a mudanças e consideração dos efeitos na alteração de rumo, é maneira de conciliar dinamismo com segurança jurídica e boa-fé. Ao mesmo tempo, trata-se de valorizar o intersubjetivismo da comunicação, fazendo com que o ato de interpretar não represente autoritarismo, fruto da manipulação da retórica.

CONCLUSÃO

Em razão do que foi visto ao longo deste trabalho, podem-se resenhar suas conclusões da seguinte forma:

(*a*) O sistema constitucional tributário brasileiro é rígido, porquanto na Constituição Federal se procede à partilha das competências tributárias, de forma exclusiva, por meio de regras que distribuem as realidades tributáveis a cada um dos entes federativos.

(*b*) Essa exclusividade nas competências é perceptível em uma análise histórica das Constituições anteriores, e na Constituição atual é ressaltada pelos seus arts. 146, I, e 154, I. O primeiro a esclarecer que conflitos de competência são factualmente possíveis, mas juridicamente inadmissíveis, podendo de fato surgir, mas não se devendo juridicamente preservar; e o segundo a ressaltar que qualquer novo imposto deverá, necessariamente, ser diverso dos já previstos nos arts. 153, 155 e 156. Ela decorre, ainda, de uma interpretação *a contrario* da competência para a instituição do imposto extraordinário de guerra (art. 154, II), hipótese excepcional em que a bitributação é permitida e que serve para confirmar a regra inerente à sua vedação.

(*c*) A razão de ser dessa exclusividade nas competências, das quais decorre a impossibilidade jurídica, em regra, de bitributação, reside em ideias atreladas ao federalismo e à justiça tributária. Fosse permitida a bitributação, com a possibilidade de dois ou mais entes onerarem um mesmo fato, ou eles tentariam onerá-lo em patamares superiores aos que a capacidade contributiva nele revelada permitiria, ou um deles não conseguiria tributá-lo de forma satisfatória, tendo de ceder espaço ao outro, situação em que os entes politicamente mais fracos seriam colocados em desvantagem.

(*d*) Relativamente às taxas e às contribuições de melhoria, a impossibilidade, em regra, de bitributação decorre do fato de a atividade estatal que serve como fato gerador da obrigação de pagá-las é sempre exercitada por apenas uma das entidades políticas, que tem competência para tanto. Apenas não se tem divisão explícita no capítulo dedicado ao sistema tributário, e sim naquele dedicado às competências materiais de cada ente federativo. No que tange, por sua vez, aos tributos ditos de validação finalística, contribuições e empréstimos compulsórios, entende-se que, conquanto não haja proibição a que onerem fatos já tributados por meio de impostos – ou mesmo taxas ou contribuições de melhoria –, não podem onerar situações já tributadas por outro tributo da mesma espécie, verificando-se, também nesse quesito, a vedação à bitributação. E mesmo muitos desses tributos de validação finalística têm, na Constituição, delimitados âmbitos de incidência (cf., *v.g.*, arts. 149, § 2º, III, "a", e 195, I, da CF/1988).

(*e*) Se, por um lado, o nominalismo revela a exclusividade que a Constituição pretendeu assegurar a cada ente, por outro lado encobre uma batalha história entre eles para expandir suas competências impositivas. Ao assegurar, por exemplo, o ISS aos Municípios o legislador constituinte não tinha em mente a significação da palavra isolada e conforme lições de Direito Privado, do que era serviço. Considerou o que seria adequado atribuir aos Municípios em termos de arrecadação, tendo em vista impostos já existentes e que tinham outro nome, como é o caso do Imposto sobre Indústrias e Profissões. Esse dado histórico revela não ser possível detectar desde logo, no texto constitucional, as fronteiras exatas das competências. A Constituição determina que não existam, no plano concreto, conflitos de competência, diante da vedação à bitributação, mas não resolve diretamente a questão, tarefa que atribui à lei complementar. Sendo assim, não é possível concluir que cada um dos nomes por ela empregados tenha contornos precisos e pré-determinados quanto a seu campo de incidência. Não se trata de mera indeterminação da linguagem, mas da presença das mesmas características em mais de um campo de incidência e de características que não se relacionam diretamente com o nome empregado no texto constitucional.

(*f*) Apesar de rígido, portanto, no sentido de que procura, na máxima medida possível, deixar desde logo um campo de tributação para cada ente, determinando que a final estes campos não se sobreponham, a rigidez não é tão intensa que da Constituição já se possam vislumbrar os círculos intocáveis. Na verdade, esses círculos, representativos dos âmbitos de competência, ainda no patamar constitucional, se tocam e se interpenetram, cabendo ao legislador complementar dar-lhes os contornos definitivos de modo a eliminar essa sobreposição. Se a Constituição veiculasse somente conceitos com limites precisos e as competências fossem círculos interpenetráveis de poder, já no primeiro nível normativo não haveria espaço para a lei complementar, nos termos determinados pelo art. 146 da CF, que não teria razão de ser.

(*g*) Exatamente porque a Constituição não traz esse contorno, é mais adequado fazer referência não a conceitos constitucionais tributários, mas a tipos abertos, na acepção que estas palavras têm na doutrina de Karl Larenz. Os tipos são marcados pela graduabilidade e pela abertura, enquanto que os

CONCLUSÃO

conceitos caracterizam-se pela definição e pelo essencialismo. Tipos não são definíveis, mas podem ter suas características descritas e tomadas para formar o tipo exemplar. Essas características, porém, podem ser ressaltadas ou abandonadas, de acordo com o realce que cada uma merece receber em determinado momento. Os conceitos, ao contrário, são definições precisas das realidades, criando fronteiras nítidas entre elas.

(*h*) Ainda que não se aceite o uso das palavras "tipo" e "conceito", o que importa é compreender que o que se contrapõe aqui é apreensão do texto de uma forma mais fechada, com cada palavra empregada em sua construção sendo compreendida a partir de significações prévias dadas por outros ramos do Direito, de um lado, ou de uma forma mais aberta e tendo em vista outros elementos interpretativos, dentre os quais as características históricas do tributo.

(*i*) Não há incoerência entre admitir a rigidez do sistema tributário e acolher o uso de tipos nas regras de competência, abertos e graduáveis. Primeiro, porque isso não confere liberdade sem limites ao intérprete, e, segundo, porque decorre de constatação histórica quanto à ausência de delimitação inteira já no plano constitucional. Aliás, em face da complexidade da realidade, é impossível a quem elabora textos normativos, apontar soluções prontas e acabadas para todos os problemas concretos a serem resolvidos com a sua aplicação. Por outro lado, interpretar as regras de competência com rigidez exagerada, pretendendo que estas contenham termos de conceitos utilizados pela lei à época da entrada em vigor da Constituição, pode trazer ainda mais instabilidade, com reformas ao texto constitucional e com decisões indevidamente fundamentadas, porquanto desatentas aos critérios que verdadeiramente deveriam guiar o debate.

(*j*) A aceitação de tipos e da graduabilidade na evolução do tributo não implica necessariamente aumento do poder de tributar, como mostra a fundamentação empregada pelo Supremo Tribunal Federal para afirmar a não incidência do IPVA sobre a propriedade de embarcações e aeronaves. Maior rigidez se obtém, em verdade, se se procurarem dentro dos princípios da tributação e demais normas constitucionais tributárias os limites para os conceitos a serem empregados na lei complementar, na densificação dos aludidos tipos.

(*k*) O art. 110 do CTN, sempre invocado nos debates sobre a interpretação dos termos utilizados pela Constituição, encobre a discussão sobre a autonomia do Direito Tributário para utilizar outras acepções diferentes daquelas empregadas no Direito Privado. Mas, na verdade, o termo "conceito" utilizado pelo artigo não se opõe a "tipo", como se deduz dos debates correspondentes ao histórico da elaboração, votação e interpretação à época da publicação do Código Tributário Nacional. Pela mesma razão, não se pode concluir que o art. 110 determina sempre a consideração das palavras empregadas na construção de todas regras de competência como "conceitos" de Direito Privado.

(*l*) Se, no plano legal, o texto da norma tributária pode captar diretamente o fenômeno econômico e não apenas a relação jurídica disciplinada pelo Direito Privado, igualmente o pode a Constituição. Além disso, a Constituição não traz necessariamente, nem de forma implícita, preestabelecidos e de forma estática todos os conceitos dos termos que emprega, sejam eles econômicos ou jurídicos. Traz, em relação aos tributos já existentes, decorrentes de uma evolução histórica, e em relação àqueles cujos termos representam realidade fática e não meramente institucional, um espectro da significação das palavras, com base em todos os possíveis jogos de linguagem, nos quais se devem considerar os empregos e aplicações das palavras no debate jurídico, que, evidentemente, admitem evolução.

(*m*) Da mesma forma, não se sustenta a impossibilidade de que se tome em consideração o conceito empregado nas normas de Direito Privado. Se as normas de Direito Privado, pré e infraconstitucionais não são de observância *obrigatória* na interpretação constitucional do texto referente ao sistema constitucional tributário – sob pena de se inverter a pirâmide hierárquica –, por igual não se pode dizer que sejam de observância *proibida*, ou, pior, que o sentido nelas verificado seja de valor inferior ao que possa ser haurido de outros ramos da atividade humana. Em verdade, a significação das palavras empregadas pela Constituição nas regras de competência há de ser buscada em seu próprio corpo, diante de princípios constitucionais da tributação como a capacidade contributiva, respeitando-se sempre a ideia de vedação de bitributação. Ou seja, é tendo em vista o sistema constitucional que irá se formar a moldura de significação das palavras empregadas na regra de competência, a guiar o labor do legislador complementar.

(*n*) Se, porém, normas de Direito Privado (ou de qualquer outro ramo do Direito) preveem a criação de uma figura jurídica, que só existe nos termos em que previstos por tais normas, caso a lei tributária eleja essa figura como parte integrante da hipótese de incidência da norma tributária, não será possível ao intérprete alterar-lhe os contornos. O mesmo vale para o legislador, quando a eleição da figura tiver sido obra do constituinte, a teor do art. 110 CTN.

(*o*) Apesar de ser correta a ideia de que a norma é construída pelo intérprete, isso não significa que as palavras empregadas no texto da norma não tragam em si já alguma significação que há de ser observada por ele. Essa significação prévia advém da prática empregada nos jogos de linguagem, do que o próprio texto tem a dizer com base em outras interpretações que dele já foram feitas. Do contrário, aliás, a própria comunicação seria inviável.

(*p*) O art. 110 do CTN, em parte, enuncia algo evidente, decorrente da própria hierarquia normativa: normas inferiores não podem alterar normas superiores. Mas, em parte, nele se acha afirmação polêmica: são conceitos de Direto Privado as palavras empregadas pela Constituição. Ainda que essa segunda parte fosse procedente, não se poderia chegar a essa conclusão *porque assim determina o art. 110 do CTN*, pois isso implicaria interpretar a Constituição à luz da legislação infraconstitucional. Seu sentido, na verdade, é tão somente o de que o legislador tributário não é livre para atribuir sentido às palavras empregadas na construção das regras de competência.

(*q*) No caso da interpretação das regras de competência tributária, os significados possíveis das palavras empregadas fornecem pistas para que se inicie a construção de uma "moldura", em termos kelsenianos, cujo estreitamento é feito, ainda em tese, a partir de uma visão sistêmica do texto constitucional, especialmente das demais regras de competência tributária, tendo em mente a aludida proibição de múltiplas incidências sobre uma mesma realidade jurídica. Também têm papel importante nesse estreitamento do quadro os significados das aludidas palavras nos moldes em que empregadas pela legislação infraconstitucional, não para com isso se interpretar a Constituição à luz das normas infraconstitucionais, mas para que se vejam exemplos de empregos anteriores daquelas mesmas palavras, em contextos semelhantes.

(*r*) Decisivo, também, na atribuição de sentido ao texto constitucional, é a consideração do histórico de cada tributo, os quais podem ser vistos, notadamente no que tange aos impostos, como figuras típicas, muitas vezes apenas rebatizadas e redistribuídas por uma nova Constituição, o que sugere não se deva dar tanta importância a uma análise palavra a palavra do texto constitucional, considerando-se, também, a figura típica por meio delas referida. Foi o que o Supremo Tribunal Federal fez com relação ao IPVA, o que demonstra, de resto, que o raciocínio tipológico nem sempre conduz a um alargamento das citadas competências ou a um agigantamento da imposição tributária.

(*s*) Quando se faz alusão à relevância do caso concreto, na determinação do sentido dos textos normativos, não se está, convém esclarecer, admitindo uma supremacia desse mesmo caso concreto, como se ele se prestasse de justificativa para que o intérprete pudesse ao texto atribuir o sentido que quisesse. Na verdade, o contexto, e as regras – dos jogos de linguagem, e não jurídicas – que orientam a atribuição de sentido às coisas não estão ao alcance do intérprete. Assim, reconhecer que os elementos do contexto terão peso importante no processo interpretativo não significa atribuir poder discricionário ao intérprete, pois tanto as particularidades do contexto não serão criadas pelo intérprete como os princípios norteadores, que orientarão o peso, as consequências ou o valor a ser atribuído a tais peculiaridades também não.

(*t*) As consequências desta ou daquela interpretação devem, por certo, ser consideradas, até porque essas consequências terão implicação na efetivação de outras normas constitucionais, notadamente as de estrutura de princípio. É o caso dos princípios da capacidade contributiva, da neutralidade, da livre concorrência, da livre iniciativa, só para citar alguns exemplos. Mas essa consideração há de ser feita de forma justificada, com respeito, ainda, à estrutura de regra das normas de competência, não se podendo dar aos aludidos princípios um alcance que torne prescindível a própria existência de tais regras.

(*u*) Embora se reconheça que na Constituição existem, predominantemente, tipos, e não conceitos fechados, é preciso lembrar que tais tipos devem ser densificados por meio de conceitos, trabalho que o constituinte atribuiu ao legislador complementar (CF/1988, art. 146, I e III, "a"). A escolha do sentido do texto, a ser feita dentro da moldura, à luz dos critérios apontados anteriormente, cabe, portanto, em princípio, ao legislador complementar. Naturalmente, se este extravasar de seus limites, caberá ao Poder Judiciário proceder ao devido controle, mas não se pode negar certa margem de liberdade ao legislador complementar, na densificação de alguns tipos. É o que acontece, por exemplo, no traçado de linha divisória entre a competência para instituir o ICMS e o ISS, ou o IPTU e o ITR.

(*v*) O mais importante, portanto, no processo interpretativo, é que sejam compreensíveis as razões ou os fatores que levaram o intérprete a atribuir ao texto um determinado sentido, e não outro. Como o Direito é uma realidade institucional, que somente existe na medida em que é consensualmente pactuado, de forma intersubjetiva, essas razões permitirão aos demais membros da comunidade *aceitar* a interpretação dada ao texto, ou pelo menos compreendê-la, sendo certo que, quanto mais aceita, mais distante estará ela de um ato de arbítrio do intérprete. É por isso que a Constituição não é, nem pode ser, simplesmente o que a Suprema Corte disser que ela é. Se a Corte disser da Constituição algo que, para a comunidade, não puder ser dela concluído, seu ato será visto como arbítrio e não como interpretação, com sérias consequências para a legitimidade de sua atuação.

REFERÊNCIAS BIBLIOGRÁFICAS

AARNIO, Aulis. *Essays on the Doctrinal Study of Law*. Londres/Nova York: Springer, 2011.

ABE, Carlos Henrique. "Disponibilidade econômica da renda". *Direito Tributário Atual* 21/191-210. São Paulo, 2007.

ACADEMIA DAS CIÊNCIAS DE LISBOA. *Dicionário da Língua Portuguesa Contemporânea*. vol. 1. Lisboa: Verbo, 2001.

ALCOFORADO, Mário Sawatani Guedes; e TORRENS, Haradja Leite (coords.). *A Expansão do Direito – Estudos de Direito Constitucional e Filosofia do Direito, em Homenagem ao Professor Willis Santiago Guerra Filho*. Rio de Janeiro: Lumen Juris, 2004.

ALEXY, Robert. *A Theory of Legal Argumentation: the Theory of Rational Discourse as Theory of Legal Justification*. Trad. Ruth Adler e Neil MacCormick. Oxford: Clarendon Press, 1989.

_____. *Teoría de los Derechos Fundamentales*. Trad. Ernesto Garzón Valdés. Madri: Centro de Estudios Políticos y Constitucionales, 2002. Edição em português: *Teoria dos Direitos Fundamentais*. Trad. Virgílio Afonso da Silva. 2ª ed., 3ª tir. São Paulo: Malheiros Editores, 2014.

AMAYA, Adolfo A. *La Interpretación de las Leyes Tributarias*. Buenos Aires: Arayu, 1954.

ANDRADE, José Maria Arruda de. *Interpretação da Norma Tributária*. São Paulo: MP Ed., 2006.

_____. "Interpretação e aplicação da lei tributária: da consideração econômica da norma tributária à análise econômica do direito". In: MACHADO, Hugo de Brito (coord.). *Interpretação e Aplicação da Lei Tributária*. São Paulo/Fortaleza: Dialética/ICET, 2010, pp. 182-206.

ANDRADE, Paes; e BONAVIDES, Paulo. *História Constitucional do Brasil*. 4ª ed. Brasília: OAB Ed., 2002.

ASOREY, Rubén O. (dir.). *Protección Constitucional de los Contribuyentes*. Madri/Barcelona: Marcial Pons, 2000.

ATALIBA, Geraldo. *Sistema Constitucional Tributário Brasileiro*. São Paulo: Ed. RT, 1968.

_____; e GIARDINO, Cléber. "Imposto sobre circulação de mercadorias e imposto sobre serviços". In: MARTINS, Ives Gandra da Silva; e BRITO, Edvaldo (coords.). *Doutrinas Essenciais do Direito Tributário*. vol. 4. São Paulo: Ed. RT, 2011, pp. 515-531.

AUSTIN, J. L. *How to Do Things with Words. The William James Lectures Delivered at Harvard University in 1955*. Eds. J. O. Urmson e Marina Sbisa. Oxford: Clarendon, 1962. internet

ÁVILA, Humberto Bergmann. *Conceito de Renda e Compensação de Prejuízos Fiscais*. São Paulo: Malheiros Editores, 2011.

_____. *Segurança Jurídica. Entre Permanência, Mudança e Realização no Direito Tributário*. 2ª ed. São Paulo: Malheiros Editores, 2012.

_____. *Sistema Constitucional Tributário*. São Paulo: Saraiva, 2004.

_____. *Teoria da Igualdade*. 2ª ed. São Paulo: Malheiros Editores, 2009.

_____. *Teoria dos Princípios*. 14ª ed. São Paulo: Malheiros Editores, 2013.

_____. "Comportamento anticoncorrencial e direito tributário". In: FERRAZ, Roberto (coord.). *Princípios e Limites da Tributação* 2. São Paulo: Quartier Latin, 2009, pp. 429-440.

_____. "A distinção entre princípios e regras e a redefinição do dever de proporcionalidade". *Revista de Direito Administrativo* 215/151-179. Rio de Janeiro, 1999.

BALEEIRO, Aliomar. *Direito Tributário Brasileiro*. 11ª ed. Atualizada por Misabel Abreu Machado Derzi. Rio de Janeiro: Forense, 1999.

_____. *Uma Introdução à Ciência das Finanças*. 17ª ed. Atualizada por Hugo de Brito Machado Segundo. Rio de Janeiro: Forense, 2010.

_____. *Limitações Constitucionais ao Poder de Tributar*. 8ª ed. Atualizada por Misabel Abreu Machado Derzi. Rio de Janeiro: Forense, 2011.

BARCELLOS. Ana Paula de. *Ponderação, Racionalidade e Atividade Jurisdicional*. Rio de Janeiro: Renovar, 2005.

BARRETO, Aires F. *Curso de Direito Tributário Municipal*. São Paulo: Saraiva, 2009.

BARRETO, Paulo Ayres. *Contribuições: Regime Jurídico, Destinação e Controle*. São Paulo: Noeses, 2006.

_____. *Elisão Tributária: Limites Normativos*. Tese (Livre-Docência do Departamento de Direito Econômico e Financeiro). São Paulo: Faculdade de Direito da Universidade de São Paulo, 2008.

_____. "Ampliação das hipóteses de retenção do ISS na fonte. Limites normativos". In: ROCHA, Valdir de Oliveira (coord.). *Grandes Questões Atuais do Direito Tributário*. 16º vol. São Paulo: Dialética, 2012, pp. 266-292.

BARRETO, Tobias. *Estudos de Direito*. Campinas: Bookseller, 2000.

BARROSO, Luís Roberto (org.). *Curso de Direito Constitucional Contemporâneo: os Conceitos Fundamentais e a Construção do Novo Modelo*. São Paulo: Saraiva, 2009.

_____. *A Nova Interpretação Constitucional: Ponderação, Direitos Fundamentais e Relações Privadas*. Rio de Janeiro: Renovar, 2006.

_____. "Fundamentos teóricos e filosóficos do novo direito constitucional brasileiro (pós-modernidade, teoria crítica e pós-positivismo)". In: BARROSO, Luís Roberto (org.). *A Nova Interpretação Constitucional: Ponderação, Direitos Fundamentais e Relações Privadas*. Rio de Janeiro: Renovar, 2006, pp. 2-47.

BECKER, Alfredo Augusto. *Teoria Geral do Direito Tributário*. 3ª ed. São Paulo: Lejus, 1998.

BERLO, David K. *O Processo da Comunicação: Introdução à Teoria e à Prática*. Trad. Jorge Arnaldo Fontes. São Paulo: Martins Fontes, 2003.

BIELSA, Rafael. *Los Conceptos Jurídicos y su Terminología*. 3ª ed. Buenos Aires: Depalma, 1993.

BLACK, Max (ed.). *Philosophy in America*. Ithaca: Cornell University Press, 1965, pp. 221-239.

BOBBIO, Norberto; MATTEUCCI, Nicola; e PASQUINO, Gianfranco. *Dicionário de Política*. Trad. Carmen C. Varrialle, Gaetano Loiai Mônaco, João Ferreira, Luís Guerreiro Pinto Cacais e Renzo Dini. 11ª ed., vol. 1. Brasília: Ed. UnB, 1998.

BONAVIDES, Paulo. *Curso de Direito Constitucional*. 29ª ed. São Paulo: Malheiros Editores, 2014.

_____; e ANDRADE, Paes de. *História Constitucional do Brasil*. 4ª ed. Brasília: OAB Ed., 2002.

BORGES, José Souto Maior. *Lei Complementar Tributária*. São Paulo: Ed. RT, 1975.

BOZA, Fábio Piovesan; MATOS, Gustavo Martini de; e OLIVEIRA, Ricardo Mariz de. "Interpretação e integração da lei tributária". In: MACHADO, Hugo de Brito (coord.). *Interpretação e Aplicação da Lei Tributária*. São Paulo/Fortaleza: Dialética/ICET, 2010, pp. 356-394.

BRANCO, Paulo Gustavo Gonet; MENDES, Gilmar Ferreira; e COELHO, Inocêncio Mártires. *Curso de Direito Constitucional*. São Paulo: Saraiva, 2007.

BRITO, Edvaldo; e MARTINS, Ives Gandra da Silva (coords.). *Doutrinas Essenciais do Direito Tributário*. vol. 4. São Paulo: Ed. RT, 2011.

BRYCE, James D.; e GROSSFELD, Bernhard. "Brief comparative history of the origins of the income tax in Great Britain, Germany and the United States". *American Journal of Tax Policy* 2/211-251, 1983.

BUENO, Francisco da Silveira. *Dicionário da Língua Portuguesa*. São Paulo: CBL, 1972.

BUENO, José Antonio Pimenta. *Direito Público Brasileiro e Análise da Constituição do Império*. Brasília: Serviço de Documentação do Ministério da Justiça, 1958.

BURKE; CARON; e MCCOUCH (eds.). *Federal Income Tax Anthology*. Cincinnati/Ohio: Anderson Publishing Co., 1997.

CAMARGO, Margarida Maria Lacombe. *Hermenêutica e Argumentação: uma Contribuição ao Estudo do Direito*. 3ª ed. Rio de Janeiro: Renovar, 2003.

CAMPOS, Antonio J. Franco de. "Direito tributário". In: SOUZA, Hamilton Dias de; TILBERY, Henry; e MARTINS, Ives Gandra da Silva (coords.). *Comentários ao Código Tributário Nacional*. vol. 1. São Paulo: José Bushatsky, 1975.

CAMPOS, Diogo Leite; e CAMPOS, Mônica Horta Neves. *Direito Tributário*. 2ª ed. Coimbra: Almedina, 2000.

CAMPOS, Mônica Horta Neves; e CAMPOS, Diogo Leite. *Direito Tributário*. 2ª ed. Coimbra: Almedina, 2000.

CANTO, Gilberto de Ulhoa; SOUZA, Antônio Carlos Garcia de; e MUNIZ, Ian de Porto Alegre. "O fato gerador do imposto sobre a renda e proventos de qualquer natureza". In: MARTINS, Ives Gandra da Silva. *Caderno de Pesquisas Tributárias* 11. São Paulo: Resenha Tributária/CEU, 1986.

CARON; BURKE; e MCCOUCH (eds.). *Federal Income Tax Anthology*. Cincinnati/Ohio: Anderson Publishing Co., 1997.

CARRAZZA, Roque Antonio. *Curso de Direito Constitucional Tributário*. 29ª ed. São Paulo: Malheiros Editores, 2013.

CARRIÓ, Genaro. *Notas sobre Derecho y Lenguaje*. 4ª ed. Buenos Aires: Abeledo-Perrot, 1994.

CARVALHO, Aurora Tomazini de. *Curso de Teoria Geral do Direito*. 2ª ed. São Paulo: Noeses, 2010.

CARVALHO, Paulo de Barros. *Curso de Direito Tributário*. 12ª ed. São Paulo: Saraiva, 1999.

_____. *Direito Tributário: Fundamentos Jurídicos da Incidência*. 2ª ed. São Paulo: Saraiva, 1999.

_____. *Direito Tributário, Linguagem e Método*. 3ª ed. São Paulo: Noeses, 2009.

_____. "A definição da base de cálculo como proteção constitucional do contribuinte". In: ASOREY, Rubén O. (dir.). *Protección Constitucional de los Contribuyentes*. Madri/Barcelona: Marcial Pons, 2000.

_____. "Não incidência do ISS sobre atividades de franquia". *Revista Direito Tributário Atual* 20. São Paulo: Dialética/IBDT, 2006.

_____. "Prefácio". In: ÁVILA, Humberto. *Teoria da Igualdade*. 2ª ed. São Paulo: Malheiros Editores, 2009.

CAVALCANTI, João Barbalho Uchoa. *Constituição Federal Brasileira: Comentários por João Barbalho*. Brasília: Senado Federal, 1992.

CHALMERS, A. F. *O Que É Ciência Afinal?*. Trad. Raul Filker. Brasília: Brasiliense, 1993.

COELHO, Inocêncio Mártires; MENDES, Gilmar Ferreira; e BRANCO, Paulo Gustavo Gonet. *Curso de Direito Constitucional*. São Paulo: Saraiva, 2007.

COELHO, Sacha Calmon Navarro; e DERZI, Misabel Abreu Machado. *Do Imposto sobre a Propriedade Predial e Territorial Urbano*. São Paulo: Saraiva, 1982.

CONSTITUIÇÃO DO JAPÃO, de 3.11.1946. Disponível em *http://www.solon.org/Constitutions/Japan/English/english-Constitution.html*, acesso 12.9.2012.

COSTA, Alcides Jorge. "Conceito de renda tributável". In: MARTINS, Ives Gandra da Silva (coord.). *Estudos sobre o Imposto de Renda (em Memória de Henry Tilbery)*. São Paulo: Resenha Tributária, 1994.

_____. "História do Direito Tributário – I e II". In: FERRAZ, Roberto (coord.). *Princípios e Limites da Tributação*. São Paulo: Quartier Latin, 2005, pp. 43-104.

CRUZ, Álvaro Ricardo de Souza. *O Discurso Científico na Modernidade: o Conceito de Paradigma É Aplicável ao Direito?*. Rio de Janeiro: Lumen Juris, 2009.

DAWKINS, Richard. *O Maior Espetáculo da Terra: as Evidências da Evolução*. Trad. Laura Teixeira Mota. São Paulo: Cia. das Letras, 2009.

DEEMTER, Kees van. *Not Exactly: in Praise of Vagueness*. Oxford: Oxford University Press, 2010.

DERZI, Misabel Abreu Machado. *Direito Tributário, Direito Penal e Tipo*. São Paulo: Ed. RT, 1988.

_____. "Notas de atualização". In: BALEEIRO, Aliomar. *Limitações Constitucionais ao Poder de Tributar*. 8ª ed. Rio de Janeiro: Forense, 2011.

_____; e COELHO, Sacha Calmon Navarro. *Do Imposto sobre a Propriedade Predial e Territorial Urbano*. São Paulo: Saraiva, 1982.

DORF, Michael; e TRIBE, Laurence. *Hermenêutica Constitucional*. Trad. Amarílis de Souza Birchal. Belo Horizonte: Del Rey, 2007.

DÓRIA, A. R. Sampaio. *Discriminação Constitucional de Rendas Tributárias*. São Paulo: José Bushatsky, 1972.

DWORKIN, Ronald. *O Império do Direito*. Trad. Jefferson Luiz Camargo. São Paulo: Martins Fontes, 1999.

_____. *Justice for Hedgehogs*. Cambridge/Mass.: Belknap Press of Harvard University Press, 2011.

ECO, Umberto. *Interpretação e Superinterpretação*. Trad. MF. São Paulo: Martins Fontes, 2005.

ENGISCH, Karl. *Introdução ao Pensamento Jurídico*. Trad. J. Baptista Machado. 8ª ed. Lisboa: Fundação Calouste Gulbenkian, 2001.

ESSERS, Peter; e RIJKERS, Arie. *The Notion of Income from Capital*. Holanda: IBFD, 2005.

FALCÃO, Amílcar de Araújo. *Sistema Tributário Brasileiro: Discriminação de Rendas*. Rio de Janeiro: Edições Financeiras, 1965.

FERRAZ, Roberto (coord.). *Princípios e Limites da Tributação*. São Paulo: Quartier Latin, 2005.

_____ (coord.). *Princípios e Limites da Tributação 2*. São Paulo: Quartier Latin, 2009.

_____. "Aspectos controvertidos do IPVA". *Revista Dialética de Direito Tributário* 113/107-115. São Paulo: Dialética, fevereiro de 2005.

_____. "Igualdade na tributação – Qual o critério que legitima discriminações em matéria fiscal?". In: FERRAZ, Roberto (coord.). *Princípios e Limites da Tributação*. São Paulo: Quartier Latin, 2005, pp. 447-526.

FERRAZ JÚNIOR, Tércio Sampaio. *Direito Constitucional: Liberdade de Fumar, Privacidade, Estado, Direitos Humanos e outros Temas*. São Paulo: Manole, 2007.

_____. *Introdução ao Estudo do Direito. Técnica, Decisão, Dominação*. 3ª ed. São Paulo: Atlas, 2001.

FEYERABEND, Paul. *A Conquista da Abundância*. Trad. Marcelo Rouanet e Cecília Prada. Porto Alegre: Unisinos, 2006.

FLEINER, Lidija R. Basta; e FLEINER, Thomas. *Constitutional Democracy in a Multicultural and Globalized World*. Berlim: Springer, 2009.

FLEINER, Thomas; e FLEINER, Lidija R. Basta. *Constitutional Democracy in a Multicultural and Globalized World*. Berlim: Springer, 2009.

GADAMER, Hans-Georg. *Verdade e Método: Traços Fundamentais de uma Hermenêutica Filosófica*. Trad. Flávio Paulo Meurer. vol. 1. Petrópolis: Vozes, 2008.

GAMA, Tácio Lacerda. *Competência Tributária: Fundamentos para uma Teoria da Nulidade*. São Paulo: Noeses, 2009.

GENY, François. *Méthode d'Interpretation et Sources en Droit Privé Positif – Essai Critique*. 2ª ed. Paris: LGDJ, 1954.

GERMANO, Livia De Carli. "A tributação de músicas e vídeos comercializados na *internet* e entregues via *download* e *streaming*". *Revista de Direito Tributário Atual* 27/440-454. São Paulo, 2012.

GIARDINO, Cléber; e ATALIBA, Geraldo. "Imposto sobre circulação de mercadorias e imposto sobre serviços". In: MARTINS, Ives Gandra da Silva; e BRITO, Edvaldo (coords.). *Doutrinas Essenciais do Direito Tributário*. vol. 4. São Paulo: Ed. RT, 2011, pp. 515-531.

GODOI, Marciano Seabra de. *Crítica à Jurisprudência do Supremo Tribunal Federal*. São Paulo: Dialética, 2011.

_____. *Questões Atuais do Direito Tributário na Jurisprudência do STF*. São Paulo: Dialética, 2006.

_____. "O quê e o porquê da tipicidade tributária". In: RIBEIRO, Ricardo Lodi; e ROCHA, Sérgio André (coords.). *Legalidade e Tipicidade no Direito Tributário*. São Paulo: Quartier Latin, 2008.

_____; e GRECO, Marco Aurélio (coords.). *Solidariedade Social e Tributação*. São Paulo: Dialética, 2005.

GRAU, Eros Roberto. *Direito, Conceitos e Normas Jurídicas*. São Paulo: Ed. RT, 1988.

_____. *Ensaio e Discurso sobre a Interpretação/Aplicação do Direito*. 5ª ed. São Paulo: Malheiros Editores, 2009; 6ª ed. com o título *Por Que Tenho Medo dos Juízes. A Interpretação/Aplicação dos Direitos e os Princípios*. São Paulo: Malheiros Editores, 2013.

_____. *A Ordem Econômica na Constituição de 1988*. 15ª ed. São Paulo: Malheiros Editores, 2012.

GRECO, Marco Aurélio. *Contribuições (Uma Figura "Sui Generis")*. São Paulo: Dialética, 2000.

_____. "Solidariedade social e tributação". In: GRECO, Marco Aurélio; e GODOI, Marciano Seabra de (coords.). *Solidariedade Social e Tributação*. São Paulo: Dialética, 2005, pp. 168 a 189.

_____; e GODOI, Marciano Seabra de (coords.). *Solidariedade Social e Tributação*. São Paulo: Dialética, 2005.

GROSSFELD, Bernhard; e BRYCE, James D. "Brief comparative history of the origins of the income tax in Great Britain, Germany and the United States". *American Journal of Tax Policy* 2/211-251, 1983.

GUERRA, Marcelo Lima. *Competência da Justiça do Trabalho*. Fortaleza: Tear da Memória, 2009.

HAACK, Susan. *Filosofia das Lógicas*. Trad. Cezar Augusto Mortari e Luiz Henrique de Araújo Dutra. São Paulo: UNESP, 2002.

HABERMAS, Jünger. *Direito e Democracia: entre Facticidade e Validade*. Trad. Flávio Beno Siebeneichler. vols. 1 e 2. Rio de Janeiro: Tempo Brasileiro, 1997.

HART, Herbert L. A. *O Conceito de Direito*. Trad. A. Ribeiro Mendes. 3ª ed. Lisboa: Fundação Calouste Gulbenkian, 2001.

HARTZ, Wilhelm. *Interpretação da Lei Tributária: Conteúdo e Limites do Critério Econômico*. Trad. Brandão Machado. São Paulo: Resenha Universitária, 1993.

HECK, Philipp. *Interpretação da Lei e Jurisprudência dos Interesses*. Trad. José Osório. São Paulo: Saraiva, 1947.

HELLER, Herman. *Teoria do Estado*. Trad. Lycurgo Gomes da Motta. São Paulo: Mestre Jou, 1968.

HENSEL, Albert. *Derecho Tributario*. Trad. Andrés Báez Moreno, María Luisa González-Cuéllar Serrano e Enrique Ortiz Calle. Madri: Marcial Pons, 2005.

HESSE, Konrad. *Da Força Normativa da Constituição*. Trad. Gilmar Ferreira Mendes. Porto Alegre: Sérgio Antonio Fabris Editor, 1991.

HOLMES, Kevin. *The Concept of Income: a Multi-Disciplinary Analysis*. IBFD Publications BV, 2000.

HUSSERL, Edmund. *Investigações Lógicas. Sexta Investigação. Elementos de uma Elucidação Fenomenológica do Conhecimento*. São Paulo: Nova Cultural, Coleção "Os Pensadores".

JUNG, Carl Gustav. *Cartas: 1956-1961*. vol. 3. Petrópolis: Vozes, 2003.

KAUFMANN, Arthur. *Analogía y Naturaleza de la Cosa: Hacia una Teoría de la Comprensión Jurídica*. Trad. Enrique Barros Bourie. Santiago: Editorial Jurídica de Chile, 1976.

_____. *Filosofia do Direito*. Trad. Antonio Ulisses Cortés. Lisboa: Fundação Calouste Gulbenkian, 2004.

KELSEN, Hans. *Teoria Pura do Direito*. Trad. João Baptista Machado. 6ª ed. São Paulo: Martins Fontes, 2000.

KUHN, Thomas. *A Estrutura das Revoluções Científicas*. Trad. Beatriz Vianna Boeira e Nelson Boeira. 9ª ed. São Paulo: Perspectiva, 2005.

LAKKOF, George. *Women, Fire and Dangerous Things: what Categories Reveal about the Mind*. Chicago: The University of Chicago Press, 1987.

LANG, Joachim. "The influence of tax principles on taxation of income from capital". In: ESSERS, Peter; e RIJKERS, Arie. *The Notion of Income from Capital*. Holanda: IBDF, 2005.

_____; e TIPKE, Lang. *Direito Tributário ("Steuerrecht")*. Trad. Luiz Dória Furquim. 18ª ed., vol. 1. Porto Alegre: Sérgio Fabris Editor, 2008.

LARENZ, Karl. *Metodologia da Ciência do Direito*. Trad. José Lamego. 3ª ed. Lisboa: Fundação Calouste Gulbenkian, 1997.

LEMKE, Gisele. *Imposto de Renda: os Conceitos de Renda e de Disponibilidade Econômica ou Jurídica*. São Paulo: Dialética, 1998.

LLOYD, B. B.; e ROSCH, E. *Cognition and Categorization*. Hillsdale/NJ-Cambridge/MA: Erbaum/MIT Press, 1978.

LOBATO, Monteiro. *Emília no País da Gramática*. São Paulo: Círculo do Livro, 1984.

LOPES, Alexsandro Broedel; SCHOUERI, Luís Eduardo; e MOSQUERA, Roberto Quiroga (coords.). *Controvérsias Jurídico-Contábeis: Aproximações e Distanciamentos*. São Paulo: Dialética, 2010.

LUHMANN, Niklas. "O paradoxo dos direitos humanos e três formas de seu desdobramento". Trad. Paulo Antônio de Menezes Albuquerque e Ricardo Henrique Arruda de Paula. *Themis*, vol. 3, n. 1, Fortaleza, 2000, pp. 153-161.

MACHADO, Hugo de Brito. *Comentários ao Código Tributário Nacional*. vol. 1. São Paulo: Atlas, 2003.

REFERÊNCIAS BIBLIOGRÁFICAS

_____. *Curso de Direito Constitucional Tributário*. São Paulo: Malheiros Editores, 2012.

_____. *Interpretação e Aplicação da Lei Tributária*. São Paulo/Fortaleza: Dialética/ICET, 2010.

_____. *Lei Complementar Tributária*. São Paulo: Malheiros Editores, 2010.

_____ (coord.). *Aspectos Fundamentais do ICMS*. 2ª ed. São Paulo: Dialética, 1999.

_____. "A doutrina de Gomes de Sousa e o conceito legalista de renda". *Revista Interesse Público* 62/229-240, 2010.

_____; e MACHADO, Schubert. *Dicionário de Direito Tributário*. São Paulo: Atlas, 2011.

MACHADO, Raquel Cavalcanti Ramos. *Interesse Público e Direitos do Contribuinte*. São Paulo: Dialética, 2007.

MACHADO, Schubert; e MACHADO, Hugo de Brito. *Dicionário de Direito Tributário*. São Paulo: Atlas, 2011.

MACHADO SEGUNDO, Hugo de Brito. *Contribuições e Federalismo*. São Paulo: Dialética, 2004.

_____. *Fundamentos do Direito*. São Paulo: Atlas, 2010.

_____. "Algumas notas sobre a invocação do princípio da 'livre concorrência' nas relações tributárias". *Revista Nomos* 28.2/61-81, 2008.

MANGABEIRA, João. *Em torno da Constituição*. São Paulo: Cia. Ed. Nacional, 1934.

MARINS, James. *Defesa e Vulnerabilidade do Contribuinte*. São Paulo: Dialética, 2009.

MARTINS, Ives Gandra da Silva (coord.). *Caderno de Pesquisas Tributárias* 11. São Paulo: Resenha Tributária/CEU, 1986.

_____. *Estudos sobre o Imposto de Renda (em Memória de Henry Tilbery)*. São Paulo: Resenha Tributária, 1994.

_____; e BRITO, Edvaldo (coords.). *Doutrinas Essenciais do Direito Tributário*. vol. 4. São Paulo: Ed. RT, 2011.

_____; SOUZA, Hamilton Dias de; e TILBERY, Henry (coords.). *Comentários ao Código Tributário Nacional*. vol. 1. São Paulo: José Bushatsky, 1975.

MATOS, Gustavo Martini de; OLIVEIRA, Ricardo Mariz de; e BOZA, Fábio Piovesan. "Interpretação e integração da lei tributária". In: MACHADO, Hugo de Brito (coord.). *Interpretação e Aplicação da Lei Tributária*. São Paulo/Fortaleza: Dialética/ICET, 2010, pp. 356-394.

MATTEUCCI, Nicola; BOBBIO, Norberto; e PASQUINO, Gianfranco. *Dicionário de Política*. Trad. Carmen C. Varrialle, Gaetano Loiai Mônaco, João Ferreira, Luís Guerreiro Pinto Cacais e Renzo Dini. 11ª ed., vol. 1. Brasília: Ed. UnB, 1998.

MCCOUCH; CARON; e BURKE; (eds.). *Federal Income Tax Anthology*. Cincinnati/Ohio: Anderson Publishing Co., 1997.

MELIS, Giuseppe. *L'Interpretazione nel Diritto Tributario*. Pádua: Cedam, 2003.

MENDES, Gilmar Ferreira; COELHO, Inocêncio Mártires; e BRANCO, Paulo Gustavo Gonet. *Curso de Direito Constitucional*. São Paulo: Saraiva, 2007.

MIRANDA, Francisco Cavalcanti Pontes de. *Comentários à Constituição de 1967, com a Emenda n. 1, de 1969*. 2ª ed., vol. 2. São Paulo: Ed. RT, 1970.

_____. *Tratado de Direito Privado*. 3ª ed., t. 1. Rio de Janeiro: Borsói, 1970.

MORAES, Bernardo Ribeiro. *Curso de Direito Tributário: Sistema Tributário da Constituição de 1969*. São Paulo: Ed. RT, 1979.

MORIN, Edgar. *Introducción al Pensamiento Complejo*. Barcelona: Gedisa, 1998.

MOSQUERA, Roberto Quiroga; SCHOUERI, Luís Eduardo; e LOPES, Alexsandro Broedel (coords.). *Controvérsias Jurídico-Contábeis: Aproximações e Distanciamentos*. São Paulo: Dialética, 2010.

MÜLLER, Friedrich. *Teoria Estruturante do Direito*. São Paulo: Ed. RT, 2008.

MUNIZ, Ian de Porto Alegre; SOUZA, Antônio Carlos Garcia de; e CANTO, Gilberto de Ulhoa. "O fato gerador do imposto sobre a renda e proventos de qualquer natureza". In: MARTINS, Ives Gandra da Silva. *Caderno de Pesquisas Tributárias* 11. São Paulo: Resenha Tributária/CEU, 1986.

NEVES, A. Castanheira. *Digesta: Escritos acerca do Direito, do Pensamento Jurídico, de sua Metodologia, e outros*. vol. 2. Reimpr. Coimbra: Coimbra Ed., 2010.

NICOLELIS, Miguel. *Muito Além do Nosso Eu*. São Paulo: Cia. das Letras, 2011.

NOGUEIRA, Johnson Barbosa. *A Interpretação Econômica no Direito Tributário*. São Paulo: Resenha Universitária, 1982.

NOGUEIRA, Ruy Barbosa. *Da Interpretação e da Aplicação das Leis Tributárias*. 2ª ed. São Paulo: Ed. RT, 1965.

NOZICK, Robert. *Invariances: the Structure of the Objective World*. Massachusetts/Londres: Harvard University Press, 2001.

OLBRECHTS-TYTECA, Lucie; e PERELMAN, Chaïm. *Tratado da Argumentação: a Nova Retórica*. Trad. Maria Ermantina Galvão. São Paulo: Martins Fontes, 2000.

OLIVEIRA, Ricardo Mariz de. *Fundamentos do Imposto de Renda*. São Paulo: Quartier Latin, 2008.

_____; MATOS, Gustavo Martini de; e BOZA, Fábio Piovesan. "Interpretação e integração da lei tributária". In: MACHADO, Hugo de Brito (coord.). *Interpretação e Aplicação da Lei Tributária*. São Paulo/Fortaleza: Dialética/ICET, 2010, pp. 356-394.

OLIVEIRA, Yonne Dolácio de. *A Tipicidade no Direito Tributário Brasileiro*. São Paulo: Saraiva, 1980.

PALMER, Richard. *Hermenêutica*. Trad. Maria Luísa Ribeiro Ferreira. Lisboa: Edições 70, 1989.

PASQUINO, Gianfranco; MATTEUCCI, Nicola; e BOBBIO, Norberto. *Dicionário de Política*. Trad. Carmen C. Varrialle, Gaetano Loiai Mônaco, João Ferreira, Luís Guerreiro Pinto Cacais e Renzo Dini. 11ª ed., vol. 1. Brasília: Ed. UnB, 1998.

PEREIRA, Jane Reis Gonçalves. *Interpretação Constitucional e Direitos Fundamentais*. Rio de Janeiro: Renovar, 2006.

PERELMAN, Chaïm. *Lógica Jurídica*. Trad. Vergínia K. Pupi. São Paulo: Martins Fontes, 2000.

_____; e OLBRECHTS-TYTECA, Lucie. *Tratado da Argumentação: a Nova Retórica*. Trad. Maria Ermantina Galvão. São Paulo: Martins Fontes, 2000.

PINKER, Steven. *Do que É Feito o Pensamento?*. Trad. Fernanda Ravagnani. São Paulo: Cia. das Letras, 2008.

PISCITELLI, Tathiane dos Santos. *Os Limites à Interpretação das Normas Tributárias*. São Paulo: Quartier Latin, 2007.

PIZOLIO, Reinaldo. *Competência Tributária e Conceitos Constitucionais*. São Paulo: Quartier Latin, 2006.

PLATÃO. *Obras Completas*. 2ª ed. Madri: Aguilar, 1993.

POPPER, Karl. *A Lógica da Pesquisa Científica*. Trad. Leônidas Hegenberg e Octanny Silveira da Mota. 12ª ed. São Paulo: Cultrix, 2006.

_____. *A Lógica das Ciências Sociais*. Trad. Estévão de Rezende Martins. 3ª ed. Rio de Janeiro: Tempo Brasileiro, 2004.

POSNER, Richard. *Problemas de Filosofia do Direito*. Trad. Jefferson Luiz Camargo. São Paulo: Martins Fontes, 2007.

_____. "El análisis económico del derecho en el *common law*, en el sistema romano germánico, y en las naciones en desarrollo". *Revista de Economía y Derecho*, vol. 2, n. 7. Lima: Sociedad de Economía y Derecho, inverno de 2005, pp. 7-15.

_____. "The economic approach to law". *Texas Law Review*, vol. 53, n. 4, Texas, 1975.

PRAKKEN, Henry; e SARTOR, Giovanni. *The Three Faces of Defeasibility in the Law*. Disponível em *http://www.cs.uu.nl/groups/IS/archive/henry/ratiojuris03.pdf*, acesso 12.8.2012.

RADBRUCH, Gustav. *Filosofia do Direito*. Trad. Cabral de Moncada. 6ª ed. Coimbra: Armênio Amado, 1997.

RAMOS, José Nabantino. *Direito Constitucional Tributário: Fatos Geradores Confrontantes*. São Paulo: Resenha Tributária, 1975.

RÁO, Vicente. *O Direito e a Vida dos Direitos*. 5ª ed. São Paulo: Ed. RT, 1999.

RESCHER, Nicholas. *Epistemology: an Introduction to the Theory of Knowledge*. Albany: State University of New York Press, 2003.

RIBEIRO, Maria de Fátima (coord.). *Direito Tributário e Segurança Jurídica*. São Paulo: MP Ed., 2008.

RIBEIRO, Ricardo Lodi; e ROCHA, Sérgio André (coords.). *Legalidade e Tipicidade no Direito Tributário*. São Paulo: Quartier Latin, 2008.

RIDLEY, Matt. *The Rational Optimism: how Prosperity Evolves*. Nova York: Harper-Collins, 2010.

RIJKERS, Arie; e ESSERS, Peter. *The Notion of Income from Capital*. Holanda: IBFD, 2005.

ROCHA, Sérgio André; e RIBEIRO, Ricardo Lodi (coords.). *Legalidade e Tipicidade no Direito Tributário*. São Paulo: Quartier Latin, 2008.

ROCHA, Valdir de Oliveira (coord.). *Grandes Questões Atuais do Direito Tributário*. 11º vol. São Paulo: Dialética, 2007; 16º vol. São Paulo: Dialética, 2012.

ROSCH, Eleonor. "Principles of categorization". In: ROSCH, E.; e LLOYD, B. B. *Cognition and Categorization*. Hillsdale/NJ-Cambridge/MA: Erbaum/MIT Press, 1978.

_____; e LLOYD, B. B. *Cognition and Categorization*. Hillsdale/NJ-Cambridge/MA: Erbaum/MIT Press, 1978.

ROSS, Alf. *Direito e Justiça*. Trad. Edson Bini. São Paulo: Edipro, 2000.

SARAIVA FILHO, Oswaldo Othon de Pontes. "COFINS nas operações sobre imóveis". *Revista Dialética de Direito Tributário* 1/63. São Paulo: Dialética, outubro de 1995.

_____. "A não extensão da imunidade aos chamados livros, jornais e periódicos eletrônicos". *Revista Dialética de Direito Tributário* 33/138. São Paulo: Dialética, junho de 1998.

SARTOR, Giovanni; e PRAKKEN, Henry. *The Three Faces of Defeasibility in the Law*. Disponível em http://www.cs.uu.nl/groups/IS/archive/henry/ratiojuris03.pdf, acesso 12.8.2012.

SAVIGNY, Friedrich Karl von. *Metodología Jurídica*. Trad. J. J. Santa-Pinter. Buenos Aires: Depalma, 1994.

_____. *Sistema del Derecho Romano Actual*. Trad. Jacinto Mesía e Manuel Poley. ts. 1 e 2. Madri: F. Góngora y Cia., 1878.

SCHAUER, Frederick. *Las Reglas en Juego – Un Examen Filosófico de la Toma de Decisiones Basada en Reglas en el Derecho y en la Vida Cotidiana*. Madri: Marcial Pons, 2004.

SCHOUERI, Luís Eduardo. *Direito Tributário*. São Paulo: Saraiva, 2011.

_____. *Direito Tributário*. 2ª ed. São Paulo: Saraiva, 2012.

_____. *Normas Tributárias Indutoras e Intervenção Econômica*. Rio de Janeiro: Forense, 2005.

_____ (coord.). *Direito Tributário: Estudos em Homenagem a Alcides Jorge Costa*. vol. 1. São Paulo: Quartier Latin, 2003.

_____. "Discriminação de competências e competência residual". In: SCHOUERI, Luís Eduardo; e ZILVETI, Fernando Aurélio (coords.). *Direito Tributário: Estudos em Homenagem a Brandão Machado*. São Paulo: Dialética, 1998, pp. 82-115.

_____. "Imposto de renda e os lucros auferidos no exterior". In: ROCHA, Valdir de Oliveira (coord.). *Grandes Questões Atuais do Direito Tributário*. 7º vol. São Paulo: Dialética, 2003, pp. 303-330.

_____. "Livre concorrência e tributação". In: ROCHA, Valdir de Oliveira (coord.). *Grandes Questões Atuais do Direito Tributário*. 11º vol. São Paulo: Dialética, 2007.

_____. "O mito do lucro real na passagem da disponibilidade jurídica para a disponibilidade econômica". In: SCHOUERI, Luís Eduardo; MOSQUERA, Roberto Quiroga; e LOPES, Alexsandro Broedel (coords.). *Controvérsias Jurídico-Contábeis: Aproximações e Distanciamentos*. São Paulo: Dialética, 2010, pp. 241-264.

_____. "Segurança jurídica e normas tributárias indutoras". In: RIBEIRO, Maria de Fátima (coord.). *Direito Tributário e Segurança Jurídica*. São Paulo: MP Ed., 2008, pp. 117-146.

_____. "Tributação e indução econômica: efeitos econômicos de um tributo como critério para sua constitucionalidade". In: FERRAZ, Roberto (coord.). *Princípios e Limites da Tributação* 2. São Paulo: Quartier Latin, 2009.

_____; MOSQUERA, Roberto Quiroga; e LOPES, Alexsandro Broedel (coords.). *Controvérsias Jurídico-Contábeis: Aproximações e Distanciamentos*. São Paulo: Dialética, 2010.

_____; e ZILVETI, Fernando Aurélio (coords.). *Direito Tributário. Estudos em Homenagem a Brandão Machado*. São Paulo: Dialética, 1998, pp. 82-115.

SEARLE, John. *Expressão e Significado: Estudos da Teoria dos Atos da Fala*. Trad. Ana Cecília G. A. de Camargo e Ana Luiza Marcondes Garcia. São Paulo: Martins Fontes, 2002.

_____. *Libertad y Neurobiología*. Trad. Miguel Candel. Barcelona: Paidós, 2005.

_____. "How to derive 'ought' from 'is'". *The Philosophical Review*, vol. 73, n. 1, Durham, janeiro de 1964, pp. 43-58.

_____. "What is a speech act?". In: BLACK, Max (ed.). *Philosophy in America*. Ithaca: Cornell University Press, 1965, pp. 221-239.

SEN, Amartya. *Desenvolvimento como Liberdade*. Trad. Laura Teixeira Mota. São Paulo: Cia. das Letras, 2000.

_____. *Sobre Ética e Economia*. Trad. Laura Teixeira Mota. São Paulo: Cia. das Letras, 1999.

SENADO FEDERAL. Ata da 10ª reuniao ordinária, realizada em 7.5.1987. Anais do Senado Federal: Subcomissão de Tributos, Participação e Distribuição das Receitas, Comissão do Sistema Tributário, Orçamento e Finanças. Disponível em *http://www2.camara.gov.br/atividade-legislativa/legislacao/ Constituicoes_Brasileiras/constituicao-cidada/publicacoes/anais-da-assembleia-nacional-constituinte*, acesso 1.9.2012.

SGARBI, Adrian. *Teoria do Direito: Primeiras Lições*. Rio de Janeiro: Lumen Juris, 2006.

SHAPIRO, Stewart. *Vagueness in Context*. Oxford: Clarendon Press, 2006.

SILVA, Luís Virgílio Afonso da. *Direitos Fundamentais: Conteúdo Essencial, Restrições e Eficácia*. 2ª ed., 2ª tir. São Paulo: Malheiros Editores, 2011.

_____ (org.). *Interpretação Constitucional*. 1ª ed., 3ª tir. São Paulo: Malheiros Editores, 2010.

_____. "Interpretação constitucional e sincretismo metodológico". In: SILVA, Virgílio Afonso da (org.). *Interpretação Constitucional*. 1ª ed., 3ª tir. São Paulo: Malheiros Editores, 2010, pp. 115-144.

_____. "Princípios e regras: mitos e equívocos acerca de uma distinção". *Revista Latino-Americana de Estudos Constitucionais* 1/607-630. Belo Horizonte, janeiro-junho de 2003.

SOUSA, Rubens Gomes de. *Curso de Introdução ao Direito Tributário (Parte Especial)*. Escola Livre de Sociologia e Política de São Paulo, 3º Termo Letivo, setembro-novembro de 1948.

_____. "Curso de introdução ao estudo do direito: interpretação do direito tributário". *Revista de Estudos Fiscais* 11. São Paulo: Centro de Estudos dos Agentes Fiscais do Imposto de Consumo de São Paulo, 1948.

_____. "Parecer". *Revista dos Tribunais* 227. São Paulo: Ed. RT.

SOUZA, Antônio Carlos Garcia de; CANTO, Gilberto de Ulhoa; e MUNIZ, Ian de Porto Alegre. "O fato gerador do imposto sobre a renda e proventos de qualquer natureza". In: MARTINS, Ives Gandra da Silva. *Caderno de Pesquisas Tributárias* 11. São Paulo: Resenha Tributária/CEU, 1986.

SOUZA, Hamilton Dias de; TILBERY, Henry; e MARTINS, Ives Gandra da Silva (coords.). *Comentários ao Código Tributário Nacional*. vol. 1. São Paulo: José Bushatsky, 1975.

SPAAK, Torben. *The Concept of Legal Competence: an Essay in Conceptual Analysis*. Trad. Robert Caroll. Massachusetts: Dartmouth, 1994.

STRACHE, Karl-Heinz. *Das Denken in Standards – Zugleich ein Beitrag zur Typologik*. Berlim: Duncker & Humblot, 1968.

STRECK, Lenio Luiz. *Verdade e Consenso: Constituição, Hermenêutica e Teorias Discursivas*. 4ª ed. São Paulo: Saraiva, 2012.

SZTAJN, Rachel; e ZYLBERSZTAJN, Decio (eds.). *Direito & Economia: Análise Econômica do Direito e das Organizações*. Rio de Janeiro: Elsevier, 2005.

THURONYI, Victor. "The concept of income". In: CARON; BURKE; e MC-COUCH (eds.). *Federal Income Tax Anthology*. Cincinnati/Ohio: Anderson Publishing Co., 1997.

TILBERY, Henry. "Imposto sobre renda e proventos de qualquer natureza". In: SOUZA, Hamilton Dias de; TILBERY, Henry; e MARTINS, Ives Gandra da Silva (coords.). *Comentários ao Código Tributário Nacional*. vol. 1. São Paulo: José Bushtasky, 1975, pp. 73-132.

_____. SOUZA, Hamilton Dias de; e MARTINS, Ives Gandra da Silva (coords.). *Comentários ao Código Tributário Nacional*. vol. 1. São Paulo: José Bushatsky, 1975.

TIPKE, Klaus. *Moral Tributaria del Estado y de los Contribuyentes ("besteuerungsmoralundsteuermoral")*. Trad. Pedro M. Herrera Molina. Madri/Barcelona: Marcial Pons, 2002.

_____; e LANG, Joachim. *Direito Tributário ("Steuerrecht")*. Trad. Luiz Dória Furquim. 18ª ed., vol. 1. Porto Alegre: Sérgio Fabris Editor, 2008.

TOLEDO, Francisco de Assis. *Princípios Básicos de Direito Penal*. 5ª ed. São Paulo: Saraiva, 1994.

TOMASELLO, Michael. *The Cultural Origins of Human Cognition*. Harvard University Press, 1999.

TORRENS, Haradja Leite; e ALCOFORADO, Mário Sawatani Guedes (coords.). *A Expansão do Direito – Estudos de Direito Constitucional e Filosofia do Direito, em Homenagem ao Professor Willis Santiago Guerra Filho*. Rio de Janeiro: Lumen Juris, 2004.

TORRES, Ricardo Lobo. "Considerações sobre o futuro da hermenêutica tributária à luz dos princípios da liberdade e justiça tributária". *Revista de Direito Tributário* 88/24-32. São Paulo, 2004.

_____. "Interpretação e integração da lei tributária". In: MACHADO, Hugo de Brito (coord.). *Interpretação e Aplicação da Lei Tributária*. São Paulo/Fortaleza: Dialética/ICET, 2010, pp. 333-355.

_____. "O princípio da tipicidade no direito tributário". *Revista Eletrônica de Direito Administrativo Econômico – REDAE*, n. 5. Salvador, fevereiro-abril de 2006. Disponível em *http://www.direitodoestado.com/revista/REDAE-5-FEVEREIRO-2006-RICARDO%20LOBO.pdf*, acesso 12.2.2012.

TRIBE, Laurence. *The Invisible Constitution*. Nova York: Oxford Press, 2008.

_____; e DORF, Michael. *Hermenêutica Constitucional*. Trad. Amarílis de Souza Birchal. Belo Horizonte: Del Rey, 2007.

VALDES COSTA, Ramon. *Instituciones de Derecho Tributario*. Buenos Aires: Depalma, 1992.

VANONI, Ezio. *Naturaleza e Interpretación de las Leyes Tributarias*. Trad. Juan Martin Queralt. Madri: Fábrica Nacional de Moneda y Timbre, 1973.

VELLOSO, Andrei Pitten. *Conceitos e Competências Tributárias*. São Paulo: Dialética, 2005.

VIEHWEG, Theodor. *Tópica e Jurisprudência*. Trad. Tércio Sampaio Ferraz Jr. Brasília: Imprensa Nacional/Ed. da UnB, 1979.

VILLEY, Michel. *Filosofia do Direito: Definições e Fins do Direito. Os Meios do Direito.* Trad. Márcia Valéria Martinez de Aguiar. São Paulo: Martins Fontes, 2003.

VOGEL, Klaus. "Zur Konkurrenz zwischen Bundes- und Landessteuerrecht nach dem Grundgesetz – Über das 'Anzapfen' von 'Steuerquellen'". In: *Steuer und Wirtschaft*, 48 (1), Jahrgang 1971.

WITTGENSTEIN, Ludwig. *Investigações Filosóficas.* Trad. José Carlos Bruni. São Paulo: Nova Cultural, 2000.

_____. *Tractatus Logico-Philosophicus.*

XAVIER, Alberto. *Os Princípios da Legalidade e da Tipicidade da Tributação.* São Paulo: Ed. RT, 1978.

_____. *Tipicidade da Tributação, Simulação e Norma Antielisiva.* São Paulo: Dialética, 2002.

ZILVETI, Fernando Aurélio. *Obrigação Tributária: Fato Gerador e Tipo.* São Paulo: Quartier Latin, 2009.

_____. "O ISS, a Lei Complementar 116/2003 e a interpretação econômica". *Revista Dialética de Direito Tributário* 104/34-46. São Paulo: Dialética, maio de 2004.

_____. "O princípio da realização da renda". In: SCHOUERI, Luís Eduardo (coord.). *Direito Tributário: Estudos em Homenagem a Alcides Jorge Costa.* vol. 1. São Paulo: Quartier Latin, 2003, pp. 298-328.

_____. "A tributação sobre o comércio eletrônico – O caso *Amazon*". *Revista Direito Tributário Atual* 26/231-245. São Paulo: Dialética/IBDT, 2011.

_____; e SCHOUERI, Luís Eduardo (coords.). *Direito Tributário: Estudos em Homenagem a Brandão Machado.* São Paulo: Dialética, 1998, pp. 82-115.

ZYLBERSZTAJN, Decio; e SZTAJN, Rachel (eds.). *Direito & Economia: Análise Econômica do Direito e das Organizações.* Rio de Janeiro: Elsevier, 2005.

***

GRÁFICA PAYM
Tel. (11) 4392-3344
paym@terra.com.br